JN347337

직장인·비즈니스맨

# 리얼 토킹

직장인 · 비즈니스맨 **리얼토킹**

발 행 일 | 2016년 8월 17일 (초판 1쇄)
편 저 자 | 실용영어 연구팀
발 행 인 | 문정구
발 행 처 | 종합출판 | EnG
출판등록 | 1988. 6.17 제 9 -175호
주 소 | 04002 서울시 마포구 월드컵북로5길 65(4층)
홈페이지 | www.jonghapbooks.com
전자메일 | jonghap@jonghapbooks.com
대표전화 | 365-1246
팩 스 | 365-1248

정가 17,500원

ISBN 978-89-8099-597-4 13740
낙장 및 파본은 바꾸어드립니다.

이 도서의 국립중앙도서관 출판예정도서목록(CIP)은 서지정보유통지원시스템 홈페이지 (http://seoji.nl.go.kr)와 국가자료공동목록시스템(http://www.nl.go.kr/kolisnet)에서 이용하실 수 있습니다. (CIP제어번호 : CIP 2016018712)

필요할 때마다 자유자재로 – 상황별 영어 한마디

직장인·비즈니스맨

# 리얼 토킹

Jonghap Books

# 머릿글

글로벌 시대를 실감케하는 것 중 하나를 들자면, 외국인 회사나 자본의 국내진출이 점점 더 활발해지면서 소위 국내·외 유능한 인재들이 대거 영입되고 있으며, 또 이에 못지 않게 국내기업들도 국내는 물론, 해외에서도 우수한 인재들을 구하기 위해 다방면, 다각도적으로 애를 쓰고 있는 점이다.

이러한 추세와 분위기 탓인지 기업에 몸담고 있는 대부분의 직장인들은 더욱 긴장하며 기존 조직내에서 인정받고 혹은 더 나은 조건·여건이 보장되는 새로운 조직에 스카웃 될 수 있도록 부단한 노력을 기울이고 있다. 결국 직장인이라면 '유능한, 우수한' 이라는 수식어가 자신에게도 따라붙기를 모두가 원하기 마련인데, 이를 위해서는 여러 가지 남보다 월등한 자질과 요건을 갖춰야 함은 당연하다.

그런데 그 자질과 요건 중에서도 가장 기본이 되는 것을 꼽는다면 예전이나 지금이나 '영어능력' 이라는 것을 누구든 부인 못하리라 본다. 이러다 보니 대부분의 기업체들이 직원채용 시, 국제 커뮤니케이션의 능력을 묻는 토익 등의 높은 점수를 기본으로 영어능력자를 우선으로 하고 있으며 채용 후에도 근무지, 부서, 그리고 승진 등의 인사고에도 영어능력을 반영하고 있는 것도 사실이다.

그렇지만 아무리 토익점수가 높아도 고득점 전략에 치우친 공부로 습득한 영어실력만 가지고서는 직장 안팎의 영어로 이루어 지는 각종 회의, 브리핑, 프레젠테이션 등 상황에서 한계가 따른다는 것이다.

이 책은 그러한 상황에 따른 한계를 극복하는 데에 보탬이 될 수 있도록 기획되었다. 즉 직장내·외에서 접하게 되는 여러 경우에 따라 말해질 수 있는 일상의 잡다한 것에서부터 비즈니스상에서 자주 쓰이는, 그야말로 간단한 짧은 구어 한 마디를 익혀서 이미 토익 등의 실력에 접목시켜 자연스럽고 편안하게 활용할 수 있도록 했다.

본 교재를 수단으로 직장, 비즈니스상에서 자신과 자신이 속해있는 조직을 발전시켜 나갈 수 있는 원동력이 될 수 있기를, 글로벌 환경에서 촉망받는 인재의 반열에 들게 되기를, 나아가 CEO자리에 오를 수 있는 초석으로 삼게 되기를 바란다.

실용영어 연구팀

# 구성 및 특징 (MP3파일 포함)

이 책은 국내에서는 처음으로 나온 직장인, 비즈니스맨을 위한 일종의 영어구어 표현(Colloquial Expressions) 사전이다. 즉, 국내외의 외국(인)회사나 외국인이 섞여 있는 직장 내에서 그들(동료, 부하, 상사 등)과의 사사로운 일상적인 대화에서부터 회의 시에 쓰이는, 그리고 비즈니스상에서 쓰이는 지극히 짧고 간단한 수많은 관용적 표현들이 아주 세분화 된 주제 및 상황에 따라 수록되어 있다.

## 본 문

1 먼저 전체 내용에 따라 모두 10개의 Case(큰 범위의 주제 · 상황)를 설정 · 구분하고 다시 각 Case마다 5~13개 정도의 관련 주제나 상황으로 나누어, 그렇게 나눈 상황 등을 마지막으로 더 잘게(A · B · C · D… 순으로) 쪼개어 각각의 관련 표현들을 수록했다.

2 또한 각 case에 수록된 전체 표현들은 '우리말 → 영어' 순으로 배열해서 학습의 효율성과 함께, 필요시 편리하게 찾아 볼 수 있도록 했다.

**3** 각 Case의 맨 마지막 부분에는 「More Expressions & Review」 코너를 두어, 앞에서 배운 표현들로 이루어진 대화문(Dialogue)과 그 주제에 맞는 관련 표현들도 추가했다.

**4** 뿐만 아니라 Case 중간마다 모두 4개의 「칼럼」을 두어 알아 두면 직장에서, 비즈니스상에서 아주 유익하게 쓰일 내용들을 각각 실어 놓았다.

## 부 록 현장 오피스 Short Conversation 100 •듣고 받아쓰기/영작문 연습•

❶ 여기에서는 직장에서 자주 쓰이는 표현이나 그대로 나오는 대화문 100개를 문제(Dictation & Composion) 형식으로 꾸며서 앞에서 배운 내용을 토대로 리뷰해 볼 수 있도록 했다.

❷ 여기에 다뤄진 대화문은 본문에서 배운 표현들을 활용·응용한 것이 많이 포함되어 있으므로 이를 익히는 데에는 별 어려움이 없다. 따라서 지금까지의 확인학습의 기회로 삼으면 좋을 것이다.

## MP3파일

본문 및 부록 전체 원문 미국인(남 · 여) 음성녹음 원음(교재의 목차 및 해당 원문 시작부분마다 track No.표시를 해 놓았다.)

무료다운로드 ▶ www.Jonghapbooks.com

# Contents

## case 5
# 비즈니스

## case 6
# 의견과 상담이 있을 때



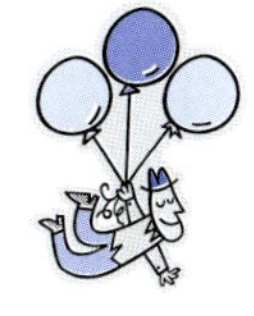

## case 7
# 기분을 100% 전하는 감정표현

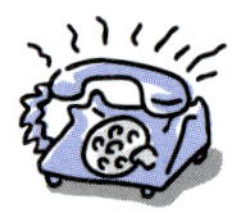

## case 8
## 전화 필수 표현



## case 9
## 사교 · 파티 · 대화

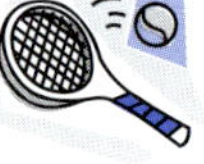



## case 10
## 외 출



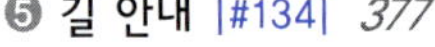

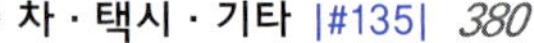

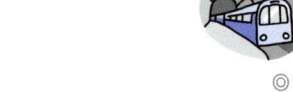

## ＊ Supplement

CASE 1

# 만날 때와 헤어질 때

# 1 소 개

## A 안녕하세요! #1

| | |
|---|---|
| 만나서 반갑군요. | Hello, glad to meet you.<br>= Nice to meet you. |
| 성함을 여쭈어 보고 싶은데요. | May I ask your name?<br>↳ 앞에 Excuse me를 붙이면 보다 정중한 어법이 된다. |
| 그녀에게 저를 소개해 주시겠습니까? | Would you introduce me to her? |
| 제 소개를 하겠습니다. | Let me introduce myself. |
| 저는 존 벤자민스입니다. | Excuse me, I'm Jone Benjamins. |
| 제 이름은 애나 백입니다. | My name is Anna Paik. |
| XYZ사의 리차드 윌슨입니다. | I'm Richard Wilson from XYZ. |
| 이번에 새로 이사 온 제프 스캇입니다. | I'm your new neighbor Jeff Scout. |
| 제 친구인 사만다 존즈입니다. | This is my friend Samantha Jones. |
| 그녀는 대학 후배입니다. | She's a friend from college.<br>↳ 영어권 나라에서는 나이에 따른 선·후배 관계를 따지지 않기 때문에 우리말의 「선배, 후배」라는 표현이 따로 없고, 그냥 모두 friend라고 한다. 하지만 특별한 경우 'junior(후배)', 'senior(선배)'를 사용하기도 한다. |
| 그녀는 저의 상사입니다. | She's my boss.<br>↳ boss는 「상사」의 의미로 성별에 관계없이 사용할 수 있다. |
| 그는 제 직속 상사입니다. | He's my immediate superior.<br>↳ 「직속의」라는 의미로 immediate를 사용한다. |
| 그는 제 아랫사람입니다. | He's one of my people.<br>• one of my people 아랫사람 중 한 사람 |
| 그는 우수한 컴퓨터 프로그래머입니다. | He's a brilliant computer programmer. |
| 그는 불어를 어느 정도 말할 수 있다. | He can speak French after a fashion.<br>↳ after a fashion은 「그럭저럭, 그런대로」이므로 「어느 정도」라는 의미이다. |

| | |
|---|---|
| 만나게 되어 기쁩니다. | I'm very pleased to meet you.<br>= I'm glad to have the chance to meet you. |
| 당신에 대해 많이 들었습니다. | I've heard a lot about you. |
| 생각해 주셔서 감사합니다. | I'd appreciate your keeping me in mind.<br>• keep ~ in mind ~를 염두에 두다 |

## B 출신과 직업 등을 물어 보다[알려 주다] #1

| | |
|---|---|
| 어디 출신입니까? | Where are you from?<br>= Where do you come from?<br>↳ 이에 대한 대답으로 예를 들어 "I'm from Korea."라고 할 수 있는데, 이 표현은 한국인이 한국 내에 있으면서 대화 시에 사용해도 괜찮다. |
| 서울에서 태어나서 자랐습니다. | I was born and raised in Seoul. |
| 직장은 어디입니까? | Where are you employed?<br>↳ "**Where are you employed?**"—"At the BBB Bank in Seoul."<br>「직장은 어디입니까?」「서울에 있는 비비비은행입니다」 |
| 직업이 무엇입니까? | What line of business are you in?<br>= What do you do for a living?<br>= What do you do?<br>= What's your occupation [job]? |
| 이 회사에 얼마나 근무하셨어요? | How long have you been with this company?<br>↳ 현재완료 시제에 주의해야 한다. |
| 저는 인사부장입니다. | I'm a personnel manager.<br>• personnel 인사, 인력 |
| 무역회사에 근무하고 있습니다. | I work for a trading company. |
| 호텔을 경영하고 있습니다. | I run a hotel.<br>= I manage a hotel. |
| 수입회사를 하고 있습니다. | I have my own importing company. |
| 가구판매를 하고 있습니다. | I sell furniture. |
| 수퍼마켓에서 아르바이트를 하고 있습니다. | I work part-time at a supermarket.<br>• work part-time 시간 수당제로 일하다 |
| 저는 경리과에 있어요. | I'm in accounting. |
| 직원을 20명쯤 두고 있습니다. | I have about 20 people working for me. |

명함을 한 장 주시겠습니까?

Could I have one of your cards?

↳ "**Could I have one of your cards?**"—"I'm sorry, I seem to be out of cards."—"Oh, that's all right." 「명함을 한 장 주시겠습니까?」「죄송하네요, 다 떨어졌군요」「아, 괜찮습니다」

명함을 드리지요.

Let me give you my card.

- name card 명함 (= visiting card)
- business card (사업상의) 명함

독신입니다.

I'm single.

↳ 'single'은 결혼을 하지 않은 사람이나, 결혼 경험이 있을지라도 미망인이나 배우자 사고로 사망해서 홀로 살고 있을 때에도 사용할 수 있다.

저는 결혼했습니다.

I'm married.

여기서 일하는 것이 좋습니까?

Do you like working now?

# 2 약 속

## A 언제[어디서] 만날까요? #2

조만간 만나지 않을래?

Why don't we get together one of these days?

- one of these days 조만간 하루 잡아서, 머지않아
- get together 만나다, 자리를 같이 하다
- Why don't we ~? ~하는 게 어때, ~하자(= Let's~)

어디서 만날까?

Where shall we meet?

내일 만날 수 있어?

May I see you tomorrow?

내일은 어떻습니까?

How does tomorrow sound?

= What about tomorrow?

↳ 동사 'sound'는 「~와 같이 들리다」의 뜻을 가지고 있는데, 'How + does, 혹은 do ~sound?'는 「~는 어때?」라는 관용적인 의미로 쓰인다.

토요일은 어때?

How about Saturday?

= What about Saturday? = How does Saturday sound?

이번 주 금요일 저녁에 시간이 있습니까?

Are you free this Friday evening?

몇 시에 만날까요?

What time shall we meet?

몇 시인지 정해 봐.

Name a time.

↳ 약속시간을 지정해 주길 원할 때의 표현.

↳» "How about Wednesday morning?"—"Fine. **Name a time.**" 「수요일 오전이 어때?」「좋아, 시간을 말해 봐」

10시부터가 어때?

Say from 10?

↳ Say~?는 「~은 어때?」라고 제안하는 말투.

↳» "I'd like to see you tomorrow."—"Fine with me. Then, **say from 10.**"—"Great." 「내일 만나고 싶은데요」「좋아, 그럼, 10시부터면 어때?」「좋습니다」

저녁 6시는 어때?

How about 6 in the evening?

그게 당신에게 편하겠습니까?

Would that be convenient for you?

내일 오후 2시로 정합시다.

Let's make it at 2p.m. tomorrow.

- make it 약속을 정하다; 성공하다 (= succeed)

*e.g.*, It's hard to *make it* to the top in show business. (연예계에서 정상까지 성공하기란 힘들다.)

## B 방문 · 면담 확인 #2

잠깐 들려도 좋습니까?

Could I drop by for a minute?

- drop by 잠깐[우연히] 들르다 (= pass by, stop by)

이 곳에 있는 동안에 인사차 방문할까 합니다

I'd like to make a courtesy call while I'm here.

- make a call 전화하다, 방문하다
- courtesy call 예의상 방문

다음 주에 사장님과 만날 수 있을까요?

May I make an appointment with the president next week?

다음 주 초에 스미스씨와 만날 약속을 하고 싶은데요.

I'd like to make an appointment with Mr. Smith for early next week.

- make an appointment with ~와 만날 약속을 하다

↬ "**I'd like to make an appointment with Mr. Smith for early next week.**"— "I see. How does Tuesday morning sound?"— "Fine with me." 「다음 주 초에 스미스씨와 만날 약속을 하고 싶은데요」「알겠습니다. 화요일 오전 중이 어떨까요?」「저는 좋습니다」

이번 주 토요일 10시에 약속이 잡혔습니다.

Your appointment will be this Saturday at 10 o'clock.

몇 시가 가장 편하시겠습니까?

What time is the most convenient for you?

## C 스케쥴[계획·약속]이 있습니다[없습니다] #3

저는 괜찮습니다.

Fine with me.

↳ 날짜, 시간 따위가 형편에 맞을 때 사용한다.

곤란하겠는데요.

It doesn't suit me.

- suit 어울리다, 적합하다

3시부터 5시까지는 비어 있습니다.

I'm free from 3 o'clock to 5 o'clock.

↬ "Can I see you this afternoon?"—"**I'm free from 3 o'clock to 5 o'clock.**" 「오늘 오후에 만날 수 있나요?」「3시부터 5시까지는 비어 있습니다」

정오까지라면 비어 있습니다.

I'm free until noon.

= I'm open until noon.

↬ "Can I see you tomorrow?"—"Right now, **I'm free until noon.**" 「내일 만나뵐 수 있을까요?」「물론입니다. 정오까지는 비어 있습니다」

다음 주 오전 중이라면 언제라도 비어 있습니다.

I'm free any morning next week.

↬ "Could you give me about an hour?"—"**I'm free any morning next week.**" 「한 시간쯤 제게 시간을 내주실 수 있습니까?」「다음 주 오전 중에는 언제라도 괜찮습니다」

| | |
|---|---|
| 유감스럽지만, 다른 계획이 있어요. | I'm afraid I have other plans. |
| 그 날은 벌써 계획이 있습니다. | That's the one day I already have something planned. |
| 미안해요. 내일은 이미 계획이 있습니다. | Sorry. I already have plans tomorrow.<br>↳ 일반적인 거절의 표현으로, "I already have plans."는 편리하게 사용할 수 있다.<br>↬ "I want to take you out to dinner tomorrow."—"**Sorry. I already have plans tomorrow.**" 「내일 밖에서 저녁식사를 함께 하고 싶은데요」「미안해요. 내일은 이미 계획이 있거든요」 |
| 내일까지는 확답을 할 수 없군요. | I can't say for sure until tomorrow. |
| 이번 주에는 스케줄이 꽉 찼는데요. | My schedule's rather tight this week. |
| 공교롭게 월말까지는 비울 수 없습니다. | Unfortunately, I won't be free until the end of the month.<br>= As luck would have it, I'm occupied until the end of the month.<br>↳ won't는 will not의 단축형.<br>↬ "**Unfortunately, I won't be free until the end of the month.**"—"That's not going to do it." 「공교롭게 이번 달 말까지는 시간이 없을 것 같아요」「그거 난처한데요」 |
| 다른 날은 벌써 계획이 있습니다. | I've already made plans for the other days. |
| 이번 주말에 외출할 겁니다. | I'm going out this weekend.<br>• go out 외출하다; ~와 사귀다<br>*e.g.*, We started *going out*. (우리는 사귀기 시작했다.) |
| 일요일은 바쁜데요. | I'm busy on Sunday. |
| 친척 결혼식과 겹치는군요. | It conflicts with a relative's wedding.<br>• conflict 충돌하다, 양립하지 않다 |
| 제 말만 해서 미안합니다. | Sorry to be so inflexible.<br>• inflexible 융통성이 없는 |
| 그럼, 그렇게 합시다. | OK, that's fine.<br>= OK, let's do that.<br>↳ 서로의 형편이 맞아 약속되었을 때 쓰는 표현이다. |
| 늦지 않도록 하세요. | Try not to be late. |
| 절대로 늦지 마십시오. | Be absolutely sure you're not late. |
| 바람 맞히지 마세요. | Don't stand me up.<br>= Don't fail to show up. |

↳ stand~ up은 「~을 세워 놓다」 즉, 약속 장소에 세워 둔 채 내버려 두다」가 원래 의미로서 「사람을 기다리게 하다, 약속을 소홀히 하다, 얕잡아 보다」 등의 의미를 가진다.

화요일 10시에 그와 약속이 있습니다.

I have an appointment with him for 10 on Tuesday.

그날 선약이 있습니다.

I have a previous engagement on that day.

## D 약속을 취소, 연기 또는 변경할 때 #3

미안합니다만, 약속을 화요일에서 금요일로 변경해야 되겠군요.

I'm sorry but I have to change my appointment from Tuesday to Friday.

만일 다른 일이 생기면 전화를 주십시오.

Please call me if you can't keep the appointment.

나는 약속을 연기하지 않을 수 없었습니다.

I had no choice but to postpone our appointment.

- 〈had no choice but + to부정사〉 어쩔 수 없이~ 하다

약속을 변경할 수 있습니까?

Can we reschedule our appointment?

- reschedule 스케줄을 다시 잡다, 약속을 다시 정하다

약속을 취소해야만 했습니다.

I had to cancel my appointment.

# 3 방문 · 응대

## A 접수[안내]계에 문의하다 #4

사장님을 뵙고 싶은데요.
I'd like to see the president.

리차드씨를 만나고 싶은데요.
I'd like to see Mr. Richard.

총무과 직원과 이야기하고 싶습니다.
Could I please speak to someone in the General Affairs Section?
↳ 'Could I please ~?'는 'Could I ~?'보다 좀더 공손한 표현이다.

프로젝트 담당자와 만나고 싶은데요.
I would like to see the person in charge of the project.
• in charge of ~을 책임지고 있는, 담당하는

스미스씨 있나요?
Is Mr. Smith around?
↳ 사무실 등을 들여다 보면서 「있어?」라고 할 때의 표현이다. 「아직 있어?」라고 묻고 싶으면, "Is Mr. Smith still around?"라고 표현한다.

## B 응대하다 #4

약속을 하셨습니까?
Do you have an appointment?
= Do you have a previous [prior] engagement?

선약없이는 면회할 수 없습니다.
You can't see him without an appointment.

방문 목적을 말씀해 주시겠습니까?
Could you tell me the nature of your visit?
• the nature of one's visit 방문의 목적·용건

개인면담을 원하십니까?
Would you like a personal interview?

공교롭게도 그는 부재 중입니다.
As luck would have it, he is out.
= Unfortunately, he's not in the office.

공교롭게도 그녀는 식사하러 갔습니다.
As luck would have it, she is out to lunch.

곧바로 안으로 모셔요.
Show him in right away.

그의 사무실은 뒤쪽에 있습니다.
His office is in the back.

어서 들어오세요. 기다리고 있었습니다.
Come on in. We've been expecting you.
↳ expect는 「올 것으로 예상하다」의 의미인데, 'wait'의 뜻으로도 흔히 쓰인다.

| | |
|---|---|
| 틀림없이 그는 지금 올 겁니다. | He should be here any minute now.<br>↳any minute 「지금이라도」라는 뜻. 상황에 따라서 any second (now), any time (now), any day (now) 등도 쓸 수 있다. |
| 격식은 생략하기로 합시다. | Let's dispense with formalities.<br>• dispense with ~없이 해 내다 (= do without, live without) |
| 안부나 물을 겸해서 방문한 겁니다. | I thought I'd just stop by to say hello and see how you were doing. |
| 다시 오겠습니다. | I'll come back another time. |

# 4 우연히 마주침

## A 딱 마주치다 #5

| | |
|---|---|
| 안녕하세요. | Hi. |
| 이런 시간에 웬일이야? | What brings you here this time of the day?<br>↳ 직역하면 「무엇이 당신을 이 날, 이 시간에, 이 곳으로 데리고 왔습니까?」라는 의미이므로 「이런 시간에 이런 데서 뭐하는 거야?」라는 뜻이다. |
| 이런 데서 만나다니 정말 우연의 일치군요! | What a coincidence running into you here of all places!<br>• coincidence 우연의 일치<br>• run into~ ~와 우연히 만나다 (= run across, come across)<br>• of all places 모든 곳 중에서 |
| 오랜만이네요. | It sure has been a long time!<br>= I haven't seen you for a long time.<br>= Long time no see. |
| 얼마나 오랜만인지! | I wonder how many years it's been. |
| 그동안 어디에 계셨어요? | Where have you been hiding all this time? |
| 많이 변했군요. | You've changed a lot. |
| 사업차 왔습니까? | Are you here on business? |

## B 어떻게 지내십니까? #5

| | |
|---|---|
| 안녕하십니까? | How are you? |
| 어떻게 지내고 있어? | How're you doing? |
| 그동안 어떻게 지내셨나요? | How have you been? |
| 어떻게 되어 가고 있습니까? | How are things going?<br>↳ "**How are things going.**"—"Oh, same old stuff." 「어떻게 지냅니까?」 「여전하죠, 뭐」 |
| 다 잘 돼 가고 있습니까? | Has everything been going well? |

별일 없었나요?

**What's been happening?**

= What's up?

= What's new?

= Any news?

= Any developments?

↳ 특별히 어떤 소식을 알려는 것이 아니라도 보통 인사말로 쓸 수 있다.

↳ "**What's been happening?**"—"Nothing in particular." 「뭐 별일 없어?」 「특별한 일은 없었어」

경기는 어때?

**How's business?**

= How're things?

↳ 꼭 사업상의 질문으로만 쓰이는 것은 아니다. 「일은 잘 돼 가?」 정도의 가벼운 질문이다. 하지만 "How's your business?"라고 하면 상대 회사의 경영 상황을 구체적으로 질문하는 내용이 되므로 주의해야 한다.

↳ "Hi, Bill. **How's business?**"—"Not bad. Things are looking up." 「어이, 빌! 경기 어때?」 「나쁘지는 않아, 좋아지고 있어」

» not bad 나쁘지는 않은, 상당히 좋은

» look up (경기가) 상승하다. look up 대신에 pick up을 사용해도 좋다

여전히 바쁘지?

**You still as busy as ever?**

↳ "**You still as busy as ever?**"—"Yeah, but it's not so bad right now." 「여전히 바쁘지?」 「응, 하지만 지금은 그렇지도 않아」

바쁜 모양이군.

**You sound busy.**

일에 쫓기고 있어요.

**I'm under a lot of pressure.**

힘이 넘치는군요.

**You're the picture of health.**

↳ be the picture of는 「~의 화신(化身)이다」의 의미로, 지속된 인상을 나타낼 때 쓰인다.

전에 없이 건강해 보이는군요.

**You seem full of life for a change.**

- full of life 생생한
- for a change 전에 없이, 드물게

건강[안색]이 안 좋아 보입니다.

**You don't look so good.**

- not look so good (건강, 기분이) 그리 좋아 보이지 않다

못 알아 볼 뻔했어요.

**I hardly recognized you.**

여전합니다.

**Same old stuff.**

= The same as usual.

# 5 헤어짐

## A 헤어질 때 #6

| | |
|---|---|
| 그럼 또[다시] 만나. | See you again. |
| 그럼, 안녕. | Bye, now. |
| 나중에 또 봅시다. | See you later. = See you in a while.<br>↳ 통상적으로 쓰이는 말로, 다음에 만날 구체적인 약속을 하지 않았을 때 쓴다. |
| 나중에 또 만나는 게 어때? | Why don't I catch you later?<br>• catch ~ later 나중에 만나자〈구어에서 친근한 느낌으로 사용한다〉 |
| 조만간 다시 모이자. | Let's get together again soon. |
| 그럼, 내일 봐, 잘자. | See you tomorrow, good night. |
| 가봐야겠는데요. | I think I'd better be going.<br>↳ had better는 「~하는 게 낫다」의 의미인데, 그렇게 하지 않으면 안 좋은 결과를 초래하게 된다는 의미가 담겨져 있다. |
| 늦어서 가보는 게 좋겠어요. | It's getting late, and I'd better be going.<br>↬ "**It's getting late, and I'd better be going.**"—"What's the hurry? The night's still young." 「늦어져서 가보는 게 좋겠어요」 「벌써요? 아직 초저녁인데요」 |
| 좀더 있고 싶어요. | I wish I could stay longer.<br>↳ 'I wish'는 가정법 문장으로 뒤에 '과거시제' 혹은 '과거완료시제'가 따라 온다. 이 문장은 과거시제 문장이다. |
| 오늘 매우 즐거웠습니다. | I had a great time with you today. |
| 곧 다시 올까 합니다. | I hope I can come back again. |
| 클레어에게 안부 전해 주세요. | Say hi to Claire.<br>• say hi to ~에게 안부를 전하다 (= say hello to = give one's best regards to) |
| 뭐가 그리 급해요? | What's the hurry?<br>↳ 직역하면 「급히 하는 게 무엇입니까?」로 「뭘 그리 서두르십니까? 왜 그렇게 서두르는 겁니까?」의 의미가 된다. 서두를 필요가 없지 않느냐고 반문하는 표현이다. |

일부러 와 주셔서 고맙습니다.

Thank you for going to the trouble of coming out.

• go to the trouble of ~ing 일부러[애써] ~하다

마지막으로 딱 한 잔만 더 하고 헤어집시다.

Let's have just one more for the road and call it a night.

↳ for the road는 「집에 가는 길에, 작별의 표시로」의 의미를 가지고 있는데, 「마지막으로 한 잔 더」라는 표현으로 자주 쓰인다.

끝으로 포트와인 한 잔하고 헤어지기로 합시다.

How about finishing off with a glass of port?

차로 데려다 줄게.

I'll give you a ride.

↬ "Oh no! Look at the time!"—"**I'll give you a ride**, then." 「어, 벌써 시간이 이렇게 되었나?」 「그럼, 내가 차로 데려다 줄게」

• give ~ a ride ~를 차 태워주다 (= give ~ a lift)

*e.g.*, I'll *give* you *a ride* back home. (집까지 차로 태워다 줄게.)

*cf.* have a ride 차를 얻어 타다 (= get a ride)

## B 얼마 간 만나지 못할 경우 #6

인사하러 왔습니다.

I've come to say good-bye.

일단락 되면 연락드리겠습니다.

I'll get in touch with you when things let up a bit.

• let up a bit 일단락되다

당신이 그리울 거에요.

I'll really miss you.

= I'll miss you when you're gone.

= We're all going to miss you.

↳ 주로 헤어질 때 사용하는데, "It's really too bad."보다 정감이 느껴지는 표현이다.

새 직장에서도 잘 하게.

I wish you all the best in your new job.

근처에 오게 되면 언제라도 들러 주게.

Drop in any time you're in the neighborhood.

뉴욕에 오시면 꼭 들러 주십시오.

If you're ever in New York, do drop by.

• drop by 들르다 〈앞에 'do'가 붙어서 drop동사를 강조하고 있음〉

↬ "**If you're ever in New York, do drop by.**"—"Thank you. I will." 「뉴욕에 오시면 꼭 들러 주십시오」 「감사합니다. 그럴게요」

다시 만날 수 있을까?

Can I see you again?

우리 둘은 이제 끝난 것 같아.

It looks like the two of us are through.

• be through (인간 관계가) 끝나다, 절교하다

More Expressions & Review #7

##  Practical Dialogues ·활용대화·

**1**

A Hello, glad to meet you. My name is William Walters.
B Hi, nice to meet you, too. My name is Anna Paik.

A 만나서 반갑습니다. 제 이름은 윌리엄 월터라고 합니다.
B 저도 뵙게 되어서 반갑습니다. 저는 애나 백입니다.

**2**

A So long, Peter. Catch you later.
B See you later, alligator, after a while, crocodile.

A 피터, 다음에 보자.
B 다시 봐.

*구어에서 B의 대화처럼 흔히 친구 등을 악어에 비유하여 친한 사이에서 유머스럽게 사용한다. 또한 later, alligator 그리고 while, crocodile에서 보듯이 음율적으로도 즐겨 말하는 경우가 많다.

**3**

A Can I meet you downtown?
B Sure, where can I meet you?
A Any place you like.
B How about meeting me in front of the Lotte Department store at Myung-dong?
A Sounds good to me. What time shall I meet you?
B How about 8 p.m?
A Yes, I've been looking forward to seeing you.
B Good, I'll see you then.

A 시내에서 만날 수 있을까?
B 물론이지, 어디서 만날까?
A 네가 원하는 곳에서 만나.
B 명동 롯데백화점 앞에서 만나는 게 어때?
A 좋아, 몇 시에 만날까?
B 저녁 8시 어때?
A 그래, 너를 만나고 싶었어.
B 좋아 그 때 봐.

4

A Could you come to the dinner party tonight?
B Of course, I'd love to.
A You don't have to buy anything. Just bring yourself.
B What time is the dinner party going to take place, anyway?
A It's going to be held at 7 this evening. Is that convenient for you?
B Yes, I'm free at that time. Don't worry, I'll be there on time.

A 오늘 밤 디너파티에 올 수 있습니까?
B 물론이죠.
A 아무 것도 사오지 마시고, 그냥 오세요.
B 아무튼, 디너파티가 몇 시입니까?
A 저녁 7시인데, 괜찮겠습니까?
B 예, 그 시간에는 다른 일이 없습니다. 걱정마세요. 시간에 맞춰 가겠습니다.

5

A What a surprise! We haven't seen you since high school.
B Yeah, it's been in ages. By the way, where are you working now?
A I'm working for a bank.

A 참 뜻밖이구나! 고등학교 졸업하고는 만나지 못했었잖아.
B 그래, 오랜만이다. 그런데 어디서 일하고 있어?
A 은행에서 근무하고 있어.

6

B What time can I drop by your office?
A Any time between 1 and 3 p.m.

B 몇 시에 들리면 되겠습니까?
A 오후 1시와 3시 사이면 괜찮습니다.

## ② Key Expressions • 핵심표현 •

- I think I have met you before.
  ≫ 전에 한 번 뵌 것 같습니다.

- Why don't you introduce yourself to each other?
  ≫ 서로 인사하시죠?

- Thank you so much for making time for me.
  ≫ 시간을 내주셔서 감사합니다.

- Nice talking to you.
  ≫ 이야기 즐거웠습니다.

- I had a great time with you.
  ≫ 당신과의 시간이 즐거웠습니다.

- I have to say goodbye now.
  = It's time to go.
  = I must be going now.
  = I'd better go now.
  ≫ 지금 가봐야 되겠군요.

- Next time you come to Korea, please be sure to come to my house.
  ≫ 다음 한국에 오실 때는, 꼭 우리 집에 오십시오.

- See you later.
  = Catch you later.
  = I'll see you later.
  = See you again.
  ≫ 나중에 다시 봐.

- Thanks for inviting me.
  ≫ 초대해 주셔서 감사합니다.

- Thanks for coming.
  ≫ 와주셔서 감사합니다.

- Could you find the house easily?
  ≫ 집을 쉽게 찾으셨습니까?

- It was a nice meal. I enjoyed it very much.
  ≫ 멋진 식사였습니다. 아주 맛있게 먹었습니다.

You're welcome. It's my pleasure.

≫ 원 천만에, 제가 즐거운 걸요.

Could you come to my house for dinner tonight?

≫ 오늘밤 우리 집에서 저녁식사하시겠습니까?

I'm sorry, but I have a previous engagement tonight.

≫ 죄송합니다만, 오늘밤 선약이 있습니다.

What a coincidence!

≫ 정말 우연이로군!

It's been a long time.
= I haven't seen you for a long time.
= I haven't seen you for ages.
= I haven't seen you in ages.
= Long time, no see!

≫ 참 오랜만이군요.

I met him by chance yesterday.
= I run into him yesterday.
= I came across him yesterday.

≫ 어제 그를 우연히 만났다.

You haven't changed a bit.

≫ 하나도 변하지 않았군요.

I'd like to make an appointment with you tomorrow at 10 a.m.

≫ 내일 오전 10시에 만났으면 합니다.

Sorry, but I can't make it.

≫ 미안하지만, 약속을 할 수 없겠군요.

Do you promise?

≫ 약속하시죠?

Please come this way.

≫ 이쪽으로 오시죠.

Could you wait for a minute?

≫ 잠깐만 기다려 주시겠어요?

# CASE 2 타인 | 자신의 신상에 관해서

# 1 나 이

## A 몇 살입니까? #9

| | |
|---|---|
| 나이를 물어봐도 될까요? | May I ask how old you are?<br>= May I ask your age, please?<br>↳ 'If you don't mind'를 앞에 붙이면 더욱 정중함. |
| 그녀가 몇 살인지 말해 줄 수 있습니까? | Can you tell me how old she is? |
| 당신 내일이면 40이 되죠? | Are you going to be 40 tomorrow? |
| 금년 9월로 28세가 됩니다. | I'll be 28 this September. |
| 60세가 되어갑니다. | I'm pushing 60.<br>• be pushing (어떤 연령에) 가깝다 |
| 그는 30대 초반입니다. | He is in his early thirties. |
| 그는 쉰세살 정도입니다. | I'm guessing he's around 53.<br>• around 약, 대략 (= approximately = about) |
| 그녀는 12살(짜리) 소녀입니다. | She is a 12-year-old girl. |
| 우리 사장님은 60대 후반이다. | My boss is in his late 60's. |
| 당신 나이와 동갑입니다. | I'm about the same age as you. |
| 그는 나이가 꽤 되었습니다. | He's pretty well up there in age. |
| 그와 나는 동갑입니다. | He and I are the same age.<br>= He's my age. |
| 그는 나보다 5살 아래입니다. | He is my junior by five years<br>↳ 연배(연상)라고 할 경우에는 'senior'를 쓴다. |
| 열 아홉살인데 곧 스무살이 됩니다. | I'm 19, going on 20. |
| 내 나이 또래인 것 같은데. | I think you're around my age. |

## B 젊으시군요 #9

| | |
|---|---|
| 젊으시네요. | You certainly keep yourself young.<br>↳ 겉모양만이 아니라 마음을 문제로 한 표현. |
| 그는 젊음이 넘칩니다. | He's brimming with energy.<br>• brim with ～으로 넘칠 것 같다 |
| 그는 젊게 보입니다. | He certainly does look young. |
| 그녀는 나이에 비해서 젊게 보입니다. | She looks young for her age. |
| 열 살은 젊게 보이네요. | You look 10 years younger. |
| 40세 이상으로는 도저히 보이지 않네요. | You don't look a day over 40.<br>↳ 직역은 「40살을 하루도 넘긴 것처럼 보이지 않는다」 |
| 그는 보기보단 훨씬 젊습니다. | He's much younger than he looks. |
| 그는 최근에 매우 젊게 보이는군요. | He certainly is looking young lately. |
| 저는 마음만은 젊게 살아갑니다. | I consider myself to be young in mind. |

## C 나이에 비해 ～해 보입니다 #9

| | |
|---|---|
| 그녀는 나이에 비해 늙어 보인다. | She looks old for her age. |
| 나이에 비해 조숙해 보이는군요. | You look premature for your age. |
| 나이에 비해 몸무게가 많이 나가는 것처럼 보여요. | You look heavy for your age. |
| 나이에 비해서 키가 크네요. | You are tall for your age. |

# 2 용 모 · 인 상

## A 스타일이 좋다[나쁘다] #10

| | |
|---|---|
| 그녀는 키가 크고 날씬하다. | She's tall and slender. |
| 그녀는 몸매가 좋군요. | She has a nice figure.<br>↪ 일반적으로 여성에 대해서 쓰인다. |
| 그는 체격이 좋다. | He has a sturdy build. |
| 그녀는 좀 뚱뚱합니다. | She's a little on the heavy side. |
| 그는 뚱뚱하고 키가 작군요 | He's short and squat.<br>↪ squat만으로도 「짜리몽당」. |
| 그는 배가 나오고 있어. | He's getting tire tubes.<br>↪ 복부와 양 옆구리로 살이 찐 경우의 표현. |
| 그는 배가 나왔다. | He has a pot belly.<br>• pot belly 똥배 *cf.* beer belly 배불뚝이 |
| 당신은 너무 말랐군요. | You're under weight. |

## B 머리모양 · 수염에 대하여 #10

| | |
|---|---|
| 그녀는 어깨까지 내려오는 긴 머리를 하고 있다. | She has shoulder-length hair. |
| 그는 파마를 했습니다. | He has a permanent. |
| 그는 머리를 스포츠형으로 깍았습니다. | He has a crew cut.<br>↪ *cf.* Just a trim. 끝만 약간씩 쳐달라<br>Medium cut, please. 적당히 자르라<br>Short cut. 짧게 자르라 |
| 그는 대머리입니다. | He's bald. |
| 그는 가발을 쓰고 있습니다. | He is wearing a hairpiece. |
| 그는 수염을 기르고 있습니다. | He has a mustache.<br>• mustache 콧수염<br>*cf.* beard 턱수염 whisker 구레나룻 수염 |

## C 용모에 대해서 #10

| | |
|---|---|
| 그는 핸섬하고 체격이 좋군요. | He's handsome and well-built. |
| 그는 꽤 핸섬하군요. | He's fairly good-looking. |
| 그는 키아누 리브스를 닮았네요. | He looks like Keanu Reeves. |
| 당신은 당신 어머니를 쏙 빼군요. | You're a carbon copy of your mother.<br>↳ carbon copy는 「아주 닮은 사람이나 물건」에 모두 사용함. |

## D 멋·화려함·수수함 #10

| | |
|---|---|
| 그는 항상 옷을 잘 입는다. | He's always dressed fashionably. |
| 그녀는 멋을 잘 살려 옷을 입는다. | She's a smart dresser.<br>= She dresses very smartly. |
| 그는 옷의 취향이 까다롭다. | He's so particular about his clothes.<br>↳ *cf.* He's particular about food. = He's fussy about food. (그는 식성이 까다롭다.) |
| 그녀는 언제나 옷을 잘 입는다. | She's always dressed to the nines.<br>• dressed to the nines 옷을 잘 입다 |
| 그는 화려한 것을 좋아한다. | He has a taste for luxury. |
| 그는 섹시하다. | He's sort of sexy.<br>• sort of ~ 약간, 다소간 (= kind of ~)〈거의 해석을 하지 않음〉 |
| 그녀는 화장을 짙게 했다. | She's wearing a lot of makeup.<br>• wear make-up 화장을 하다 (= put on a make-up) |
| 그녀는 더욱 더 세련되졌다. | She's become more polished.<br>• polished 품위 있는, 세련된 |
| 그는 촌스럽다. | He's still such an uncultured sort. |
| 그들은 청순하게 보인다. | They look so nice and fresh. |
| 그는 유복한 것처럼 보인다. | It looks as if he's well-off.<br>• well-off 유복한, 풍요한 (↔ badly-off 궁핍한) |
| 외모를 보고 사람을 판단해서는 안 돼. | You can't tell a person by appearances.<br>• tell 판단하다 (= judge) |

# 3 성격 · 타입

## A 호감이 가는 타입 #11

| | |
|---|---|
| 그는 어떤 사람이죠? | What's he like? |
| 그는 명랑하고 사교적입니다. | He's cheerful and outgoing. |
| 그는 외향적인 타입입니다. | He's the outgoing type.<br>• outgoing 사교적인, 개방적인 |
| 그는 아주 다정한 사람입니다. | He's very friendly. |
| 마음 좋은 사람입니다. | He's a softy.<br>↳ softy는 「속기 쉬운 사람」과 같은 나쁜 뉘앙스도 있다.<br>*cf.* good-natured 성격이 좋은, 마음이 착한 |
| 그녀는 다정한 사람이다. | She has a friendly personality. |
| 그는 정말로 멋진 녀석이야. | He's everybody's guy.<br>• be everybody's guy 멋진 남자다 |
| 호감가는 좋은 청년이야. | He's a clean-cut, likable young man.<br>• clean-cut 모양이 좋은<br>• likable 호감이 가는 |
| 그는 남자가 봐도 멋진 친구야. | Even other men think he's quite a guy. |
| 그녀는 남자와 여자에게 모두 인기가 좋다. | She's effective with both men and women. |
| 그는 여자들에게 아주 인기가 있다. | He's very popular with the ladies.<br>• be popular with~ ~에 인기가 있다 |

## B 교제를 잘 하다 #11

| | |
|---|---|
| 그는 다정한 편이다. | He's quite friendly. |
| 그녀는 거드름을 부리지 않는다. | She's not stuck-up at all.<br>• stuck-up 거만한, 건방진 (= snobbish = cocky = conceited) |
| 그는 사교적인 사람이다. | He's easy to get along with.<br>• get along with~ ~와 사귀다, ~을 대하다 |

| | |
|---|---|
| 그녀는 사교적이다. | She's a good mixer.<br>• a good mixer 남과의 교제가 능숙한 사람 |
| 그는 상냥하고 친절한 사람이야. | He's gentle and kind. |
| 그는 이해심이 많다. | He's considerate. |
| 그녀는 늘 남을 돕기를 좋아해. | She's always willing to help out.<br>• help out 남을 돕다 (= give ~ a (helping) hand) |
| 그는 정이 많은 사람입니다. | He's a warm-hearted guy.<br>↳ *cf.* He doesn't have a heart. 무정한 사람이다<br>• warm-hearted 마음이 따뜻한 |
| 그는 성질은 거칠지만 근본은 좋은 사람입니다. | He has a rough manner, but deep down he's a nice guy.<br>• deep down 마음속으로는 |
| 그는 속좁은 사람이 아닙니다. | He doesn't hold grudges.<br>• grudges 원망, 원한<br>*cf.* petty 속이 좁은 |
| 그는 유머감각이 있어. | He's got a sense of humor. |
| 그는 말을 참 잘합니다. | He's a smooth talker.<br>= He's a good conversationalist. |
| 그는 타인들을 즐겁게 하길 좋아합니다. | He enjoys making others happy. |
| 그는 아는 사람이 많습니다. | He has a wide circle of acquaintances.<br>• acquaintances 지인, 아는 사람 |
| 그는 이해심이 많은 사람입니다. | He's very understanding.<br>• understanding 이해심이 많은 |
| 그는 융통성이 있는 사람입니다. | He's flexible in his thinking. |
| 그는 분명히 너그러운 사람입니다. | He sure is generous.<br>• happy-go-lucky 낙천적인<br>*cf.* broad-minded 마음이 넓은 |

## C 신뢰할 수 있습니다, 빈틈없습니다 #11

| | |
|---|---|
| 그녀는 입이 무겁다. | She can keep a secret. |
| 그는 약속을 어기는 사람은 아니다. | He's not the type to break his word.<br>• break one's word 약속을 어기다 (= break one's promise) |

| | |
|---|---|
| 그는 일단 약속을 하면 절대로 깨뜨리지 않는다. | **Once he makes a promise, he never goes back on his word.**<br>↳ Once는 접속사로 「일단 ~하기만 하면」의 뜻.<br>• promise 어떤 행동을 하겠다고 하는 약속<br>*cf.* previous engagement 선약<br>appointment 만날 약속<br>• go back on one's word 약속을 어기다 (= break one's word) |
| 그는 부탁을 받으면 거절을 못한다. | **He just can't turn down a request.**<br>= He's the type who never turns down a request.<br>• turn down 거절하다 (= reject) |
| 그녀는 분명한 성격이야. | **She's got a mind of her own.** |
| 그는 활동적인 사람이야. | **He's a live wire.**<br>↳ a live wire는 「전기가 통하고 있는 전선」의 이미지에서 「활동가, 분발하는 사람」 등의 의미로 쓰인다. |
| 그는 냉정한 사람이야. | **He's as cool as a cucumber.**<br>• be as cool as a cucumber 오이처럼 차디 차다, 침착하다, 냉정하다<br>*cf.* give somebody the cold shoulder 쌀쌀맞게 대하다 |
| 그녀는 내적으로 강해. | **She has an inner reserve of strength.** |
| 그녀는 빈틈이 없는 것처럼 보여. | **She looks like she's got it together.**<br>↳ 일도 사생활도 야무지게 해내는 모양을 나타냄.<br>• get together 잘 정리하다 |
| 그녀는 인내심이 강한 성격이야. | **She's the persevering type.** |
| 그는 쉽게 무너지지 않는 녀석이야. | **It takes a lot to get him down.**<br>↳ 그를 굴복시키게 하는 것이 매우 어렵다는 뜻. |
| 그는 웬만해서는 굴복하지 않아. | **Things don't easily get him down.** |
| 그는 뻔뻔한 놈이야. | **He has nerves of steel.**<br>↳ nerves of steel 직역하면 「강철의 신경」.<br>*cf.* What a nerve! 배짱 좋군<br>have a lot of nerve 배짱이 두둑하다 (= have the chutzpah) |
| 그녀는 승부욕이 강해. | **She doesn't give in easily.**<br>↳ 쉽게 굴복하지 않는다는 뜻.<br>• give in 굴복[항복]하다 |
| 그는 독립심이 강해. | **He is independent.** |
| 그는 끝까지 해내는 근성이 있어. | **He has the guts to stick it out.**<br>• guts 근성〈반드시 복수형으로 사용〉<br>• stick it out 끝까지 해 내다 |

↳ "Joe's taking a lot of heat now."—"Don't worry. **He has the guts to stick it out.**" 「조에게 상당히 압력이 가해지는 모양이야」 「걱정하지 말라고. 녀석에게는 끝가지 밀고 나가는 근성이 있으니까」 » take a lot of heat 상당한 압력을 받고 있다

그는 쉽사리 마음을 바꿀 사람이 아니야.

He isn't the kind of person who changes his mind so easily.

그는 결심하면 뒤로 물러나지 않는다.

He won't let up once he gets something into his head.

- let up 늦추다, 그만두다
- get ~ into one's head ~을 생각해 내다, 머리에 떠오르다

## D 유능한 사람입니다 #12

그녀는 빈틈이 없어.

She's very sharp.

- sharp 예민한, 빈틈이 없는

그는 완벽주의자야.

He's a perfectionist.

그는 직감이 예리해.

He's so intuitive.

- intuitive 직관적인

그는 통찰력이 있어.

He's so perceptive.

- perceptive 통찰력이 있는

그는 탁월한 판단력을 가지고 있어.

He has good judgment.

- have good judgment 판단력이 좋다

그는 좋은 조건을 갖고 있어.

He's got something going for him.

↳ 재능과 환경의 혜택을 받아 유망한 상태를 말한다.

그녀는 지식욕이 왕성해.

She has a deep thirst for knowledge.

- have a thirst for ~ ~을 갈망[열망]하다
- the thirst for knowledge 지식욕

그는 왕성한 호기심을 갖고 있어.

He has a lively curiosity.

그는 매우 유능한 사람이야.

He's a real go-getter.

↳ a go-getter는 「유능한 사람」이지만, 상황에 따라서는 비꼬는 뉘앙스이므로 주의해서 사용한다.
*cf.* well-rounded 만능의

그녀는 일의 요령을 잘 알고 있어.

She knows the ropes.

- know the ropes 요령을 알고 있다

그는 중요한 사람이야

He has a certain presence.

- presence 위풍있는 존재[사람]

## E 꺼려지는[환영받지 못할] 사람 #12

| | |
|---|---|
| 그는 불쾌한 녀석이야. | He's obnoxious.<br>• obnoxious 싫은, 밉살스런 |
| 그는 성가신 놈이야. | He's a pain in the neck.<br>• a pain in the neck 성가신[귀찮은] 것 |
| 저 녀석은 참을 수 없어. | I can't stomach the guy.<br>• can't stomach 참을 수가 없다 |
| 그녀는 구제불능이야 | She's beyond help.<br>↪beyond help는 「도울 수 있는 범위를 넘었다」 즉, 「구원할 도리가 없다」. |
| 그는 단정하지 못해. | He's sloppy.<br>• sloppy 단정치 못한, (옷차림이) 엉성한 |
| 그는 다소 무례한 편이야. | He's a little rude. = He's a bit on the rough side. |
| 그는 성격상 단점이 있어. | He has his shortcomings.<br>• shortcomings 결점(↔strongpoints 장점, 강점) |
| 그는 믿을만한 사람이 아니야. | You just can't depend on him.<br>• depend on 믿다 (= rely on = count on)<br>*cf.* dependable 믿을 만한 (= reliable = trustworthy) |
| 그는 확실히 성미가 급해. | He sure does have a bad temper.<br>• have a bad temper 성미가 급하다 |
| 그는 타인에 대한 배려심이 부족해. | He lacks consideration for other people. |
| 그는 우물 안 개구리와도 같애. | He doesn't know anything about what's going on in the outside world. |
| 그는 상식이 부족해. | He lacks common sense. |
| 그는 판단력이 부족해. | He has poor judgment.<br>• have poor judgment 판단력이 부족하다<br>↪poor대신에 bad를 사용하면 「판단력이 없다」. good을 사용하면 「판단력이 좋다」는 뜻. |
| 그녀의 감정은 곧바로 얼굴에 나타난다. | She shows her feelings easily. |
| 그는 금새 감정적으로 된다. | He gets emotional so easily. |
| 그는 걸핏하면 싸우려 한다. | He's spoiling for a fight. |
| 그는 이기적이야. | He's selfish. |

| | |
|---|---|
| 그는 융통성이 없는 사람이다. | He's very inflexible. = He's so hardheaded.<br>• inflexible 융통성이 없는, 강직한 |
| 그는 인텔리다. | He's an egghead.<br>• egghead 지식인; 대머리 (= bold head) |
| 그는 너무 고집이 세다. | He's so stubborn. |
| 그는 전혀 나의 말을 듣지 않는다. | Nothing I say has any effect on him. |
| 그는 별난 사람이다. | He's weird.<br>• weird 별난, 섬뜩한 |
| 그는 외골수야. | He's one contrary sucker.<br>↪a contrary sucker는 「외골수」로, sucker 대신에 성별에 맞춰 guy 와 woman 등이 사용가능함. one은 형용사를 강조한 「매우」의 뜻 |
| 그녀는 외골수 성격의 소유자이다. | She has an unyielding personality.<br>• unyielding 사람의 말을 따르지 않는, 완고한 |
| 그녀는 자의식이 강하다. | She's so self-conscious. |
| 그는 건방진 녀석이다. | He's a wise guy.<br>↪wise의 원뜻은 「지식이 있다」 「현명하다」이지만, 실제는 「얄밉게 아는 척을 하다」 「건방지다」 같은 비판적인 뜻을 포함해 사용될 경우가 많다. |
| 그처럼 콧대가 센 놈은 없어. | He's as hard-nosed as they come.<br>↪hard-nosed 비즈니스상에서 칭찬하는 말로도 사용된다.<br>• as~ as they come 매우, 굉장히 |
| 그는 뻔뻔한 녀석이야. | He's got a lot of nerve.<br>• nerve 뻔뻔스러움, 강심장 |
| 그들은 뻔뻔한 놈들이야. | They have their nerve.<br>↪have one's nerve는 「뻔뻔하다」. the를 사용해서 have the nerve to로 하면, 「뻔뻔스럽게도 ~하다, ~할 용기가 있다」라는 뜻이다.<br>↪ "They just called and told us the deal is off."—"What? **They have their nerve.** After all, the trouble we went to for them." 「저쪽에서 지금 막, 전화가 와 거래를 끝낸다고 하는데」 「뭐라구? 뻔뻔한 놈들이네. 결국은 녀석들 때문에 죽자 사자 했는데」<br>» The deal is off 거래가 끝나다<br>» go to the trouble 수고하다 |
| 그는 뻔뻔한 놈이야. | He's got a lot of gall. = He's presumptuous.<br>• gall 지독한 뻔뻔스러움<br>• presumptuous 건방진, 뻔뻔한 |
| 그는 아주 거만해. | He's terribly overbearing.<br>• overbearing 거만한, 건방진 |

CASE 2

## F 어둡고 모난 사람 #13

그는 우울해.

He's a gloomy person.

그는 성격이 비뚤어져 있어.

He has a warped disposition.
= He has a warped mind.
= He has s warped view of everything.
- warped 휜, 꾸부러진
- disposition 성질

그녀는 언제나 사실을 곡해한다.

She always takes things in the wrong way.
- take things in the wrong way 뭔가를 곡해하다 〈in은 생략가능〉

그는 비꼬기를 잘해.

He's sarcastic.

그는 흥을 깨뜨리는 사람이야.

He's such a wet blanket.
↳「젖은 담요」이므로「물을 뿌리는 사람」.

그녀는 신경질적이야.

She has a nervous disposition.

그는 매사에 까다롭다.

He's so fussy about everything.
= He makes a great fuss about everything.
- fussy 소동을 피우는 (= picky)

그녀는 신경이 날카로와.

She's so sensitive.

저렇게 신경이 예민한 사람은 만난 적이 없어.

I've never come across a bigger nitpicker.
↳ nitpicker는「이 같은 벌레를 잡는 사람」이 원래의 의미인데,「예민한 사람」으로 바뀌어 쓰이고 있다.
- come across ~을 우연히 만나다

그는 교과서식으로 일을 처리하는 경향이 있어.

He tends to go by the book.
= He tends to go by every rule in the book.
↳「뭐든지 규칙대로 진행시키려 한다」라는 뜻.
- tend to~ ~할 경향이 있다, ~하기 쉽다
- go by the book 책에 쓰여져 있는 대로 일을 진행하다

그는 구두쇠다.

He's stingy.
= He's a miser. = He's cheapskate.

그는 탐욕스럽다.

He's avaricious.
- avaricious 탐욕스러운

## G 입이 거칠다, 따지기를 잘한다 #13

그는 입이 거칠어.

He has a sharp tongue.

| | |
|---|---|
| 그는 자신의 흠은 모르고 다른 사람들만 비난해. | He finds fault with everyone but himself. |
| 그는 따지기를 잘 해. | He's argumentative.<br>• argumentative 시비를 좋아하는, 논쟁적인 |
| 그는 취하면 따지려 들어. | He tends to be opinionated when he gets drunk.<br>• tend to ~하기 쉽다<br>• be opinionated 고집이 세다, 자기 주장을 고집하다<br>• get drunk 취하다 |
| 그는 쓸데없는 말만 해. | He's forever rationalizing.<br>↳ rationalize는 「이론을 입증하다」이지만, 「정당화하다」 「쓸데없는 말을 하다」라는 부정적인 뉘앙스가 강하다. |
| 그는 쉴새 없이 말하는 녀석이야. | He's never at a loss for words. |
| 그는 거리낌없이 말하는 놈이야. | He's very outspoken.<br>• be outspoken 함부로 말하다, 거리낌 없이 의견을 말하다 |
| 그는 말이 많아. | He's so long-winded.<br>= He's talkative. |
| 그는 남의 일에 참견을 잘 해. | He's a busybody.<br>• busybody 자기 일이 아닌 남의 일에 참견하기 바쁜 사람 |
| 그는 매사에 부정적이야. | He finds something wrong with everything. |
| 그는 매사에 불평을 해. | He has a comeback for everything.<br>• comeback 불평의 원인, 불만 |
| 그는 마음을 상하게 하는 말만 해. | He's always so snide.<br>• snide (말 등이) 심술이 궂은, 아니꼬운 |
| 그는 가끔 남의 마음을 상하게 하는 경향이 있어. | He tends to rub people the wrong way at times.<br>↳ rub~ the wrong way는 「잘못된 방법으로 문지르다」이므로 「사람의 신경을 거슬리게 하다」의 의미.<br>• at time 때때로 |
| 그는 언제나 일 이야기만 해. | He just talks shop all the time.<br>↳ talk shop은 「(장소 · 때를 가리지 않고) 일 이야기를 하다」인데 「일 이야기」는 shoptalk라고 한다. |
| 그는 술을 마시면 불쾌하게 굴어. | He becomes obnoxious when he drinks.<br>• obnoxious 미운, 불쾌한 |

CASE 2

## H 신용할 수 없다 #14

| | |
|---|---|
| 그는 변덕쟁이야. | He's so erratic.<br>• erratic 변덕이 심한 |
| 그는 핑계를 잘 댄다. | He's good at talking his way out of things. |
| 그는 약간 사기꾼 같은 사람이다. | He's something of a con man.<br>• be something of 약간은 ~이다<br>• a con man 사기꾼 |
| 그는 모든 일을 충동적으로 처리해. | He really does everything on the spur of the moment.<br>• on the spur of the moment 그때 그때의 충동으로 |
| 그는 약속을 지키지 않아. | He goes back on his word.<br>• go back on one's word 약속을 어기다 (=break one's word) |
| 그는 항상 핑계를 대. | He always makes excuses.<br>• make excuses 핑계를 대다 |
| 그를 말로는 이길 수 없어. | You'll never win an argument with him. |

## I 잘난 척하다 #14

| | |
|---|---|
| 그녀는 순진한 척해. | She acts like she's so innocent. |
| 그는 거드름을 피고 있어. | He's condescending. |
| 그는 자아도취에 빠져 있어. | He's conceited. |
| 그녀는 걸핏하면 남을 질투해. | She often gets jealous. |
| 그는 겉치레가 좋아. | He's in good form when people are around.<br>↳「남들 앞에서는 상태가 좋다」라는 뜻. |
| 그녀는 겉치장을 잘 해. | She always puts up a good front. |
| 그는 여자들 앞에서 잘난 척을 해. | He tends to play the role around women.<br>↳the role「(배우의)역」을 말하는데, a를 사용해서 play a role이라고 하면,「역할을 해내다」라는 다른 의미가 되므로 주의 할 것. |
| 그는 모르는 것이 없는 척해. | He acts like he knows it all. |
| 그는 항상 체면을 중시해. | He always stands on his dignity. |

## J 나쁜 사람은 아닌데 #14

그는 사람이 너무 착해.

He's too nice for his own good.
↳「자신의 이익도 생각지 않을 만큼 사람이 좋다」라는 뜻.
• too ~ for 너무나 ~해서 ~하지 않다 (= too ~ to)

너는 좋은 봉처럼 보여.

You just look like a good pigeon.

그는 건강식품 세일즈맨의 봉이야.

He's an easy mark for health-food salesmen.
• an easy mark 노리기 쉬운 표적 (→ 좋은 봉)

그는 고생을 사서 하고 있어.

He's a real worrier.

그는 성질이 급해.

He's the impatient type.
= He's so impatient.

그는 항상 허둥댄다.

He always gets himself into a tizzy.
• a tizzy 당황해 허둥대는 모양

그는 천하태평이야.

He's easygoing.
• easygoing 게으른, 태평한

그는 때때로 약간 우둔한 면이 있어.

He tends to be a little dense at times.
• dense 우둔한

너는 영향을 받기 쉬운 녀석이야.

You're quite the impressionable one.

그는 항상 양다리 걸치는 녀석이야.

He always sits on the fence.
• sit on the fence 기회주의적인 태도를 취하다

그는 무서운 걸 몰라.

He doesn't know the meaning of fear.

그는 약간 극단적으로 행동해.

He goes a bit overboard.
• overboard 극단적으로 나가다, 열중하다

그의 생각은 엉뚱해.

The way he thinks is far out.
• far out 평균에서 상당히 벗어나다
*e.g.*, The way he dresses is *far out*. (그의 패션 감각은 엉뚱해.)

그는 사치스러운 것을 좋아해.

He has flashy tastes.

그녀는 무작정 놀고 있어.

She's playing around.
• play around 할 일을 하지 않고 놀다

그는 돈을 막 쓰고 있어.

He's too much of a spendthrift.
= He goes through money even faster than he makes it.

## K 수수한 사람 #15

| | |
|---|---|
| 그는 부끄럼을 잘 타. | He's shy. |
| 그는 생각을 남에게 이야기하지 않는 사람이야. | He keeps his mind to himself. |
| 그녀는 마음을 여는 데 시간이 걸려. | She needs time to open up. |
| 그녀는 보기에 어울리지 않게 구식이야. | Despite her appearance, she's rather old-fashioned. |
| 나는 남들 앞에 서면 긴장되어 몸이 굳어지거든. | I tend to tense up in front of groups.<br>• tense up 긴장하다 |
| 그는 자신을 어필하는 데 서툴러. | He's not good at making himself appealing. |
| 그녀는 결단력이 부족해. | She's slow to make up her mind.<br>• make up one's mind 결정[결단]하다 (= decide, determine) |
| 그는 소위 지나치게 고지식한 사람이야. | He's what you'd call the straight-arrow type.<br>• the straight-arrow type 고지식한, 융통성이 없는 |
| 그는 너무 내성적이야. | He's so reserved.<br>• reserved 내성적인 |
| 그는 자기를 잘 나타내지 않아. | He's so inconspicuous.<br>• inconspicuous 눈에 띄지 않는 |
| 그는 출세욕이 없어. | He has no desire to rise in the world.<br>• rise in the world 성공하다 |
| 그는 소위 대기만성형 타입이야. | I guess he's what you would call a late bloomer.<br>= He may be a slow starter.<br>↳ bloomer은 「(꽃이) 피다」로, a late bloomer는 「늦게 피는 사람」 즉, 「대기만성형 사람」이란 의미. |

## L 인상이 좀 … #15

| | |
|---|---|
| 하지만 그는 악의는 없어. | He's well-intentioned, though. |
| 그의 본심은 나쁘지 않아. | His bark is a lot worse than his bite.<br>• bark 짖는 소리 • bite 물다<br>↳ 원뜻은 「굉장히 짖어대지만 무는 것은 별거 아니다」라는 뜻.<br>↬ "How can you put up with such abuse?"—"Oh, **his bark is a lot worse than his bite.**" 「어째서 그런 폭언에 참을 수가 있어?」 「하지만, 말처럼 그의 본심은 나쁘지는 않아!」 |

나는 그가 뭘 생각하는지 알 수 없어.

I can't figure him out.

- figure out 이해하다 (= understand, comprehend)

그녀는 가까이 하기 힘들게 보여.

She seems hard to approach.

그녀는 우등생 타입이야.

She's the honor-student type.

- honor students 우등생 (= straight-A students)

그는 너무 냉담해.

He's as hard-boiled as they come.

- as~as they come 더 없이 ~이다
- hard-boiled 비정한, 냉담한, 남을 배려하지 않는

그는 언제나 일을 천천히 해.

He always takes his time.

# 4 사이 · 관계

## A 잘 알고 있습니다 #16

혹시 저 녀석을 알고 있어?

Do you happen to know him?
• happen to ~ 혹시[공교롭게도] ~하다

그는 좋은 친구야.

He's a good friend of mine.

그는 약은 친구야.

He is a fair-weather friend.

우리는 친한 친구들 사이야.

We're close friends.

그는 옛날부터 좋은 친구야.

He's a good buddy from way back.
• from way back 오래 전부터

우리는 중학 동창생이야.

We went to the same junior high school.

그는 중학교 시절부터 친구야.

He's one of my old cronies from junior high.
↳ crony는 「옛 친구, 친우」의 일반적인 표현.

그녀는 먼 친척이야.

She's a distant relative.
• *opp.* close relatives 가까운 친척

우리들은 공통점이 많아.

We've got a lot in common.
= We get along very well.
• a lot in common 공통점이 많은

그와는 사이가 좋아.

I get on well with him.
↳ get on well은 「사이가 좋다」라는 의미로 아이들과 어른들 사이까지 사용할 수 있는 표현

우리들은 강한 동료의식을 갖고 있지.

We have a strong sense of camaraderie.
↳ camaraderie은 프랑스어에서 온 말로 「우애, 우정」

그와는 개인적으로 아는 사이야.

I know him personally.

## B 약간 알고 있을 뿐입니다 #16

그와는 그냥 아는 사이야.

He's only an acquaintance.
↳ acquaintance은 「면식은 있지만 그다지 친하지 않은 사이」. 「친하지 않음」을 강조하기 위해서 only나 just 혹은 barely를 같이 쓰는 일이 많다.

↳ "How well do you know him?"—"Oh, **he's only on acquaintance.**" 「그와는 어느 정도의 사이야?」「아, 그냥 아는 사이야」

| | |
|---|---|
| 그와는 얼굴만 아는 사이야. | He and I are just casual acquaintances. |
| 그를 안 지 얼마 되지 않았어. | I haven't really known him very long. |
| 우리는 그다지 친한 사이는 아니야. | We're not on such close terms. |
| 그의 이름만 알고 있는 정도야. | I only know him by name.<br>• only know ~ by name 이름만 알다 |
| 그와는 개인적으로 친하지는 않아. | I'm not personally acquainted with him. |
| 그를 개인적으로 몰라. | I don't know him personally. |
| 우리는 마음이 서로 맞지 않아. | We aren't very compatible.<br>= We don't get along with each other.<br>• compatible 조화되는, 모순되지 않은 |
| 우리는 다른 세계에 살고 있어. | We live in two different worlds.<br>↳ 생각이 서로 다르다는 뜻. |

## C 마음에 들다, 관계를 끊다 #16

| | |
|---|---|
| 어떤 사람을 좋아하지? | What sort of guy do you like? |
| 그는 바로 내가 좋아하는 타입이야. | He's just my type. |
| 그는 내 타입이 아니야. | He's not my type.<br>= He doesn't match my taste. |
| 그는 그녀에게 홀딱 반해 버렸어. | He's head over heels in love with her.<br>= He's very much in love with her.<br>= He's have a crush on her. |
| 그녀에게 첫눈에 반했어. | I fell in love with her at first sight. |
| 우리는 헤어졌어. | We parted.<br>• part from[with] ~와 헤어지다 (= break up ~) |
| 그는 나에게는 완전히 남이야. | He's no relation to me at all.<br>• relation 친척관계 |

# 5 소문 · 험담 · 불평

## A 소문이 나다 #17

소문으로는 ~.

Word has it~

↳ 소문으로 들은 이야기를 하는 경우의 표현.

• Word soon went around that~ 얼마 안가 ~라는 소문이 퍼졌다

어디서 그런 말을 들었지?

Where did you get that?

본인한테 직접 들었어.

I got it straight from the horse's mouth.

↳ straight from the horse's mouth는 「확실한 소식통으로부터」 「본인으로부터」라는 의미로, 원래의 뜻은 「말의 나이는 그 이빨을 보면 알 수 있다」. 여기서 straight는 생략할 수 있다. 또 「당사자로부터」라고 강조하고 싶을 때는 "I got it all straight from the horse's mouth."라고도 말한다.

↳ "I think it's rumor."—"No. **I got it straight from the horse's mouth.**" 「그것은 소문이라고 생각해요」 「아냐, 본인에게 들었어」

소문으로 들었어.

I heard it through the grapevine.

↳ grapevine(포도 덩쿨)을 「비공식적인 정보망」이라고 비유한 표현.

누구에게 들은 건데요.

It's secondhand information.

• secondhand information 간접적인 정보

풍문으로 들었습니다.

A little bird told me.

↳ "Word has it you're being promoted."—"Where did you hear that?"—"Oh, let's just says **a little bird told me.**" 「소문에 승진하신다면서요?」 「어디서 그런 말을 들었죠?」 「그저, 풍문으로 들었습니다」 » let's just say 소위 ~다

아니, 소문이 빠르네.

Say, news travels fast.

정보가 빠르네!

You have a quick ear.

너 최근 소문 들었어?

You hear the latest rumor going around?

• go around (소문이) 퍼지다

이것은 지난 주부터 화제가 되고 있어.

It's been in the news for the past week.

= It's been making headlines for the past week.

↳ 「news의 그룹에 들어가다」이므로 「(매스컴에 의해 사회적으로 확산되어) 화제가 되는 일」. 기간을 명시할 때는 for를 사용하는 일이 많다.

근거없는 소문이 아니야.

This isn't just a rumor.

그 소문은 전혀 거짓은 아닌 것 같애.

There's something to that rumor.
• there's something to ~ ~에는 뭔가의 근거가 있다

소문내지 마.

Don't spread it around.
= Keep it secret.
= Don't spill the beans
= Don't let the cat out of the bag.

비밀이야.

Don't let it get out.
= Keep this under your hat. » keep ~ under one's hat 「모자 아래, 머리에 둔다」 뜻으로 「비밀로 하다」의 의미.

이것은 절대로 비공식적인 것이다.

This is strictly off the record.
• off the record 비공식으로

아직 비밀을 발설하지 마.

Don't go and spill the beans now.
• spill the beans 비밀을 유출하다

그것은 이미 공공연한 비밀이야.

That's an open secret now.
= That's no secret now.

의외인 걸.

That's a surprise.
↪ 소문 등을 듣고 「어, 그 사람이? 의외네요」라고 할 때는 "Him? That's a surprise."라는 식으로 말하기도 한다.
• a surprise 놀라운 것[소식]

저 여자좀 봐.

Check that girl out.
↪ 특히 멋있는 사람에게 주의를 집중케 할 경우에 쓰임.

들어봤니?

You know what?
= Did you know? = Did you hear?
↪ 소문의 내용을 시작할 때 표현.

누굴 만났다고 생각해?

Guess who I stumbled across?
• stumble across 우연하게 사람을 만나다

어제 뜻밖의 사람을 만났어.

You'll never guess whom I met yesterday.

호랑이도 제 말을 하면 오지.

Hey, speak of the devil.
= Well, look who's here.
↪ 완전한 속담은 "Speak of the devil, and the devil comes."이다.

## B 교제하다 #17

너 최근에 누구와 사귀고 있지?

Who have you been seeing recently?

저 두 사람 도대체 어떻게 된 거야?

What is it with those two?
• What it with~? ~은 어떻게 된거야?

| | |
|---|---|
| 그들 두 사람은 사귀고 있어. | They are going together. |
| 두 사람 사이에는 뭔가 진행되고 있어. | He and she must have something going. |
| 그녀는 그와 사귀고 있어. | She's going out with him.<br>↪ go out with 글자 그대로 「외출하다」라는 의미로도 쓰이지만, 이성과의 만남에서는 「교제하고 있다」라는 의미를 갖는다. |
| 그 두 사람 정말 수상해. | Something's definitely going on between those two.<br>↪ **"Something's definitely going on between those two."**—"I agree. They're always together." 「그 두 사람, 정말 수상해요」 「그래, 언제나 같이 있거든」 |
| 그는 분명히 여자친구에게 채였어. | He was apparently jilted by his girl friend.<br>= His girlfriend stood him up.<br>• jilt (연인을) 버리다, 차버리다(특히 여자가 남자를) |
| 바람맞았다. | I was stood up. |
| 그녀는 그와 화해했어. | She made up with him.<br>↪ make up은 「화해하다」 등의 다의어이므로 사용되는 상황에 주의. 이외에도 「보충하다」 「화장하다」 등의 뜻이 있다. |
| 그에게 당할 뻔했어. | He tried to pick me up. |

## C 좋지 않는 둘의 관계 #18

| | |
|---|---|
| 이혼인가 뭔가로 그의 생활이 엉망이야. | With the divorce and everything, his personal life's in a mess.<br>↪ be in a mess은 「혼란스럽다, 엉망이다」. in은 생략해도 좋다. |
| 그는 집에서 결정권을 쥐고 있다. | He wears the pants in the family.<br>↪ the family 대신에 his family라고 해도 좋다.<br>• wear the pants (집안의) 결정권을 쥐다 |
| 그의 집에서는 마누라가 왕이야. | His wife wears the pants in the family. |
| 그는 부인에게 꼼짝 못해. | He's under his wife's thumb.<br>↪ thumb(엄지)를 써서 「~의 엄지로 눌려지고 있다」라고 표현했는데, 부부 간의 역학관계만이 아니라 친구, 회사 간에까지 폭넓게 사용되고 있다.<br>• be all thumbs 손재주가 없다 |
| 그들은 전에 싸운 적이 있어. | They had a run-in sometime back.<br>• have a run-in 언쟁이 되다<br>• sometime back 과거에, 옛날 |

| | |
|---|---|
| 그 후로 그들은 서로 적처럼 지내왔어. | They've been like enemies ever since.<br>• be like enemies 서로 으르렁대다<br>• ever since 이래 줄곧 |

CASE 2

## D 상태가 좋은 것 같다[나쁜 것 같다] #18

| | |
|---|---|
| 오늘 아침 그는 발랄해. | He's as fresh as a daisy this morning.<br>• as fresh as a daisy 매우 신선한, 매우 발랄한 |
| 오늘은 그가 기분이 좋은 것 같아. | He's in a good mood this morning. |
| 아마 그녀는 심기일전 했을 거야. | Maybe she's turned over a new leaf.<br>↳ turn over a new leaf 「새로운 페이지를 넘기다」가 원래의 뜻. 「마음을 바꾸다, 심기일전하다」.<br>↳ "What's with Ms.Brown these days?"—"What do you mean?"—"Well, she's been early every day this week."—"I don't know. **Maybe she's turned over a new leaf.**" 「요즘 브라운씨는 왜 그래?」「어떤데?」「말이지 이번주는 매일 아침 일찍 와서 그래」「모르겠어. 마음을 고쳐먹은 지 몰라」<br>» What's with~? ~은 왜 그래? |
| 그는 틀림없이 잠을 잘 못 잤어. | He must've gotten up on the wrong side of the bed.<br>↳ get up on the wrong side of the bed 「침대의 평소와 다른 쪽에서 일어나다」 그 결과 「평소와 다른 행동을 해서 한없이 화가 난다」 따라서 「기분이 불쾌하다, 기분이 나빠 사소한 일에도 트집을 잡다」. |
| 그는 아침에는 보기 싫은 녀석이야. | He's generally a real pain in the morning.<br>• a pain 싫은 것, 싫은 놈 |
| 내가 듣기로는 당신이 사람 대하는 게 상당히 거칠다는데. | I hear you're something of a slave driver. |
| 여기에 온 이래 그는 계속 실력을 발휘 못하고 있대. | He's been out of it ever since he got here.<br>↳ be out of it 「실력이 발휘되지 않다」라는 관용구. |
| 나는 그가 스트레스를 많이 받아왔다고 알고 있어. | I know he's been under a lot of stress. |
| 그에게는 최근에 계속 잔업이 많았어. | He's put in a lot of overtime lately.<br>• put in 열심히 일하다 |
| 그는 약간 안절부절하고 있어. | His nerves are just a little on edge.<br>• on edge 불안하여, 안절부절 못하고 |
| 그의 일이 잘 풀리지 않는 것 같애. | It looks as though he's reached a dead end in his work.<br>• reach a dead end 막다른 길에 이르다 |

## E 일에 연관된 평판[소문] #19

지금이 그로서는 전성기야.

He's in his prime now.

• in one's prime 전성시대로, 한참 일 할 시기로

그녀에게는 미래가 어떨지 알 수 없어.

There's no telling what the future holds in store for her.

↪「어떤 미래가 그녀를 위해서 준비되었는지 예측할 수 없다」는 표현.

• hold in store for~ ~을 위해 준비하다
(= lay in store for ~ = have in store for~)

그는 승부욕이 강한 것으로 소문나 있어.

He has the reputation of being good in the clutch.

= He has the reputation of being good when the chips are down. » be good when the chips are down 도박에서 칩이 전액 걸렸을 때 강하다

↪clutch가 스포츠에서는「핀치」「궁지」의 의미로 사용되고 있다. be good in the clutch는「핀치에 강하다」「승부에 강하다」의 의미.

그는 노련하다는 평판을 듣고 있어.

He's got a reputation as a wheeler-dealer.

• a wheeler-dealer 고수

↪ **"He's got a reputation as a wheeler dealer."**—"Well, you'd never know it from meeting him."「그는 능란하다는 소문이던데」「그래, 하지만, 그를 만나도 그런 사람으로는 생각되지 않던데」

그의 전성기는 지났어.

He's over the hill.

↪over the hill로「고개를 넘었다」라는 말의 의미는 곧「하향길」 정신·체력에 나이, 병의 위기 등에 대해서 사용할 수 있다.

그 이야기를 했을 때 그는 싫은 표정을 했다.

He made a face when it was mentioned.

• make a face 불쾌한 표정을 지다, 인상을 쓰다

소문에 의하면 그는 사직하려고 하나봐.

Word from the rumor mill has it he's about to resign.

• word has it(that)~ 소문에 의하면 ~이다
• The rumor mill 소문

그가 그만 두었다고?

He quit? = He left the company?

↪retire는 어떤 연령에 달해서「퇴직하다」. quit는 정년과는 관계없이「그만 두는 일」.

그가 마지못해 그만 두게 되었다고 생각해.

I'd say he was forced into retirement.

• I'd say~ ~라고 생각해

그는 승진발표 이후로 들떠 있어.

He's been walking on air since his promotion was announced. = He's been on a high since his promotion was announced. » be on a high 들떠 있다

↪be walking on air (들떠 있다)는 기뻐서 땅에 다리가 닿고 있지 않은 상태.

| | |
|---|---|
| 그는 당신 자리를 노리고 있어. | He has his eye on your job.<br>• have one's eye on ~ ~에 눈을 떼지 않고 지켜보다, ~을 감시하다 |
| 그는 당신을 눈엣 가시로 여기는 모양이야. | He seems to have it in for you.<br>• have it in for (사람에게) 원한을 품다, 트집을 잡다 |



## F 소문의 여러 가지 #19

| | |
|---|---|
| 그의 이야기는 너무나도 그럴 듯 했어. | His story sounded plausible.<br>• plausible 그럴 듯한, 정말 같은 |
| 전에도 그는 우리들을 바람 맞혔어. | Remember he stood us up last time, too.<br>• stand~up ~바람 맞히다 |
| 그가 저런 여자에게 빠졌으니 문제가 생긴 것이야. | His obsession with that woman is what got him in trouble.<br>↪ obsession 「홀려버린 것」으로 바람직하지 않은 것에 빠지는 일. |
| 그녀의 옷차림이 세련되진 것 같애. | Her taste in clothing seems to have improved. |
| 유행에 뒤진 것도 괜찮어. | Talk about being behind the times. |
| 그는 디자이너 이미지에 꼭 맞는 사람이야. | He certainly fits the image of a fashion designer. |
| 그는 종로에 있는 술집에 자주 가지. | He likes to hang out in a dive in Jongro.<br>• hang out 자주 그곳에 가다, 드나들다<br>• dive (좋지 않은) 술집 |
| 그는 업무시간이 끝난 후에 자주 그곳에 간다. | He hangs out there after hours.<br>• after hours 정규업무 시간 후에 |
| 그는 일은 팽개치고 늘 잡지를 읽고 있다. | He goofs off reading magazines all the time.<br>↪ goof off 「일을 게을리하다」의 의미인데, 「학교를 빠지는 일」은 play hooky, cut a class 등으로 표현한다.<br>• all the time 늘, 항상 (= at all times) |
| 그와 큰 문제는 없어. | I have no big problems with him. |
| 그는 돈을 물처럼 써왔어. | He's been spending money like water. |
| 그는 경제적으로 어렵다고 들었어. | I hear he's really up against it.<br>• be up against it 경제적으로 어렵다, 곤경에 빠져 있다 |
| 그는 지금 돈이 없어 고생하고 있어. | He's hard up at the moment.<br>• be hard up 돈이 궁색하다, ~가 없어 고생하다 |
| 그는 빚으로 꼼짝못하는 것 같애. | It seems he's up to his neck in debt. |

↪ be up to one's neck는 「목까지 물에 잠겨 움직일 수 없는」상태를 나타낸다. 「즐거운 비명을 지르다」의 의미로도 쓰인다.
• be up to one's neck in work 일이 밀려 꼼짝을 못하다

그는 파산해 빈털터리가 되었어.

The bankruptcy left him stone-broke.
• stone-broke 무일푼의
*cf.* go broke 무일푼이 되다 (= be broke)

그들은 리베이트를 받았을 게 틀림없어.

They must be getting a kickback.
↪ 영어의 rebate는 「환불」의 뜻으로 부정·위법인 뉘앙스는 없다. 그것에 해당하는 것은 kickback이다.

그는 주식으로 한 재산 모았어.

He made a fortune in the stock market.
↪ fortune 「재산」「자산」이지만, 「상당히 많은 돈」이라는 가치판단을 포함한 표현.

저 집이 그의 전 재산이야.

That house is all he has to his name.
↪ all one has to one's name 「자신명의로 갖고 있는 모든 것」 즉, 「전 재산」

그는 집안이 유복하다고 들었는데.

I hear he comes from a well-to-do family.

그녀는 틀림없이 어딘가에 돈을 보관하고 있을 거야.

I'm sure she has a little stash somewhere.
• a stash 숨겨둔 돈

## G 험담의 여러 가지 #20

그는 낙천적이야.

He's a happy-go-lucky fellow.
• happy-go-lucky 낙천적인, 마음편한

그는 지나치게 잘난 척 하고 있어.

He seems to have become too sure of himself.
↪ 「자기과신을 하고 있는 모양이다」라는 뜻.

최근에 그의 행동은 너무 지나쳤어.

He's been getting too big for his britches lately.
↪ too big for one's britches 「태도가 과장되다」. britches는 원래는 「반바지」라는 의미.

그는 너무 자만했어.

He's had a big head.
• big head 자만, 자부심

그는 금세 우쭐한다니까.

It always goes to his head.
• go to one's head (사람을) 우쭐하게 하다

그녀는 아주 거만해.

She is so stuck-up.
• stuck-up 건방진, 거만한

| | |
|---|---|
| 그는 잘난 체해. | He acts very important. |
| 그는 부러운 친구야. | He's in an enviable position.<br>↳ "I hear he lives in comfort on his inheritance from his parents."—"**He's in an enviable position.**" 「그는 부모의 유산으로 잘 살고 있다고 하는데」「그가 부러워」 |
| 도대체 그가(자기가) 뭐야? | Just who does he think he is? |
| 아니꼬운 녀석! | What a creep!<br>• creep 소름이 끼치는 감각, 그렇게 느끼게 하는 것·사람, 아니꼬운 사람 |
| 그는 최하의 녀석이야 | He's such a lowlife.<br>• lowlife 사람취급을 안 하는 사람 |
| 그는 교활한 놈이야. | He's a sly dog.<br>• sly dog 교활한 사람 |
| 참 무정한 녀석이구나. | What a heartless guy!<br>• heartless 무정한, 냉혹한 |
| 너는 어쩔 수 없어. | You're hopeless.<br>= You're a hopeless case. |
| 끈질긴 놈이야. | What a pest!<br>• pest 끈질기고 성가신 사람[물건]<br>↳ "This is the sixth time he's called this week."—"Boy, **what a pest!** Tell him you're not interested." 「그의 전화는 이번 주 이것으로 여섯 번째라고」「정말로 끈질긴 녀석이군, 그럴 생각은 없다고 말 해 주라고」 » boy는 놀람과 감탄 등의「어머, 야」「정말로」. |
| 그는 문제투성이야. | He is really a problem. |
| 그는 버릇없는 놈이야. | He just doesn't have any manners. |
| 그는 제대로 인사도 안해. | He doesn't even say hello.<br>• say hello to~ ~에게 인사하다, 안부를 전하다 |
| 그와 같이 있으면 숨이 막힐 것 같해. | It's suffocating to be with him. |
| 그는 말을 참 잘해. | He's a good talker.<br>• good talker 달변가 |
| 그녀는 항상 상사에게 아첨해. | She's always playing up to the boss.<br>= She's always buttering up to the boss. » butter up to ~ ~에게 아첨하여 환심을 사려고 하다.<br>• play up to 아첨을 떨다, 비위를 맞추다 |

| | |
|---|---|
| 그는 아첨을 잘해. | He's a brown-noser.<br>• brown-nose 아첨하다, 알랑거리다 |
| 그는 방해만 된다니까. | He only slows us down. |
| 언제나 남을 헐뜯기 때문에 그가 싫어. | His problem is he's always running someone down.<br>• run~down ~의 욕을 하다, ~을 헐뜯다 |
| 그녀에게 당했어. | She tricked me. |
| 그는 모른 척 행동했어. | He acted as if nothing had happened. |
| 그를 꾸짖었다면서. | I heard you told him off.<br>• tell off 꾸짖다 |
| 자업자득이야. | It serves him right.<br>↳ It serves him right로 「자업자득」 「그것 봐라」. 회화에서는 It을 생략하는 일이 많다.<br>↳ "It seems she was dumped by her boyfriend."—"**Serves her right.**" 「그녀는 남자 친구에게 바람맞은 모양이야」 「고소하지」 |
| 그가 그렇게 된 것은 자업자득이야. | He asked for it.<br>↳ 「자신이 그 결과를 초래했다」라는 뜻. |
| 그는 그들에 의해 언젠가 꼬리를 잡힐 거야. | They'll catch up with him someday.<br>↳ catch up with~ 「따라 가다」가 원래의 의미. 세금, 법률관계에서의 장면에서 쓰여지면 「적발하다」 「꼬리를 잡히다」라는 의미가 된다. |
| 그녀는 이쁘긴 하지만 조금 콧대가 쎄. | She's pretty, but a little stuck-up. |

## H 흔히 있는 불평 #21

| | |
|---|---|
| 너희들 독신녀석들은 좋겠어. | You unmarried guys sure are lucky. |
| 아름답다는 것은 이득이 되지. | It pays to be beautiful.<br>↳ 이 때 pay는 「득이 되다」 「돈을 벌다」의 의미. |
| 그 상사는 우리에게 쉴 틈도 주지 않아. | The boss keeps us on our toes.<br>↳ on one's toes는 열심히 움직이며 일하는 모양을 말한다. |
| 중간 관리직에는 얼간이들이 많아. | The middle management's a bunch of jerks.<br>• a bunch of ~ 일단의 ~<br>• jerk 바보 얼간이 |
| 그의 태도에는 참을 수가 없어. | I can't stomach his attitude.<br>• can't stomach 위에 넣을 수가 없다(→ 참을 수 없다) |

그의 불평불만이 이제 지겨워.

His complaining is getting old.

↳ 주어에는 지겹게 하는 것이 온다.

나도 항상 같은 이야기를 듣고 있어.

I get the same story day in, day out.

- day in, day out 언제나, 날마다

그처럼 지시만 기다리는 사람과는 같이 일할 수 없어.

It's impossible to work with a stick in the mud like him.

- a stick in the mud 느림보, 지시를 기다리는 인간

그처럼 우유부단한 사람 밑에서는 일 할 수 없어.

I wouldn't want to work for anyone as wishy-washy as that.

- wishy-washy 우유부단한

그는 우리들의 어려움을 보고 틀림없이 비웃고 있을 거야.

I'll bet he's laughing up his sleeves at our predicament.

- laugh up one's sleeves at ~ ~을 그늘에서 비웃다
- I'll bet 틀림없이 ~이다 (= certainly I'm sure(that)~)

내 월급으로는 수지를 맞출 수 없다.

I can't make ends meet on my salary.

- make ends meet 수입과 지출을 맞추다

## More Expressions & Review

#22

###  Practical Dialogues · 활용대화 ·

1

A I'm 21 years old. May I ask your age, Please?
B Yes, I turned 20 just last month.
A You look wonderful in that new dress.
B Thanks for your compliment.

A 저는 21세입니다. 당신의 나이가 어떻게 되시죠?
B 지난 달로 20살이 되었습니다.
A 그 새 옷을 입으니까 예뻐 보이는군요.
B 칭찬해 주셔서 감사합니다.

2

A You look angry. What's the matter with you?
B In fact, my girlfriend stood me up.
A I heard you're going to get married soon.
B No, it's just a rumor.

A 너 화난 표정이구나. 무슨 일이 있니?
B 사실은, 여자친구에게 바람 맞았어.
A 곧 결혼할거라고 들었는데.
B 아니야, 소문에 불과해

3

A I'd like you to meet my sister.
B Hi, how do you do? My name is Jeff scot. Glad to meet you.
C Hi, my mane is Anna Kim. I'm honoured to meet you.

A 당신에게 제 여동생을 소개하겠습니다.
B 처음 뵙겠습니다. 저는 Jeff Scott입니다. 만나서 반가워요
A 제 이름은 Anna Kim이라고 합니다. 뵙게 되어서 영광입니다.

**4**

A I think he is a man of good character.

B I think so, too. I'm somewhat reserved. What about you?

A People say I'm outgoing and very sociable.

A 그가 좋은 성격의 소유자라고 생각해.

B 나도 그렇게 생각해. 나는 약간 내성적인 편이야. 너는 어때?

A 남들이 외향적이고 아주 사교적이라고 해.

**5**

A You're always complaining about something. What's the matter with you?

B Everyone but I was promoted. I feel I was left out in the cold.

A 너는 항상 무엇인가에 대해 불평을 하는구나? 무슨 일이라도 있니?

B 나를 제외하고 모두가 승진했어. 마치 왕따 당한 느낌이야.

More Expressions & Review

#23

## 2 Key Expressions • 핵심표현 •

- I'm a little reserved.
  ≫ 나는 약간 내성적이야.
- He's sociable and outgoing.
  ≫ 그는 사교적이고, 외향적이다.
- They have a match made in heaven.
  ≫ 그들은 천생연분이다.
- I feel like a million.
  = I am tickled. = I am in the pink.
  ≫ 기분이 무척 좋아.
- What she did was very unlady-like.
  ≫ 그녀의 행동은 참 숙녀답지 않았어.
- He deserves to be blamed.
  ≫ 그는 비난을 받아 마땅해.
- She is photogenic.
  ≫ 그녀는 사진발이 잘 받아.
- They have a lot in common.
  ≫ 그들은 서로 공통점이 많아.
- Let me introduce myself.
  ≫ 제 자신을 소개하겠습니다.
- I have nothing to complain about.
  ≫ 나는 아무 불평도 없다.
- He's always complaining.
  = He is a constant grumbler.
  ≫ 그는 항상 불평을 한다.
- What are you complaining about?
  ≫ 무엇을 불평하니?
- I don't like the look of her.
  ≫ 그녀의 용모가 마음에 들지 않아.
- He is a man of good looks.
  ≫ 그는 용모가 단정하다.

I'm in my early 30's

≫ 나는 삼십대 초반이다.

She looks young for her age.

≫ 그녀는 나이에 비해서 어려 보여.

He's well over 60.

≫ 그는 60이 훨씬 넘었어.

He's my junior by three years.

≫ 그는 나보다 나이가 세살 아래다.

He is well up in years.
= He advanced in years.

≫ 그는 나이가 지긋하다.

How old do you think I am ?

≫ 제 나이가 몇이라고 생각합니까?

I'm your age.

≫ 당신과 나이가 같습니다.

You look better in person.

≫ 당신은 실물이 더 낫군요

He's a good-natured person.

≫ 그는 성격이 좋다.

They have quite different character.

≫ 그들은 성격이 전혀 다르다.

He has a flaw in his character.

≫ 그는 성격상 결함이 있다.

You hurt my feelings.

≫ 너 나의 기분을 상하게 하는구나.

How do you feel?

≫ 기분은 어떻습니까?

I don't feel like going out tonight.

≫ 오늘밤은 외출하고 싶지 않다.

TIME

Only when the clock stops does time come to life.

시계가 멈추고서야 시간이 살아난다.
... *William Faulkner*

Ordinary people think merely how they will spend their time; a man of intellect tries to use it.

평범한 사람들은 단지 어떻게 시간을 소비할까 생각하지만,
지성인은 그 시간을 어떻게 사용할까 노력한다.
... *Arthur Schopenhauer*

# CASE 3 교제의 예의

# 1 인사 · 감사 · 축하

## A 안녕하세요!축하합니다 #24

| | |
|---|---|
| 축하합니다. | Congratulations. |
| 축하해! | Let's celebrate! |
| 두 분이 만수무강하시기를! | I hope you have a long and happy life together. |
| 이거 모두가 내서 선물을 산 거야. | We all chipped in for the gift.<br>= We all kicked in for the gift.<br>↪ chip in는 다수의 사람이 하나의 목적을 위해서 (돈과 물건을) 같이 내는 것. |

## B 감사합니다 #24

| | |
|---|---|
| 고마워. | Thanks. |
| 와, 고마워. | Why, thanks!<br>↪ Why!는 놀라는 말로 「와!」<br>↪ "Here's a present for you."—"**Why, thanks!** May I open it?" 「여기 너, 선물이야」「와! 고마워. 열어 봐도 괜찮아?」 |
| 진심으로 감사드립니다. | I'd like to express my sincerest thanks. |
| 이거 고마워서 어쩌지. | I don't know how to thank you enough.<br>= I can never thank you enough. |
| 멋진 선물 고맙습니다. | Thank you for the lovely present.<br>↪ "**Thank you for the lovely present.**"—"I'm glad you like it." 「멋진 선물 고마워」「마음에 든다니 나도 기뻐」 |
| 정말로 소중히 하고 있어. | I've gotten a lot of use out of it. |
| 여러 가지로 고맙습니다. | Thank you for everything you did.<br>↪ "**Thank you for everything you did.**"—"No really, I'm the one who should thank you." 「여러 가지로 감사합니다」「아닙니다, 제가 감사를 드려야 하는데요」 |
| 요전에는 여러모로 감사했습니다. | Thanks for everything the other day.<br>• the other day 요전에, 전 날에 |

| | |
|---|---|
| 신세 많이 졌습니다. | Thank you for your help. |
| 여러 가지로 신세졌습니다. | I appreciate all the help that you've given me.<br>= You've been so good to me.<br>= I want to thank you for all your help.<br>• appreciate 감사하다 |
| 애를 써 주셔서 감사합니다. | Thank you very much for all the trouble you went to.<br>= I appreciate your going to all this trouble. |
| 친절에 감사드립니다. | I appreciate your kindness. |
| 관심을 기울여 주셔서 고맙습니다. | Thank you for your concern.<br>• concern 배려하는 마음, 걱정 |
| 참 생각이 깊으시군요. | That's very thoughtful of you.<br>= That's very nice of you.<br>= That's very kind of you. 참 친절하시군요. |
| 큰 도움이 되었습니다. | That's a big help. |
| 도움이 되겠습니다. | This will help.<br>↳ "Here's the breakdown you asked for."—"Thanks, **this will help**." 「이것이 의뢰가 있었던 명세서입니다」「고맙습니다. 도움이 되었습니다」 » breakdown 명세서 *cf.* specifications 가격명세서 |
| 그렇게 해 주시면 고맙겠습니다. | I'd really appreciate that.<br>• appreciate (사람의 호의 등을) 고맙게 생각하는 일 |
| 참 친절하시군요. | How kind of you to say so!<br>= I'm glad to hear that. » I'm은 생략가능. |
| 칭찬해 주셔서 고맙습니다. | Thanks for the compliment.<br>↳ compliment 「찬사」. 「아첨」에는 flattery쪽이 가깝다 |
| 상기시켜 주셔서 고맙습니다. | I'm glad you reminded me. |
| 당신 덕분에 홀가분해졌어요. | You've taken a big load off my mind.<br>• take a big load off ~으로부터 무거운 짐을 제거하다 |
| 당신의 편지 때문에 힘을 얻었습니다. | Your letter was a real morale booster.<br>• a morale booster 사기를 고무하는 것<br>• morale building 사기진작<br>• employee morale 직원들의 사기 |
| 아주 도움이 되었어요. | It was all very informative.<br>= I found it to be very informative. |

↳ "Did you get a chance to look over the article I left on your desk?"—"Yeah, **it was all very informative.**" 「자네 책상 위에 놓아둔 기사 말인데, 볼 시간이 있었어?」「그래, 대단히 참고가 되었지」 » look over ~에 시선을 보내다

그것 때문에 저의 시야가 넓어졌습니다.

It broadened my outlook.

- outlook 시야

시간을 많이 내주셔서 감사합니다.

Thanks for giving me so much of your time.

일부러 자리를 마련해 주셔서 고맙습니다.

It was nice of you to take the trouble to set this meeting up.

↳ 여기서의 set up은 「회의 등을 준비하다」의 뜻.

- take the trouble to 수고스럽게 ~하다

체면을 살려주어 정말로 고맙습니다.

I appreciate your building me up and all.

= I appreciate you gave me a buildup and all.

» buildup은 명사. big으로 강조해서 a big buildup라고 말하는 경우도 많다.

↳ build~up 「~의 체면을 살리다」「칭찬하다」「들어 올리다」라는 의미이므로 「나의 체면을 살려서 ~해 주십시오」라는 의미에는 사용치 않는다.

- and all 그 밖의 여러 가지

덕분에 출발이 순조로웠습니다.

Thanks to you, we've gotten off on the right foot.

= We've gotten off to a good start. » good대신에 smooth와 nice도 좋다.

↳ get off on the right foot 「출발이 좋다」의 의미로 원래는 단거리경주와 경마에서 자주 쓰이는 표현.

- thanks to ~ ~덕분에

지금의 지위를 얻게 된 것은 당신 덕분입니다.

I am indebted to you for the position I hold now.

- be indebted to ~에 빚이 있다 (= owe A to B)

도움이 없었으면 제대로 할 수 없었을 것입니다.

We could never have pulled it off without your backing.

- pull off 잘 해내다

그냥 감사의 표시입니다.

This is just a token of our appreciation

= It's a small token of my appreciation.

= This is only a gesture of our appreciation for all you've done. » for all you've done 당신들의 호의에 대해서도

↳ token은 그 밖에 「기념품」이란 의미도 있다.

마음에 드셨으면 좋겠는데.

I hope you'll like this.

예전에 신세졌기 때문에 한턱 내겠습니다.

I'll treat you to make up for the last time.

언젠가 보답할 기회를 주십시오.

• make up for ~ ~을 보충[보상]하다 (= compensate for~)

I hope you'll give me a chance to return the favor sometime.

• return the favor 보답을 하다 (= return one's favor)

## C 천만에요 #24

천만에요.

You bet.

= Don't mention it.

= Think nothing of it.

= Don't give it second

= Forget it.

↪ 인사를 들었을 때의 「천만에」라는 응대의 표현.

↪ "Thank you."—"**you bet.**" 「고마워」 「천만에」 » you bet 「물론, 틀림없이, 맞아」의 뜻이 보통이나 여기에서는 「천만에」의 뜻

• I bet(that)~ 틀림없이 ~하다 (= I'm sure(that) ~ certainly)

저야말로.

Thank you.

↪ you를 강하게 발음하며 intonation이 올라간다. 상대방의 감사 인사에 「오히려 내가 고맙다」고 할 때

도움이 되어 기쁩니다.

Glad to be of help.

신경쓰지 마십시오.

Don't worry about it.

아니, 천만에. 별 말씀을.

Oh no, not at all.

고맙기는 하나 이렇게 하실 필요가 없었는데요.

Thank you but you really shouldn't have gone to the trouble.

= You really shouldn't have, but thank you.

CASE 3

# 2 사과하다 · 용서하다

## A 미안합니다 #25

| | |
|---|---|
| 실례합니다. | Excuse me. |
| 잠깐 실례하겠습니다. | Excuse me for a moment. |
| 정말로 미안합니다. | I'm really sorry. |
| 모든 것이 제 잘못입니다. | It was all my fault. |
| 기분 나쁘게 생각하지 마십시오. | Please don't get offended. |
| 어떻게 사과드려야할지 모르겠군요. | I don't know how I can apologize. |
| 죄송하다는 것외에는 다른 말씀을 드릴 수 없군요. | Well, all I can say is we apologize. |
| 성가시게 해서 미안합니다. | I'm sorry to have bothered you. |
| 폐를 끼쳐서 미안합니다. | I'm sorry if I caused any trouble. |
| 기다리게 해서 미안합니다. | I'm sorry to keep you waiting.<br>• keep ~ ing ~을 계속 ~하게 하다 |
| 늦어서 죄송합니다. | I want to apologize for arriving late.<br>= I'm sorry for being late. = I'm sorry I'm late. |
| 미안해, 깜빡 잊었어. | I'm sorry it slipped my mind.<br>↪ slip one's mind 「깜빡 잊어버리다」라는 의미로 주어에 「약속」 「이름」 등의 것이 온다. |
| 죄송합니다. 어제까지 손을 쓰지 못해서. | Sorry, I couldn't get around to it until yesterday. |
| 미안합니다. 실수한 것 같군요. | I'm sorry. I guess I blew it.<br>• blow it 실수를 하다, 실패하다 |
| 제가 부주의했군요. | How careless of me! |
| 미안합니다. 실언을 했군요. | I'm sorry, it was a slip of the tongue.<br>• be a slip of tongue 실언하다 (= put one's foot in one's mouth) |

| | |
|---|---|
| 제 말이 경솔했군요. | I spoke out of turn.<br>• speak[talk] out of turn 경솔하게 말하다<br>• out of turn 경솔하게 |
| 농담을 하려했을 뿐입니다. | I was only trying to be funny.<br>• be funny 농담을 하다 |
| 제가 너무했나요? | Was I out of line?<br>• out of line 흥에 겨워 몹시 떠드는, 나쁜 짓을 해서<br>↳ You're too much!는 관용구로 「넌 너무하잖아」. |
| 당신의 프로젝트에 찬물을 끼얹을 생각은 없습니다. | I don't mean to throw cold water on your project.<br>↳ throw cold water 「물을 뿌려서 식히다」라는 말은 결국 「흥을 깨뜨리다」 「트집을 잡다」의 의미.<br>• don't mean to ~ ~할 생각은 없다 |
| 아무도 당신을 방해하지 않습니다. | Nobody's trying to thwart you or anything.<br>• thwart 방해를 하다, 방해하다 |
| 죄송합니다. 잠시 딴 생각을 하고 있었습니다. | I'm sorry. I was preoccupied with something.<br>• be preoccupied(with~) = be somewhere else 생각을 하고 있다, (다른 일로) 머리가 아프다, 건성이다 |
| 결코 어떤 의도는 없었습니다. | We weren't leading you on or anything.<br>• lead ~ on ~하도록 하게 하다 |
| 미안합니다, 아는 척을 하고 있었던 건 아닙니다. | I'm sorry, I don't mean to sound like a know-it-all.<br>• a know-it-all 아는 척하는 사람 |
| 앞으로 주의하겠습니다. | I'll try to be more careful. |
| 두 번 다시 이러한 일이 일어나지 않도록 하겠습니다. | I'll see it doesn't happen again. |
| 보답은 반드시 하겠습니다. | I'll make it up to you. |

## B 정색[변명] 하다 #25

| | |
|---|---|
| 제 잘못이 아닙니다. | It's not my fault. |
| 일부러 한 것은 아닙니다. | I didn't do it on purpose. |
| 미안합니다만 어쩔 수 없었습니다. | I'm sorry, but I couldn't help it.<br>↳ "**I'm sorry, but I couldn't help it.** I just lost it."—"I don't blame you." 「어쩔 수 없었어요, 잃어버렸어요」 「괜찮아요」 |

CASE 3

| | |
|---|---|
| 나쁜 뜻은 없었습니다. | I didn't mean any harm. |
| 폐를 끼칠 생각은 없었습니다. | I didn't mean to cause you any trouble. |
| 충동적인 생각으로 그렇게 했습니다. | I did it on impulse.<br>• act on impulse 충동적으로 행동하다 |
| 재미삼아 했을 뿐입니다. | I did it just for kicks.<br>• for kicks 재미삼아 |
| 그렇게 괴롭히지 마. | Don't pick on me like that.<br>• pick on 괴롭히다, 지분거리다 |
| 심각하게 받아들이지마. | Don't take it seriously.<br>↪「심각하게 받아들이지 말고, 가볍게 흘려 버리라고」라는 뜻으로 자주 쓰인다. |

## C 신경쓰지 않아도 좋습니다 #25

| | |
|---|---|
| 걱정하지 마세요. | Please don't worry about it. |
| 신경쓰지 마세요. | Don't give it a second thought.<br>↪「다시 고려를 하지 않는다」이므로「신경을 쓰지 않는다」라는 뜻.<br>• give ~ a second thought ~을 다시 재고해 보다 |
| 사과할 것 없습니다. | There's no need to apologize. |
| 잊어버립시다. | Let's let bygones be bygones.<br>↪「지나간 일은 덮어두자」라는 표현.<br>• Let bygones be bygones 나쁜 과거는 잊어버리다(과거는 묻지 마) |
| 다시는 이런 일이 없도록 하십시오. | Please be sure it doesn't happen again. |

# 3 권하다 · 권함에 응하다

## A 같이 갑시다 #26



| | |
|---|---|
| 지금 형편이 나쁜가요? | Is this a bad time? |
| 같이 안 갈래? | Want to come along?<br>= Do you like to join me?<br>= Do you wanna come along?<br>↳ 친한 사이에서의 표현. |
| 이번에 안 가볼래? | How about checking it out sometime?<br>• check out (= try) 레스토랑 등 따위의 새로 생긴 곳을 가보다 |
| 잠시 쉬자. | Why don't we take a break?<br>= Let's take a break.<br>• take a break 잠시 휴식하다(일이나 수업 후) |
| 밖으로 식사하러 가자. | Let's go out for dinner.<br>↳ Let's go out for a walk.는 「산책하러 가자」, Let's go out for the night.는 「밖에 나가자」 등, 여러 가지로 응용할 수 있는 표현. |
| 점심 같이 할까? | Why don't we get together for lunch?<br>↳ Why don't we~? 는 권유의 표현으로 「~하자」 「~하는 것이 어때」의 뜻.<br>• get together 모이다, 만나다<br>↳ "**Why don't we get together for lunch.**"—"Sure." 「점심 함께 어때?」 「좋아」 |
| 가끔은 외식해요. | Let's eat out for a change.<br>• for a change 가끔은, 드물게, 기분전환 차<br>*cf.* Let's eat in. 집에서 먹자 |
| 저녁식사에 초대하고 싶은데요. | I would like to invite you to dinner. |
| 한 잔하지 않겠습니까? | Why don't we have a drink?<br>• have a drink 술 한 잔 하다<br>↳ "**Why don't we have a drink** this Friday evening?"—"I'm sorry, I have a previous appointment." 「금요일 저녁 한 잔하시지 않겠습니까?」 「미안합니다, 선약이 있습니다」<br>» previous appointment 선약 (= prior engagement) |
| 이번 주말 신나게 한판해. | Why don't we live it up this weekend?<br>• live it up 활기차게 하다 |

| | |
|---|---|
| 한 집만 더 가는 거야. | But just one more stop. |
| 너 최근에 대인관계가 좋지 않아. | You haven't been very sociable recently. |
| 흥을 깨지마. | Don't be a party pooper.<br>• a party pooper 사람 사귀는 데 나쁜 사람, 자리의 흥을 깨는 사람<br>• pooper 마지막에 가서 빠지겠다고 하는 사람 |
| 스트레스 해소가 될 걸. | It'll do you some good to unwind.<br>• unwind 스트레스를 해소하다, 긴장을 풀다<br>↬ "Oh, come on . Just one more place."—"I wouldn't mind tying one on if it were Friday."— "**It'll do you some good to unwind.**" 「저, 한 집만 더 가는 거 어떻습니까?」「오늘은 금요일이라서 엄청 마셔도 괜찮지만」「스트레스가 해소될 겁니다」<br>» tie one on 술을 많이 마시다 |
| 놀러오지 않을래? | Why don't you come over?<br>↪ *cf.* come to play는 어린이 대상의 유치한 표현이므로 주의를 할 것.<br>↬ "**Why don't you come over** and have a drink?"—"Fine with me." 「와서 한 잔 해」「좋아」 |
| 올라와서 차라도 한 잔 마시고 가. | How about coming in for a cup of tea?<br>= Won't you stop in for a cup of coffee? |
| 한턱 낼께. | I'll treat you to something. |
| 내 점심을 한턱 내지. | I'll treat you to a lunch. |
| 오늘은 주머니가 두둑하다고. | I'm feeling flush today.<br>• flush 풍부한, 넉넉한 |
| 너 돈 걱정은 할 필요가 없겠구나. | You don't have to worry about money. |
| 그녀를 위해서 돈을 모으자. | Let's pass the hat around for her.<br>• pass the hat around 자금을 모으다 |
| 참가여부는 전적으로 당신에게 달렸다. | Attendance is entirely up to you.<br>• up to ~ ~에게 달려 있는 (= depend on) |
| 예정에 넣어 두라고. | Be sure to put it on your calendar. |
| 부인도 모시고 와! | Bring your wife along.<br>• Just bring yourself 그냥 빈손으로 와(초대시) |
| 7시경에 호텔로 데리러 갈게. | I'll pick you up at the hotel around 7.<br>• pick up~ ~을 정돈하다; (차로) 데리러 가다; ~을 사가지고 오다 |

## B 좋습니다 #27

좋아요.

Good idea.
= Sounds great.
= It sounds good.

좋아!

I'd love to.

좋구 말구요!

I'm game!
- be game 의욕이 있다, 마음이 내키다
↪ "Do you have time for a nightcap?"—"**I'm game!**" 「밤술을 한잔하고 가시지 않겠습니까?」「좋구말구요」

해 볼래?

Let's go for it.
- go for it 하다, 타다
↪ "It would be a big gamble."—"**Let's go for it.**" 「커다란 도박이 되겠구먼」「해보지 않겠어?」

나 끼워 줘.

You can count me in.

꼭 가고 싶어[가겠어].

I'd love to go.

가능하면 가겠어.

I'll go if I can.

## C 좀 곤란합니다 #27

분위기를 깨뜨려서 미안합니다만

Sorry to spoil the occasion, ~

그만 두겠습니다.

I'll pass.
= Count me out. » 「나는 빼줘」라는 표현.
= I want out.
↪ 권하는 것을 거절할 때 사용. I think I'll pass.라 쓰기도 한다
↪ "Why don't you come skiing too?"—"I think **I'll pass.** I can't stand the cold." 「자네도 스키타러 가지」「그만 둘래. 추위에 약해서 말이야」 » stand 참다 (= tolerate)

다음에 하지요.

I'll take a rain check.
= Can I take a rain check?
= Could I take a rain check on that?
↪ 완곡한 거절의 표현. rain check 「(우천순연의)교환권」의 뜻이 있는데, take a rain check 「교환권을 받다」라는 내용이 변해서 「다음 기회에 하다」 라는 의미.
*e.g.*, Would you give me a *rain check* on that? (그것을 좀 연기해 주시겠습니까?)
- rain check 주로 연기(delay)의 뜻
- give ~ a rain check on~ ~을 연기해 주다

이번에 나는 빼줘.

You can count me out this time.

• count out ~을 그룹에 넣지 않다, 제외하다

외출 생각이 없는데요.

I don't feel like going out.

• feel like ~ing ~하고 싶다

고맙습니다. 하지만 내키지 않군요.

Thanks, but I really don't feel like it.

그것에 별로 마음이 내키지 않아.

I'm not too keen on it.

= I'm not very enthusiastic about it.

• be enthusiastic about ~ ~을 열광하고 싶어하다

가고 싶지 않아요.

I wouldn't feel right about going.

= I don't feel like going.

고마워, 하지만 갈 수 없어.

Thanks, but I really can't go.

안 돼, 계획이 있어.

No, I can't. I have plans.

↳ 권하는 것을 거절할 때 편리한 표현. 이 다음에 "Is it possible to change the schedule?(스케줄 변경할 수 있겠니?)"이라는 식으로 이어주면 좋다.

여러 가지로 바빠.

I've had all sorts of things to do.

↳ "You haven't been very sociable lately."—"**I've had all sorts of things to do.**" 「최근에 좀 뜸해진 것 같은데」 「여러 가지로 바빠」

급한 일이 생겼어.

Some urgent business has come up.

= I suddenly got a rush job.

조금 급해.

I'm in a bit of a hurry.

• in a hurry 급히

나는 빈털터리라고.

I'm broke.

= I'm penniless.

• broke = dead broke = stone broke an 무일푼인 ('dead'나 'stone'은 강조부사로 'completely'(완전히)의 뜻이다)

현금이 좀 부족해

I'm a little short on cash.

이 달은 돈이 약간 부족해.

I'm a little short on money this month.

더 이상 마실 수 없어.

I'm sorry but I can't take any more.

의사는 나에게 금주령을 내렸어.

The doctor has put a stop to my drinking.

# 4 부탁 · 허가를 구하다



## A 부탁이 있는데요 #28

부탁이 있는데.

Could you do me favor? = May I ask you a favor?

↳ "**Could you do me a favor?**"—"Sure. What is it?" 「부탁이 있는데요」「좋아요, 뭐죠?」

나 좀 도와 줘.

Back me up.

↳ *e.g.*, Her father is *backing* her *up*. 「그녀의 아버지가 뒤에서 밀어주고 있다」.

*cf.* Cheer up! 힘내!

좀 도와 주실래요?

Can you help me a bit?

= Could you help me a little bit?

- help 도와 주다 (= give ~ a hand(helping hand))
- a bit 약간 (= a little bit)

이런 식으로 당신에게 대하고 싶지 않지만.

I hate to presume upon you this way.

- presume upon ~에 어리광을 떨다

↳ "**I hate to presume upon you this way.**"—"Oh, don't give it a second thought." 「이런 식으로 당신에게 대하고 싶지는 않은데」「신경쓰지 마」 » give ~ a second thought ~를 재고해 보다

그것을 좀 부탁드릴까 합니다.

Isn't there something you can do?

↳ 직역은 「당신이 도와 줄 수 있는 일이 있지 않겠는가?」

지혜를 빌릴까 합니다.

I'd like to pick your brain.

= I hope we can count on you for advice. » count on= rely on = depend on ~을 의지하다

좀 비켜 주실래요?

Could you move a little?

= Won't you step aside a little bit?

= Clear the way. » 길을 좀 비켜 달라고 할 때.

우체국에 들러 주겠습니까?

I want you to go by the post office.

↳ "May I go home early?"—"In that case, **I want you to go by the post office.**" 「일찍 가도 됩니까?」「그러면, 우체국에 들러주지 않겠습니까?」 » in the[that] case 「그렇다면, ~하라고」인 경우에 일상적으로 사용하는 표현.

- go by 잠시 들르다 (= stop by = drop by)

내일 아침 차를 태워주지 않겠어?

Would you give me a ride tomorrow morning?

= May I trouble for a ride?

↬ "**Would you give me a ride tomorrow morning?**"—"I'm sorry, but I can't?「내일 아침 차를 태워 주시지 않겠습니까?」「미안하지만, 그럴 수 없군요.」

쇼핑하러 가는 동안에 아기를 돌봐 주실래요?

Can you look after my baby while I go shopping?

• look after ~ ~을 돌보다 (= take care of ~)

더빙[복사]해 주시겠습니까?

Can you make a copy for me?

↪ make a copy는 「복사하다」「복사를 해 주십시오」의 뜻인데, 비디오와 CD의 더빙도 이 표현으로 OK. 복사기의 서류 복사 시 가장 많이 쓰인다.

하는 김에 이것도 해 주세요.

Please do this while you are at it.

• be at it 작업중

내 대신에 이것 좀 메모해 둬.

Can you write this down for me?

자, 한 번 사용해 보십시오.

Go ahead and give it a try.

↪ 쇼핑 시 옷, 신발 등을 입어보고 신어보거나 기계를 작동할 때 주로 쓰인다.

그에게 물어 보는 게 어때?

Can you sound him out for me?

• sound out 남의 의견이나 의도를 알아보다

당신에게 부탁할 수 있을까요?

How about you?

↬ "Can you get someone to back you up?"—"**How about you?**"「누군가에게 도움을 받을 수 있을까요?」「당신은 어때요?」

» back up ~의 힘이 되다

↪ 'How about you?'는「당신은 어때요?」의 뜻이나 여기에서는 다른 의미다. 즉「당신이 도와 줄 수 있는가?」이다.

해 주겠어?

Are you volunteering?

↬ "We need a coordinator. **Are you volunteering.**"—"No way."「조정하는 사람이 필요한데, 자네가 해 주겠어?」「안돼」

» No way 안돼, 불가능해

동석할 수 있을까요?

Can you join us?

너그럽게 봐 주십시오.

Please go easy on me.

• go easy on 너그럽게 봐 주다

좀 봐 줘.

Take it easy on me.

• take it easy on ~을 봐 주다 (= go easy on ~)

이번에는 봐 주세요.

How about taking it easy on us this time?

제 이름은 말하지 마십시오.

Don't mention my name.

| | |
|---|---|
| 비밀로 해 두지 않겠습니까? | You will keep this under your hat now?<br>↪ keep~under one's hat 「~을 가슴에 담아 두다」. now는 「~말이지」라고 다짐하는 것과 확인할 때 사용한다.<br>↬ "**You will keep this under your hat now?**"—"I give you a word." 「이거 비밀로 해 주겠지?」「약속하지」 |
| 우선은 지금까지 들으신 것은 잊어 주십시오. | Please put everything you've heard out of your mind for now.<br>↪ put~out of one's mind 「마음 속에서 몰아내다」가 원래의 의미. 거기서 「~을 잊어버리다」.<br>• for now 현재로는 (=so far=thus far) |



## B 해도 좋습니까? #29

| | |
|---|---|
| 같이 가도 될까요? | Mind if I join you? = Do you mind if~?<br>• Mind if~? ~을 해도 좋아? |
| 옆에 앉아도 좋습니까? | Do you mind if I sit next to you? |
| 창문을 열어도 됩니까? | Do you mind if I open the windows?<br>↬ "**Do you mind if I open the windows?**"—"No, not at all." 「창문을 열어도 좋아?」「좋아요」 |
| 담배를 피워도 좋습니까? | Mind if I smoke?<br>↪ 「이 방은 금연입니다」라고 거절하려면 Please refrain from smoking in this room, 또는 I'm sorry, you're not allowed to smoke here.로 말할 수 있다.<br>↬ "**Mind if I smoke?**"—"No, go ahead." 「담배 피워도 좋습니까?」「피십시오」 |
| 내일 쉬어도 될까요? | May I take tomorrow off?<br>• take ~ off 일을 하지 않고 쉬다 |

## C 좋아요 #29

| | |
|---|---|
| 좋아요. | It'd be OK with me. |
| 기꺼이. | I'd be happy to.<br>= My pleasure. = It's my pleasure.<br>↪ 부탁 받은 것을 해 줄 때 사용한다. |
| 알겠습니다. | Gotcha.<br>↪ 「당신이 하는 말을 이해했습니다」의 뜻.<br>↬ "I want you to give it top priority."—"**Gotcha.**" 「그것을 최우선으로 했으면 합니다」「알겠습니다」 |
| 할 수 있는 일이면 기꺼이 협력하지요. | I'll be happy to cooperate in any way I can. |

| | |
|---|---|
| 할 수 있는 데까지 해 보겠습니다. | We'll give it our best effort.<br>• give~one's best effort ~에 대해서 가능한 한 노력하다 |
| 제가 아는 일이라면. | As long as it concerns something I know about. |
| 좋아요, 당신 좋을 대로 하세요. | OK. Have it your way.<br>• have~one's way 생각대로 ~하다 |
| 마음대로 하시죠. | Be my guest.<br>↳ "Can I write over it?"—"**Be my guest.**" 「기입을 해도 좋습니까?」「자유롭게 하시죠」 » write over ~에 기입을 하다 |
| 당신 좋을대로 하시죠. | That's entirely up to you.<br>• be up to ~ ~에 달려 있다, ~의 책임이다 |

## D 용서해 주십시오 #29

| | |
|---|---|
| 용서해 줘. | Give me a break. = Give me a chance.<br>↳ 「한 번만 봐주세요」의 의미가 더 강하다. |
| 용서해 주세요. | Have a heart. = Have a pity.<br>↳ have a heart 는 「인정을 두다」 즉, 「용서하다」로 인정에 호소할 때 사용한다.<br>↳ "I'm sorry, but you're the only one free."—"Come on. **Have a heart.**" 「미안한데, 자네 밖에 쉬는 사람이 없다고」 「부탁해, 한 번 만 봐 줘」 » come on 이봐, 부탁해 |
| 가능하면 용서해 주었으면 합니다. | I'd like to beg off if at all possible.<br>↳ possible은 여기서는, 명사의 뜻으로 「가능한 것, 가능성」을 뜻한다.<br>• beg off 약속으로부터 해방되다(「용서를 받다」인 경우에는 사용하지 않는다) |
| 미안합니다만, 도와 드릴 수 없군요. | I'm afraid I can't help you.<br>↳ 앞에 I'm sorry, but을 붙이면 보다 정중한 표현이 됨. |
| 불가능한 것을 부탁하시는군요. | You're asking the impossible. |
| 가능하면 그렇게 하지 마십시오. | I'd rather you didn't.<br>= I'm afraid I can't let you do that. |
| 생각을 재고해 보지 않겠습니까? | Won't you reconsider? |
| 눈 감아 줘요. | Overlook it. |
| 이번엔 봐 주지요. | I'll let you off the hook this time.<br>= I'll let you go this time. |

# 5 칭찬하다 · 꾸짖다 · 달래다

CASE 3

## A 잘했어 #30

| | |
|---|---|
| 잘했어. | Great, you did it!<br>= You really did it. = You did a great[good] job.<br>↳ 상대를 칭찬할 때에 사용하는 어법. |
| 잘했어. | That's neat.<br>= That was a slick move. » slick 영리함, 재주있는<br>• neat 솜씨가 좋은, 훌륭한 |
| 상당히 잘했어. | That was some job.<br>• be some job 꽤 잘하다 |
| 잘 되었군. | Good show.<br>↳ 공연 등 사람들 앞에서 행한 것이 상당히 잘 된 것을 칭찬하는 표현. |
| 좋았어. | It turned out fine. |
| 대단하군. | Not bad, not bad.<br>↳ 어투에 따라서 「이런,이런」의 뉘앙스로도 된다.<br>↳» "How's that new employee working out?"—"**Not bad, not bad.**" 「저 신입사원 일하는 모습은 어때?」「대단해」 |
| 잘 나가고 있구나. | You're on the right track now.<br>↳ be on the right track으로 「바른 노선 상에 있다」이므로 「잘 나가고 있다」의 뜻. |
| 좋아, 잘했어. | There you go.<br>↳ 격려의 말. |
| 멋진데. | You're sharp as a tack.<br>• sharp as a tack 머리가 예리하다; 옷차림이 매우 단정한[멋진] |
| 대단하군. | He's not bad at all.<br>= Isn't that something? » something 대단한 것, 중요한 것<br>↳ 듣기 나쁜 소리 같지만, 칭찬의 말. 「상당히 잘하는데!」라는 뉘앙스. |
| 그의 나이에 비해 대단한 것이야. | At his age, that's really something. |
| 대성공이야. | That's a real coup.<br>= That's a feather in your hat. » a feather in one's hat[cap] 자랑거리, 명예 |

• a coup 대성공

네가 마침내 해냈구나.

You finally came into your own.

• come into one's own 당연히 받을 것(명예, 감사, 평가 등)을 받다

너 성공했구나.

I think you scored.

• score 성공하다

네가 문제의 핵심을 찔렀어.

You were right on your question.

= Your question hit the nail on the head[nose]. 바로 맞히다, 문제의 핵심을 찌르다

• be right on~ ~에 대해 옳다, 적중하다 (= agree on / about)

너의 육감이 옳았어.

Your hunch was right.

• hunch 육감, 예감
• have a hunch(that) = have a gut feeling(that) ~의 예감이 든다

너 참 생각이 깊구나.

How thoughtful of you.

= You're so thoughtful.

• thoughtful 신중한, 생각이 깊은 (= considerate)

너를 믿어.

I have confidence in you.

• have(have = put = place) confidence in ~ ~를 믿다 (= trust in = have trust in)

너만 믿어.

I'm depending on you.

= I knew I could count on you.

• count on 믿다, 신뢰하다 (= rely on = depend on)

모두가 정말 감명을 받았어.

Everyone was really impressed.

자네에게 경의를 표하네.

I have to hand it to you.

= I take off my hat to you.

• hand it to ~ ~에게 경의를 표하다 (= take off one's hat to ~)

자네가 주역이라고.

You're the life of the party.

• be the life of the party 모임의 주역

그는 마침내 어른이 되었어.

He's finally grown up.

너는 어른 대접을 받을 때가 되었어.

You're ready to be treated as an adult.

그가 괜히 나이 먹은 게 아니야.

He hasn't been letting the years slip idly by him.

과연 샘은 베테랑이군.

You've got to give Mr. Sam credit.

• credit 공적과 실적을 칭찬하는 일
• give ~ credit ~에 공을 돌리다, ~덕분이다

| | |
|---|---|
| 사람 보는 안목이 있군요. | You're a good judge of people.<br>= You know what to look for in people. |
| 실패에도 굴하지 않는 그의 모습에 감탄했어. | I admire the way he's taken the set-back in stride.<br>• take ~ in one's stride (곤란 등을) 뚫고 나가다, 대처하다<br>• set-back 실패, 패배 |
| 너의 의욕이 존경스러워. | I admire your enthusiasm. |
| 그는 의욕이 넘쳐. | He's got a motivation. |
| 너 잘하는데. | You're in an upbeat mood.<br>↪ upbeat는 주로 경기의 호조를 말하나 구어체에서는 「낙관적인」 「행복한」 등의 의미와도 통한다. |
| 하면 돼. | If you try, you can do it. |
| 힘 내(수고해). | Keep up the good work.<br>↪ 「좋은 일을 유지하다」에서 「이 상태로 분발하다」의 뜻. |

## B 아첨하지 마세요 CD1#31

| | |
|---|---|
| 때때로 운이 좋을 뿐이야. | I just get lucky sometimes. |
| 비행기 태우는 건 아니야. | Flattery won't get you a cent.<br>• flattery 아첨 |
| 아첨하지마. | Don't flatter me.<br>• flatter ~에 아첨을 떨다 |
| 뻔히 보이는 아첨할 필요없어. | You don't have to make such sugared compliments.<br>• sugared 기분을 맞춰주는 (사람을 기쁘게 해 주기 위한 의도가 눈에 보인다) |

## C 똑바로 해야겠어 #31

| | |
|---|---|
| 멍청하구먼. | You dope.<br>↪ dope는 「마약중독자」의 의미도 있으므로 상당히 친한 사이가 아니면 사용하지 않는다. |
| 잘했어. | Nice going.<br>= Get hold of yourself. |
| 정신차리는 게 좋겠어. | You'd better pull yourself together.<br>= Get hold of yourself. |

= Get a grip on yourself.

↪ "You've got to stop being late. **You'd better pull yourself together.**"—"Sorry, I've been under a lot of stress." 「이렇게 지각을 하다니, 적당히 하고 정신을 차리라고」「죄송합니다. 최근에 여러 가지로 스트레스가 쌓여서」

» be under stress 스트레스를 받고 있다

• pull oneself together 원래의 자신을 되찾다, 정신을 차리다

정신차려서 해야 되겠어.

You have to get with it.

• get with 정성을 들이다, ~을 열심히 하다

좀 더 정신차려서 해.

You aren't paying enough attention.

• pay attention(to) ~에 주목하다, 주의를 기울이다

주의가 부족해, 해이해졌어.

You've become too lax in your attitude.

• lax 열의가 없는, 느슨한

진지해져 봐.

Get serious.

이래서는 곤란해.

This just won't do.

= This won't do it. » not do it 만족스럽지 않다, 불충분하다

↪ 만족스럽지 못한 것을 되돌릴 때 하는 표현.

웃을 일이 아니야.

It's no laughing matter.

= It's nothing to laugh about.

• be no laughing matter 웃을 일이 아니다

너 이대로 내버려두면 안 돼.

You can't get away with this!

• get away with 나쁜 일이 발각되지 않고 무사히 넘어가다.

너 참 게으르구나.

How lazy can you get!

너는 모를 거야.

I don't think you understand.

↪ "I think you don't understand."로 사용하지 않은 것에 주의. 영어에서는 목적어 부분을 부정형태로 쓸수 없다.

그래도 당연하지.

What do you expect?

↪ 상대의 발언을 받아 「도대체 무얼 기대하고 있어?」라는 뜻.

너 그걸 깜빡 잊었구나.

It must've slipped your mind.

• slip one's mind 깜박 잊어버리다 (= slip one's memory)

너 최근에 나사가 빠진 것 같애.

You seem out of it lately.

• out of it 기합이 빠진, 얼빠져있는

## D 삼가하세요 #32

| | |
|---|---|
| 말조심 해. | Watch your tongue.<br>= Watch your language<br>= Mind your p's and q's. |
| 건방지게 잘난 체 하지 마. | Don't be so smart.<br>= Don't be so cheeky.<br>↳ smart 「건방진」의 의미. 「머리가 좋은」이라는 의미도 있지만, 어느 쪽이 되는가는 문맥에 의한다. |
| 건방진 짓 하지 않는 것이 좋을 거야. | You'd better be careful who you get wise with.<br>= Come down off your high horse.<br>↳ get wise with 「~에 대해서 건방진 태도를 취하다」. 전문(全文)은 「건방진 태도를 취할 때는 상대방을 택해라」라는 뜻. |
| 너 태도가 과장되었구나. | You sure act big.<br>= Your acting is very flattering. |
| 그렇게 친한 체하지 마. | Don't be so flippant.<br>↳ flippant은 「진지함이 부족한」이라는 의미로, 사람에 해당되면 「친숙한」, 심각한 상황에 있어서는 「경솔한」 「들떠 있는」의 뜻. |
| 사소한 일로 큰 소동을 일으키지 마. | Don't make a big issue out of such a small thing. |
| 풍파를 일으키는 짓은 하지 마. | Quit rocking the boat.<br>= Don't make waves.<br>↳ rock the boat는 「보트를 흔들다」 즉, 「불안정한 상태로 하다」. |
| 투덜거리지 마. | Quit haggling.<br>= Stop complaining.<br>↳ haggle 「값을 깍다」 「흥정하다」 「성가시게 말하다」 「투덜투덜대다」라는 뉘앙스가 있다. |

## E 변명해도 소용없다 #32

| | |
|---|---|
| 변명은 그만 해. | Forget the excuses. = Don't give excuses.<br>↳ "I'm sorry I'm late. The roads were very crowded."—"**Forget the excuses.**" 「늦어져서 미안해. 길이 붐벼서」 「변명은 그만 둬」 |
| 너의 그런 변명은 우리는 믿지 않아. | We aren't buying your story.<br>• buy someone's story ~의 변명을 믿다 |
| 생각나는 대로 말하지 마. | Don't shoot from the hip.<br>• shoot from the hip 깊게 생각하지 않고 말하다[행동하다]<br>↳ 「표적을 노리지 않고 허리의 위치부터 총을 쏘다」에서 생각나는 대로 말하다」 「생각나는 대로 행동하다」의 의미. |

CASE 3

| | |
|---|---|
| 동정을 얻으려 해도 소용없어. | It's useless to play on my sympathy.<br>• play on ~ ~에 파고들다 |
| 남의 일인 것처럼 이야기 하는구나. | You talk as if it didn't concern us. |
| 혼자 힘으로 어떻게든 해 봐. | Do something about it for yourself. |

## F 남의 탓으로 돌리지 마 #32

| | |
|---|---|
| 어떻게 그렇게 무책임 할 수 있니? | How irresponsible can you get?<br>↪How ~ can you get? 「어째서 ~인 거야?」이라는 문구. 이 you는 일반 사람을 가르키는 것이므로 제 3자에 대해서도 이 형태로 사용할 수 있다. |
| 너 참 생각이 없는 녀석이구나. | That's very unthoughtful of you. |
| 너 참 시간관념이 없구나. | You're so unpunctual.<br>• punctual 시간을 엄수하는, 시간이 정확한 |
| 너는 돈을 절제하지 못하는 구나. | You're very loose with money. |
| 무슨 생각으로 접대(비)에 돈을 다 쓴거야? | Where do you get off spending all that on entertainment?<br>• Where do you get off~? 뻔뻔하게도 ~할 수 있어?<br>• entertainment 환대, 대접<br>*cf.* entertainment expenses 접대비 |
| 너만 좋게 보일려고? | You mean you're planning to make like Mr. Clean at my expense?<br>= Are you trying to make yourself look better than anyone else?<br>↪「나를 희생해서 도덕적으로 결벽한 사람인 척 할 것인가」란 뜻.<br>• Mr. Clean 청렴한 정치가 |
| 그럼 그것이 나 때문이라는 거야? | Oh, so it's my fault now.<br>• be one's fault ~의 잘못이다 |
| 모든 것을 나에게 떠 맡기지마. | Don't dump everything in my lap.<br>• dump ~ in someone's lap ~을 남에게 강요하다 |
| 이봐, 얼굴을 씻고 다시 나오라고. | Hey, it's cold-shower time.<br>↪「차디찬 샤워를 할 시간이다」라는 의미에서 「눈을 뜰 시간이다」→「얼굴을 씻고 다시 나오다」가 된다. 꾸짖을 때 사용하는 일이 많다. |
| 사과로 끝날 문제가 아니야. | This isn't something that can be written off with an apology.<br>• write off 장부에서 지우다 |

## G 이래서는 안 된다 #33

크게 벗어났어.

You were way off target.
↳ off target(과녁을 벗어나)에서 target은 생략할 수 있다.

꽤 꾸물거리는구먼!

Quit procrastinating! = Get on it!
• procrastinate 연기하다 (= delay = postpone = put ~ off)

어째서 언제나 마지막까지 아무 것도 하지 않는 거야.

Why do you always wait till the last minute?
• till the last minute 최후의 최후까지, 막판까지

미리 말해 줘.

Tell me in advance.
= Tell me ahead of time.

방해하지 마.

You're in the way.
= You're blocking traffic.
↳ in the way「지나는 길에」가 원래의 뜻. 변해서「방해가 되다」의 의미. the 대신에 a를 사용해서 in a way로 하면「어떤 의미로는」이라는 다른 뜻이 되므로 주의.
• be in the way 길을 막고 서 있다, 거치적거리다

시끄러워.

Be quiet!

좀 조용해 주시겠습니까?

Could you please be a little quieter?

볼륨을 줄여.

Turn down the volume.

워크맨 볼륨 좀 줄여.

Turn that walkman down a little.

## H 어쩔 수 없는 놈이다 #33

어쩔 수 없는 놈이야.

You bum!
= I don't know what we're going to do with you.
↳「자네를 어찌해야 좋을지 모르겠다」라는 뜻.
• bum 게으름뱅이, 룸펜, 건달

넌 참 멍청해.

You're a real klutz.
↳ klutz「얼간이」라는 의미의 속어.

너 언제 철들래?

What a scatterbrain!
= Why don't you grow up?
• a scatterbrain 주의가 산만한 사람

촐랑대지 마.

You just haven't been around.
• have been around 여기저기 가서 경험을 쌓고 있다

참 솜씨가 없구나. 서툴러.

You sure are clumsy.

너는 너무 정직해.

You're too honest.

네가 너무 심했다.

You're going too far.

• go too far 너무 극단적으로 말하거나 행동하다, 정도를 지나치다

너무 지나치구나.

Don't get carried away.

• get carried away 지나치다, 지나치게 잘 나가다

모든 일에는 정도라는 게 있어.

There's a limit to everything.

너 분수도 몰라?

Don't you know your place?

마음이 약해진 게 아냐?

You're not getting cold feet, are you?

= Don't get cold feet.

↪ "Oh, come on now. **You're not getting cold feet, are you?**"—"No, just don't want to stick my neck out for nothing." 「어머, 지금 새삼 뭐예요. 마음이 약해진건 아니죠?」「아냐, 의미없는 일에 목숨을 걸고 싶지 않아」

너무 부정적으로 생각하지 마.

Don't be so negative.

오해하지 마.

Don't get me wrong now.

= Don't misunderstand me.

↪ get~wrong 「~을 오해하다」「나쁘게 받아들이다」「과대평가하다」의 이중의 의미를 갖고 있다. get 대신에 take를 사용하는 일도 있다.

↪ "What do you mean it was our fault?"—"**Don't get me wrong now.** I was only saying we misunderstood your intention." 「우리들 탓이라니 무슨 의미입니까?」「아니, 오해하지 마십시오. 단지, 댁의 의도를 오해하고 있었다라고 했을 뿐입니다.」

» be one's fault 「~의 탓이다」.

» now는 상대를 달래는 말로 「저, 저」.

잠깐만요.

Hold on there.

↪ 성급한 상대를 충고하는 경우의 표현. Now, hold on there.라고도 한다.

진정해.

Get hold of yourself.

= Relax. = Calm down.

= Keep your shirt on. = Take it easy.

= Cool down. = Cool your pot.

↪ 「자기 자신을 콘트롤하시오」라는 뜻. 화를 내는 사람과 히스테리를 일으키고 있는 사람에 대해서 사용한다.

↪ "I've had it! That Miss brown makes me sick!"—"What happened? **Get ahold of yourself** and tell me about it." 「뭐예요, 브라운양만 보면 소름이 끼쳐」「왜 그래? 안정하고 말을 하라고」

## I 흥분하지 마 #34

흥분하지 마.

Don't get yourself so worked up.
= Don't get so worked up.
- work up 흥분 시키다

좀 머리를 식혀봐.

Cool down a little.
= Give yourself a chance to calm down.
- Cool down. 진정해 (= Calm down. = Cool your pot.)

진정하라구.

Just cool it.

짜증내지 마, 화내지 마.

Don't let yourself get riled.
- get riled 화나다, 짜증나다

당신, 최근에 사소한 일에 흥분하는군.

Recently, you blow your top at the drop of a hat.
- blow one's top 버럭버럭 화를 내다
- at the drop of a hat 사소한 일로, 신호가 떨어지자마자

왜 그렇게 흥분을 하지?

What are you so hot under the collar about?
- be hot under the collar 흥분하다, 화를 내다

진정하라고, 그는 그냥 장난이었어.

Relax, he was just pulling your leg.
↪ pull someone's leg(= fool = tease = play jokes on~) 가벼운 기분으로 「농담을 하다」 「놀리다」 「조롱하다」의 의미이며, 「(악의를 갖고) 남을 방해하다」라는 의미는 없다.

## J 그러지 마세요. #34

어떻게 진정하고 이야기할 수 있겠니?

How can you talk about it so calmly?

농담은 그만 둬.

Stop fooling around.
= Don't fool around. = Don't tease me!

농담에도 시간과 장소가 있는 거야.

You have to remember there's a time and place for joking around.
- remember there's a time and place for ~ ~에는 적합한 때와 장소가 있다는 것을 기억하다

농담은 그만하고 분위기를 맞춰.

Stop fooling around and get with the show.
- get with the show 주의에 맞추어 가다

공과 사를 구별해.

Keep work and fun separate.
= Keep company business and your personal affairs separate.

그렇게 질투하지 마.

No need to get so jealous.

본말이 전도되었어.

You're getting your priorities mixed up.

↳ get one's priorities mixed up 「우선순위가 섞어 버리다」에서 「본말이 전도되다」의 의미.

처음부터 그런 식으로 하는 게 아니었어.

You shouldn't have done it that way in the first place.

↳ in the first place 「처음에 있었던 장소로 돌아가서 생각해 보면」으로 「원래」 「처음부터」의 의미.

이 상태로 계속할 수 없어.

This can't go on. = Keep on.

- go on 계속되다

현실적으로 생각할 수 없겠니?

Can't you keep your feet on the ground?

- keep one's feet on the ground 현실적이다

내 말을 끝까지 들어 봐.

Hear me out on this.

= You have to hear me out.

↳ "I can't go along with your way of doing things."—"Just a minute, now. **Hear me out on this.**" 「당신의 방식은 납득이 가지 않습니다」 「그래, 그래 마지막까지 들어보라고」

그런 일로 야단치지 마세요.

Don't chew me out.

- chew out 시끄럽게 말하다, 호되게 꾸짖다 (= scold = criticize = give it to~)

좀 말이 지나쳐.

That's going a little too far.

= I wonder if you weren't a little too blunt with her.

» blunt 퉁명스러운, 무뚝뚝한
*cf.* flat-out blunt 노골적으로 버릇없는

↳ "He's incompetent."—"Now, **that's going a little too far.**" 「그는 무능해」 「이봐, 말이 좀 지나치잖아」

그렇게 말할 이유가 없어.

There's no reason to talk like that.

- There's no reason to~ ~할 이유가 없다

언행을 좀 조심해야 되겠어.

You should be a little more circumspect in what you say and do.

- circumspect 신중한

그렇게 함부로 말하는 게 아니야.

You shouldn't speak so carelessly.

침소봉대로 말하는 건 삼가해.

Quit making a mountain out of a molehill.

= Don't blow things out of proportion.

↳ 「침소봉대」를 영어로는 molehill(두더지가 만든 쌓은 흙)과 mountain(산)의 대조로 표현한다.

마음대로 하지 마.

Don't be bossy.

↳ be bossy 「쥐고 흔들다」. 뭔가 있을 때마다 명령하고 싶어하는 사람을 말한다.

잘난 척 말하지 마.

Stop talking like such a big shot.

- a big shot 거물, 중진

그렇게 거만해서는 안 돼.

You shouldn't be so cavalier with people.

↪ cavalier 「오만한, 거만한」의미에서 「안하무인」
cf. snobbish 거만한 stuck-up 시건방진

그런 것으로 자랑하지 마.

Don't let it go to your head.

- go to one's head 매우 상기하다, 자랑하다

약한 사람 괴롭히지 마.

Don't be a bully.

- a bully 괴롭히는 아이, 꼬마대장

그녀에게 그렇게 위압적으로 대하는 게 아니었어.

You shouldn't have been so high-handed with her.

- high-handed 고압적인, 고자세의

내내 반대만 하지 않았으면 좋겠어.

I wish you wouldn't play the devil's advocate all the time.

- devil's advocate 악마의 옹호자, 일부러 반론을 펼치는 사람
- play the devil's advocate 일부러 반대하다

돈 낭비야.

That's a waste of money.

돈을 물처럼 쓰면 안 돼.

You shouldn't spend money like it grows on trees.

= You shouldn't spend money like water.

↪ cf. I think money burns a hole in your pocket recently.
Please don't throw money away.

- like it grows on trees 「돈이 나무가 되는 것처럼」→「물처럼」

돈 문제는 분명히 해.

Draw a clear line on money matters.

- draw a line 한계를 짓다, 구별하다

옷을 제대로 입어.

You should dress respectably.

꼭 예의를 갖추도록 해.

Be sure to mind your manners.

- mind one's manners 예절에 신경쓰다
- mind one's business 참견하지 않다

친한 사이에도 예절이 있어.

Manners count even between close friends.

- count 중요하다, 소중하다

남의 사투리를 비웃어서는 안 돼.

You should never make fun of people's accents.

- make fun of ~을 비웃다 (= pull one's leg)

쓸데없는 말은 적당히 해 둬.

Keep the mush to yourself, will you?

- mush 감상, 헛소리

CASE 3

너 너무 마셨어.

You've had enough.

• have enough 배불리 먹다, 술을 많이 마시다

내가 그렇게 말하지 않던?

Didn't I tell you?

= What did I tell you?

= Don't I tell you not to do that? » 그래서 안 된다고 말하지 않았어?

↳ 주의를 받아 들이지 않는 상대에게 하는 말.

봐, 말한 대로지.

See, I told you.

요전에도 한 말이잖아?

That's what you said last time.

↳ 같은 변명을 거듭하는 상대에게 대한 비난의 표현.

↳» "I'm sorry. I'll see it doesn't happen again."—"**That's what you said last time.**" 「죄송합니다. 두 번 다시 이런 일이 없도록 하겠습니다」「요전에도 같은 말을 하지 않았어?」

요전 일을 생각해 봐.

Remember what happened last time.

아직도 몰라?

Haven't you learned your lesson yet?

↳ learn one's lesson 「자신의 교훈을 배우다」에서 변한 「뉘우치다」의 의미. learn a lesson 「교훈을 얻다」「좋은 경험이 되다」라는 의미이므로 주의.

↳» "But my broker said it was sure to go up at least $100."—"That's what he said last time, and you lost your shirt. **Haven't you learned your lesson yet?**" 「말이지, 담당 브로커는 적어도 1달러 오르는 것은 확실하다고 말했어」「요전에도 그 사람이 그렇게 말해서 큰 손해를 봤어, 아직도 몰라?」

» lose one's shirt 무일푼이 되다, 큰 손해를 보다

» take ~ to the cleaner's ~를 빈털털이로 만들다

다음부터 이런 일이 없도록 해.

Don't let it happen again.

태도를 고쳤으면 좋겠어.

Can you improve your attitude?

그에게 넌지시 훈계[충고]를 하려고 해.

I'll give him an indirect warning.

• *cf.* beat around the bush 빙 돌려 말하다

# 6 충고 · 조언



## A 당신을 위해서 하는 말이야 #35

너 좋으라고 하는 거야.

It's for your own good.

부탁하는 게 아니고, 이건 명령이야.

I'm not asking you. I'm telling you.

- ask 부탁하다
- tell 명령하다

↳ "I don't feel like going. Why don't you go?"—"Don't be so flippant. **I'm not asking you. I'm telling you.**" 「저는 가고 싶지 않아요. 당신이 가는 게 어때요?」「그렇게 허물없이 말하지 마, 부탁하는 게 아냐, 명령하고 있는 거라고」 » not feel like~ing ~할 생각이 들지 않는다, ~하고 싶지 않다

너무 무리하지 마.

Don't push yourself too far.
= Don't push yourself so hard.

자존심을 버려.

Swallow your pride.
= Pocket your pride.

- swallow (음식이나 기분을) 삼키다.

적당히 해.

Do it any old way you like.
= Just finish it off any old way.

↳ 「적당히 하다」라는 의미 외에 「좋을 대로」라는 뉘앙스가 더해진다.

그렇게까지 할 필요가 없어.

There's no need to go out of your way.

- There's no need to~ ~할 필요가 없다.
- go out of one's way 일부러 하다

그렇게 꽁하게 생각하지 마.

Don't be so narrow-minded.

- narrow-minded 속이 좁은, 꽁하는

심각하게 받아들이지 마.

Don't take it so seriously.

모두에게 유머감각이 필요하지.

Everyone needs to have a little sense of fun.

- a sense of fun 유머 감각 (= a sense of humor)

지나친 속단이 아니야?

Aren't you reading too much into it?

- read A into B B의 안에서 A를 알아내다

그렇게 고집 부리지마.

I don't think you should be so stubborn about it.

허세를 부릴 필요가 없어.

You don't have to put up a front.

- a front 겉보기, 체면 *cf.* brag about~ ~에 대해 허풍떨다

너는 눈 앞의 일만 생각하고 있구나

You're thinking too short-term.

처음이 가장 중요해.

The first step is the most important.

## B 조바심내지 마 #35

그렇게 조바심내지 마.

Don't be so impatient.

느긋하게 더 나은 기회를 기다려 봐.

Just hold your horses and wait for a better opportunity.

- hold one's horses 침착히 (= be patient = have patient)

기다려봐, 침착해.

Hold your horses now.

= Don't be so frantic. » frantic 당황해 허둥거리다, 초조하게 날뛰다

↪ "This offer is too good to pass up. Let's go and decide."— "**Hold your horses now.**" 「이 이야기를 보류하기에는 아깝네요. 결정해 버립시다」 「저, 그렇게는 하지 말라고」

자, 조급해 할 것은 없어.

Now, now, let's not be hasty.

- be hasty 서둘다, 성급하게 굴다

조급한 행동은 하지 마.

Don't go off half-cocked.

↪ go off half-cocked 「준비 부족인 채로, 태세가 갖추어지지 않은 채로 하다, 지나치게 서두르다」에서 cock는 총의 「격철」을 나타내므로 half-cocked는 「격철을 안전장치에서 잠근 채로」라는 의미. go off at half cock이라고도 말한다.

성급하게 결론을 내리지 마.

Don't be so hasty in drawing conclusions.

- draw conclusions 결론을 이끌어 내다

서둘면 일을 그르친다.〈속담〉

Haste makes waste.

아직도 갈 길은 멀어.

We still have a long way to go.

↪ 「가야 할 긴 여정을 갖고 있다」가 변화되어 「장래가 까마득하다」라는 물리적인 「여정」으로도, 비유적으로도 쓰인다.

↪ "We got the first two items out of the way in no time."— "That's all well and good, but **we still have a long way to go.**" 「순식간에 처음 두 개는 처리되었군요」 「그건 다행이지만, 아직도 앞은 멀다고」

그만 둬.

Forget it.

↪ 자신이 하려던 일을 체념할 경우에 「이제는 포기했다!」라는 뉘앙스로 쓰이는 일도 있다.

## C 현실을 직시하다 #35

뭐가 그렇게 까다로워.

What are you being so fussy about?

• be fussy about ~ ~을 신경쓰다, ~에 대해 까다롭다
(= choosy = fastidious〈부정적인 의미임〉)
*e.g.*, she's very *fussy about* foods.

그건 무시해도 돼.

It's negligible. = You can ignore it.

↳「무시해도 좋으니까」 즉, 「부족하다」「중요성이 없다」.

잘못된 생각이야.

You've got it all wrong.

이것과 그것은 관계없어.

That's got nothing to do with it.

다 가질 수는 없어.

You can't have everything.

• can't have everything 모두 다 가질 수는 없다

대충대충해서는 언젠가 난처하게 될 거야.

Your hit-or-miss approach is going to get you into trouble.

↳hit-or-miss 「맞을까, 떨어질까」는 즉, 「닥치는 대로 아무렇게나」라는 의미의 무계획성을 비난하는 표현.

앞으로의 전망이 없어.

You're losing your perspective on the future.

여러 함정이 도사리고 있어.

There are all kinds of catches.

• catch 덫, 함정

현실은 그리 만만하지 않아.

Real life isn't that easy.

현실은 그런 거야.

Such is reality.

기대하지 않는 편이 좋아.

Don't get your hopes up.

↳글자대로는 「기대를 하지마」 부정형으로 쓰이는 일이 많은 표현. 사람을 체념하게 할 경우에 사용.

위를 보면 한이 없어(밑을 보고 살아야지).

You can't always keep up with the Joneses.

= There's always someone willing to go you one better.

» go someone one better 남보다 한걸음 앞을 가다

↳Joneses 미국에서 가장 흔한 이름으로 일반 사람 또는 이웃을 가리키는 말.

• keep up with the Joneses 이웃에 지지 않으려고 허세를 부리다

뱁새가 황새를 따라가려고 하지 말아요.

Stop trying to keep up with the Joneses.

CASE 3

## D 조심하시오 #36

상대가 상대야.

You can never tell with these people.

↳ never can tell 「모르는 것이다」 「그에 대해서는 모르는 것이다(따라서 충분히 주의해)」라는 식으로 주의를 촉구할 경우에 쓴다.(can never tell보다 강한 뜻)

그를 만만하게 보지 마.

Don't underestimate him.

- underestimate 과소평가하다

사람 좋은 것도 정도가 있지.

Stop being such a good guy.

저 녀석으로부터 눈을 떼지 마.

You have to keep an eye on him.

= Don't take your eyes off him.

- keep an eye on ~ ~에서부터 눈을 떼지 않다, ~을 감시하다

그의 속셈이 눈에 보여.

It's obvious what he's after.

↳ 직역하면, 「무엇을 노리고 있는지 분명하다」로 돈을 노리고 행동하는 사람에 대해서 사용할 수 있다.

- be after 추구하다 (= seek after), ~을 노리다

남에게 좋은 일하고 손해보지 마.

Don't let the camel's nose in the tent.

= Don't give an inch or they'll take a mile.

↳ 「낙타의 코를 텐트에 넣게 해 주다」로 급기야 「몸 전체가 텐트에 들어와 막상 사람이 들어 갈 수 없게 되다」에서 「남에게 좋은 일을 하고 피해를 당하다」

겉만 보고 사람을 판단하지 마.

You can't judge a book by its cover.

= You can't judge a person by appearances.

↳ 「표지만으로 책의 내용을 판단할 수 없다」라는 의미에 유래한다.

그 녀석이 무슨 짓을 할 지 모르니 주의해.

There's no telling what he'll do.

= He seems to be fishy. » 의심스럽다

그가 하는 말은 모두 액면 그대로 받아 들여서는 안 돼.

Don't take everything he says at face value.

- take~ at face value 액면 그대로 받아들이다

그의 농담을 진담으로 받아 들이다니.

I can't believe you took his sarcasm seriously.

- sarcasm 빈정거림, 비꼼

진담으로 받아들이지 마.

Don't take him seriously.

그는 분명히 자네를 원망하고 있어.

He obviously has something against you

- have something against ~에 원한을 갖고 있다 (= hold(get) it against = hold a grudge)

응석을 받아주지 마.

Be careful not to pamper them.

- pamper ~욕망을 한껏 채워주다, 오냐오냐 하다

나라면 더 이상 그들을 만만하게 여기지는 않을 거야.

I wouldn't baby them any longer.
• baby 어린애 취급을 하다

그의 비위를 맞추는 게 좋을 걸.

You'd better not go against him.
• go against ~ ~에게 불리하다, 맞지 않다

그들의 기분을 상하게 하지 마.

Be careful not to offend them.

그들의 마음이 상하지 않게 말과 행동을 조심해.

Don't say or do anything that might offend them.

내 체면 좀 살려 줘.

Don't make me lose face.
= Don't give me a bad name.
• lose face 체면을 잃다. 망신을 당하다

어떤 것은 말하지 않는 게 나아.

Some things are best left unsaid.

엉뚱한 말은 하지 마.

We'll have to watch our tongues.
• watch one's tongues 말조심하다

마치 불에 기름을 붓는 꼴이야.

That's like throwing fuel on the fire.

조심해.

Be careful.

여기서 본색을 드러내서는 안 돼.

This is not the place to be airing dirty laundry.
↳ air dirty laundry 「더러워진 세탁물을 밖에 내놓다」 즉, 「치부를 들어내다」
*cf.* a skeleton in the closet 알려질까 두려운 비밀[수치]

남 몰래 해.

Do it on the sly.
• on the sly 몰래, 비밀리에

저 녀석이 화내는 것도 당연해.

It's no wonder he's angry.

그런 짓을 하면 빈축을 사게 될거야.

You'll turn everyone against you if you do that.
• turn A against B A를 B에 거역하게 하다

현실을 외면하지 마.

Stop burying your head in the sand.
↳ 「모래 속에 머리를 박지 말라고」 즉, 「현실을 바르게 봐라」.
• bury one's head in the sand 현실을 회피하다

너 자신이 웃음거리가 되고 있어.

You're making a fool of yourself.
↳ make a fool of 「~을 놀리다, 조롱하다」. 여기서는 yourself를 사용해서 어리석은 짓을 하고 있는 상대를 지적하고 있다.

당신은 모두의 웃음거리가 될 거야.

You'll be the laughingstock of us all.
• a laughingstock 웃음거리

| | |
|---|---|
| 깊이 관여하지 마. | Don't get too deeply involved in it. |
| 주식에 손대지 않는 게 좋아. | Better stay away from the stock market.<br>• stay away from~ ~를 멀리하다 |
| 감언이설에 넘어가지 마. | Don't fall for any sweet talk.<br>= You'd better watch out for sweet talk.<br>• fall for ~에 속다<br>• sweet talk 감언이설 |
| 그 술수에 넘어가면 안 돼. | Don't fall for their ploy.<br>• ploy 책략 |
| 틀림없이 그녀의 말주변에 넘어갔구나. | You certainly fell for her line.<br>• fall for someone's line ~의 언변에 넘어가다 |
| 너 그에게 말려들었어. | You're just playing into his hands.<br>= You walked right into his stratagem. » stratagem 전략, 책략, 술책<br>• play into someone's hands ~의 이익이 되도록 모르게 행동하다 |
| 포기해서는 안 돼. | You mustn't give it up.<br>• give~ up 포기하다 (= abandon) |
| 저런 녀석과 사귀지 마. | You shouldn't go out with a guy like that. |

## E 이렇게 하면 어때? #36

| | |
|---|---|
| 그 때 가서 되는 대로 하자. | Why don't we play it by ear?<br>↳ by ear는 「귀로 상황을 감별하면서」라는 것.<br>• play it by ear (명확한 방침 등을 결정하지 않고) 되는 대로 하다, 임기응변으로 하다 (= come in cold) |
| 다른 방법이 없으면 하면서 고쳐나가 봐. | Use trial and error if you have nothing else to go by.<br>• go by ~에 따라 행동하다 |
| 우리는 타성에서 벗어나지 않으면 안 돼. | We have to get out of the rut.<br>• get out of~ ~으로부터 빠져나오다<br>*cf.* be in a rut 타성화 되어있다, 틀에 박히다 (= get into a rut)<br>move in a rut 판에 박힌 일을 하다 |
| 얼마간의 냉각기간이 필요한 법이야. | A little cooling-off period always helps.<br>• a cooling-off period 냉각기간 |
| 자질구레한 말은 하지 마. | Let's quit splitting hairs.<br>↳ split hairs는 「가는 머리카락을 가르다」가 원래의 의미. 변해서 「사소한 일에 신경쓰다」의 의미로 쓰인다. |

| | |
|---|---|
| 처음부터 다시 시작해. | Start all over from scratch.<br>• from[at, on] scratch 처음부터<br>*cf.* We're back to square one. (원점으로 돌아왔어.) |
| 나라면 상사의 승낙을 받겠어. | I'd get the boss's OK.<br>↳ I'd(= I would)는「나라면 ~하다」. |
| 그의 지시를 꼭 따라. | Be sure to follow his instructions to the letter.<br>• be sure to 반드시 ~하다<br>• to the letter 말한 대로, 쓰여져 있는 대로 |
| 자네는 지시를 하긴 너무 젊어. | It's too early for you to be giving orders. |
| 다시 한 번 고려하는 게 좋겠어. | You'd better go over this again.<br>• go over ~을 검토하다 (= review = reconsider) |
| 상상력을 발휘해 봐. | Use your imagination. |
| 몇 가지 속임수가 있습니다. | There's a little trick to it.<br>• trick 속임수, 요령 |
| 요령을 터득해야지. | You have to know the ins and outs.<br>↳ ins and outs(안과 밖)에서 그것을 알고 있으면 대처하는 방법을 알 수 있는 것에서「요령을 터득하다」의 의미.<br>*cf.* get the knack of~ ~의 요령을 터득하다 |
| 찾는 대상을 바로 알아야 돼. | You have to know what to look for. |

## F 인정해 주다, 알아 주다 #37

| | |
|---|---|
| 너도 그에게 감탄할 걸. | You have to take your hat off to him.<br>=You have to give him credit. » give ~ credit ~을 신용하다<br>↳ take one's hat off to(= get to hand it to~)「~에 모자를 벗다」「~에 경의를 표하다」. 상대를 충고하는 경우에 자주 사용한다. |
| 여기까지 분발한 그를 인정해야지. | You have to take your hat off to him for sticking it out this far.<br>• stick out ~을 분발하다 |
| 너무 감싸지 마. | Don't play favorites.<br>• play favorites 지나치게 두둔하다, 편애하다 |
| 덮어놓고 꾸짖지 마. | Don't jump all over him without giving him a chance to explain.<br>• jump all over 사람을 엄히 비난하다 |
| 그렇게 퉁명스럽게 말할 필요가 없었는데. | You didn't have to put it so bluntly. |

CASE 3

• bluntly 무뚝뚝하게, 퉁명스럽게

그녀를 긴 안목으로 봐 줘.

Please give her more time.

• give ~ more time ~에게 시간적 여유를 더 주다

이번만큼은 그들을 좋게 봐 줘.

Why don't you take it easy on them this time around?

• take it easy on~ ~을 관대하게 봐 주다

그들에게 그렇게 혹독하게 대하는 게 아니었어.

You shouldn't be so hard on them.

• be hard on~ ~에 혹독하게 대하다

지진인가 뭔가로 그들이 타격을 받은 걸 생각해야 돼.

You have to remember they've been hard-hit by the earthquake and all.

• be hard-hit 심한 타격을 받다, 커다란 충격을 받다

누군가가 있는 그대로를 알려 주어야 했어.

Someone should tell them the way things really are.

↳ the way things really are 「사물의 원래의 상태」에서 「있는 그대로」의 뜻.

사람은 누구나 자기 좋을 대로 하는 걸 좋아해.

People like to be given free rein.

• be given free rein 자유를 부여받다
• rein 밧줄, 구속

## G 참아야 해 #37

어쩔 수 없어.

It can't be helped.

= There's nothing we can do about it.

↳ "But this doesn't give us enough lead-time to check for bugs."—"**It can't be helped.** Just do the best you can with the time you have." 「그러나 이래서는 시스템의 결함을 조사할 시간이 부족합니다」「어쩔 수 없어, 주어진 시간에서 할 수 있는 데까지 해」

참고 견뎌 나가.

You'll have to live with it.

• live with ~에 견디다

여기선 당연한 일이야.

That's par for the course here.

• par (골프용어로) 표준타수
• par for the course 보통 일, 당연한 일

살아 있고 볼 일이야.

What's the point if you end up dead?

↳ 「죽어버리면 무슨 소용이야」 라는 뜻.

막연하게 답을 해.

Be noncommittal.

• noncommittal 단언하지 않는, 애매한

| | |
|---|---|
| 그를 화나게 하지 말고 지내. | Get along with him without ruffling his feathers.<br>• ruffle someone's feathers 사람을 화나게 하다 |
| 무시해 버려. | Ignore it. |
| 그것들을 한 귀로 듣고 한 귀로 흘러버린다. | I'd just let those things go in one ear and out the other.<br>↳ 원래의 뜻은 「한쪽 귀로 들어서 다른 한쪽 귀로 흘리다」. |
| 모든 질문에 모른 척해 버리면 돼. | All you have to do is play dumb if they ask you anything.<br>= All you have to do is make believe you don't know.<br>↳ play dumb 「바보인 척하다」. 변해서 「모른척하다」. |
| 일단은 못 본 척하자. | Let's turn a blind eye to it for now.<br>• turn a blind eye to ~보고도 못 본 척하다 |
| 저런 문제에는 관여하지 않는 게 좋아. | You're better off staying out of that shooting match.<br>• be better off ~하는 편이 좋다<br>• stay out of ~ 에 관계하고 있지 않다 |
| 너 이 일에는 끼어들지 않는 게 좋겠어. | It would be better if you stayed out of the picture.<br>↳ stay out of 「~ 에 관여하지 않고 있다」 「~ 에 관계하고 있지 않다」 the picture는 「사태」 「상태」의 뜻. |
| 잠자는 사자 건드리지 마.〈속담〉 | It's best to let sleeping dogs lie. |
| 이런 때 그 이야기를 꺼내지 마. | Don't broach the subject at this time.<br>• broach the subject 말을 꺼내다, 이야기를 시작하다 (= bring up the subject) |
| 문제는 내용이야. | It's the quality that counts.<br>= The problem is what's inside them.<br>= What's inside them really counts.<br>• count 중요하다(= matter, be important) |
| 너 미련이 아직 남아 있구나. | You're clinging to a lost hope.<br>↳ 「사라진 희망에 매달리고 있다」라는 뜻. |
| 지금 후회해도 소용없어. | It's no use regretting it now.<br>• It's no use ~ing ~해도 소용없다 |
| 엎질러진 우유를 보고 울어도 소용이 없어. | It is no use crying over spilt milk.<br>= There's no sense in crying over spilt milk.<br>= Quit crying over spilt milk.<br>↳ cry over spilt milk 「흘린 우유를 보고 울다」 변해서 「끝나버린 일을 한탄하다」. |

CASE 3

↳ "I can't get over it. After all we did for him."—"Well, **it's no use crying over spilt milk.**" 「어쩔 수 없군, 그에게 그렇게 잘해 주었는데」 「자, 죽은 자식을 생각해 무슨 소용이 있나요」 » get over ~을 잊어버리다 » after all 결국

불평을 해도 소용없어.

Complaining isn't going to help.

잠자코 있어.

Save your breath.

- save one's breath 잠자코 있다, 쓸데없는 논쟁을 피하다

살아가면서 여러 가지를 배우는 것이죠.

Well, you live and learn.

↳ You live and learn 「기나긴 인생살이에는 여러 가지를 경험하는 것이다」라는 의미의 속담.

그것은 틀림없이 그에게 좋은 약이 되었어.

I bet that taught him a lesson.

- I bet~ ~은 틀림없다
- teach ~ a lesson ~에게 교훈을 가르쳐 주다

너에게 어울리지 않아.

That's not like you.

당신에겐 이 식사자리가 어울리지 않는다고 생각해.

I think you'd be out of place at the dinner.

- be out of place 장소가 어울리지 않는

젊지 않아.

You're not getting any younger.

주머니 사정도 생각해야지.

We have to consider our pocketbook.

- one's pocketbook 주머니사정, 지갑사정

돈이 중요해.

I'd say money is what really counts.

- I'd say~ ~라 할 수 있다, ~라 생각한다

혹시 모르니 만일에 대비하자.

Let's be on the safe side.

= Let's stay on the safe side.

↳ 「만일에 대비해서 안전한 쪽에 있자」라는 뜻.

만일에 대비해 돈을 저축하는 것이 좋아.

You should set aside some money for a rainy day.

= We'd better save some money just in case.

- for a rainy day 유사시를 위해서

여기서 출세하려면 아첨도 해야 해.

You have to be an apple polisher to get ahead here.

↳ an apple polisher 「아첨꾼」. 미국의 아동이 반짝 반짝거리는 사과를 선생님에게 갖고 가는 풍습이 있었던 것에서 생긴 표현.

아부를 해도 소용없어.

Playing up to me isn't going to help.

- play up to ~ ~에게 아첨하다, ~을 지지하다

## H 남·녀 서로 신중히 #38

남자는 외모를 보고 판단해서는 안 돼.

You shouldn't judge a man by his looks.

저 아가씨에게 치근거리지 마.

Stop making eyes at that girl.

- make eyes at ~ ~에 추파를 던지다 (= make a pass at~)

그와 손을 떼는 편이 좋겠어

You'd better off washing your hands of him.

- wash one's hands of ~과 손을 끊다

곧 결혼을 해야 해.

You ought to be getting married one of these days.

- one of these days 근간 하루잡아

여성을 깔보면 호되게 당해.

Looking down on women can get you in hot water.

- hot water 고생, 곤란

## I 힘 내세요 #38

힘 내.

Good luck!

↳ 원래는「행운을 빈다」는 뜻.

자, 힘 내.

Well, go for it, man.

= Well, go to it. » go to it 빨리 하다, 거침없이 진행하다

- go for it 전력으로 도전하다

그래, 그대로 계속해.

Well, hang in there.

- hang in there 분발하다, 견디다, 버티다

그대로 꾸준히 계속해.

Keep plugging along.

↳ plug along「꾸준하게 일을 하다」「꾸준하게 공부하다」 부하를 격려할 때와 자신의 결의 표명으로도 쓰여지고 있다.

↳» "Got it debugged yet?"—"No. It's going to be a long, slow process, but we're making some headway."—"OK. **Keep plugging along.**"「이미 디버깅 작업 다끝났어?」「아니, 시간이 좀 걸릴 것 같아. 게다가 속도도 더딘데, 그러나 약간은 진행되었다고」「알았어, 그대로 꾸준히 계속해 줘」 » be making some headway 약간 진행되고 있다

평소대로 해.

Just do it the same way as always.

- as always 보통 때와 같이 (= as usual)

확실히 마무리 해 줘.

Iron it out.

- iron~ out (곤란 등을) 해결하다

한 번 해 봐.

Why not give them a try?

= Why don't you give it a try?

• give~ a try ~을 시도해 보다, 해 보다
↪ "I doubt they're interested."—"**Why not give them a try?**"
「그들은 흥미가 없다고 생각하는데」「하지만, 부딪혀 보면?」

모험을 무릅쓰고 해 봐.

Just take a chance.
• take a chance 과감히(모험을 무릅쓰고)~하다

밀어붙여 봐.

Just keep after them.

해보지 않고는 어떤 말도 할 수 없는 거야.

You can never tell unless you try.

손해 볼 것 없잖아.

What do you have to lose?
= It couldn't do any harm, we can try.
↪「잃어버린게 뭔가 있나」에서「(잃어버린 것은 아무것도 없으므로)손해 볼 것 없어」라고 상대를 격려하는 표현.

밑져야 본전이니까.

We have nothing to lose by trying.
= I've got nothing to lose.
= It doesn't hurt to try.
↪「시도해도 잃는 것은 아무 것도 없다」「안되도 본전이다」의 의미.

부탁해서 손해 볼 건 없잖아.

There's no harm in asking.
= It can't hurt to ask.
• there's no harm in~ing ~ 해도 아무런 해도 없다, 안 되도 본전이다

해 볼 가치는 있다고 생각해.

I think it's worth a try.
• worth+명사 (또는 동명사) ~할 가치가 있는

남의 눈치를 보면 아무 것도 못해.

You'll never be able to do anything if you worry about what other people think.

계획대로 된 게 아무 것도 없어.

Nothing goes as planned anyway.
= Nothing comes out as expected.

(어떤 문제에 부딪히게 될 때) 그 때가서 처리할 거야.

I'll cross that bridge when I come to it.
↪ 여기서의 bridge는 어떤 '문제'를 비유한 것으로 Don't cross a bridge till you come to it.는「쓸데없는 고생을 하지마」의 뜻이 내포되었음.

어려운 일이 있으면 알려 줘.

Let me know if you run into problems.
• let me know 나에게 알려 줘
• run into ~를 우연히 만나다, ~에 빠지다

선착순.

First come, first served.

이 기회를 놓치지 마.

Don't let this chance go by.
• *cf.* once-in-a-lifetime chance 일생일대의 기회

빨리 빨리 하는 편이 좋아.

You'd better get on the stick.

• get on the stick 빨리 빨리 하다, 즉시하다

지금이야말로 행동을 할 때야.

We'd better make our move now.
= I say let's go for it.
• make one's move 행동을 일으키다, 승부에 나서다

감탄할 때가 아니야.

This is no time to be impressed.

이번이 마지막이야.

This is the last time.

도전에 대응해.

Call their bluff.
• call someone's bluff (위세를 떨고 나오는 상대의) 도전을 받고 나서다, 그래 해 보자고 도전하다

하려면 제대로 해 봐.

If we're going to do it, let's do it the right way.
= If we're going to do it, let's do it first class. » first class는 부사구.
↪ do~ the right way 「~을 멋지게 하다」. the right way 부사구로 사용되고 있다.

체념하기에는 아직 일러.

You shouldn't give up so easily.
= It's too soon to give up.

왜 자포자기 하지?

Why are you ready to give up so easily?

기회는 두 번 오는 게 아니야.

No opportunity knocks twice.

죽을 각오로 하면 무엇이든지 돼.

It's amazing what a person can do when it's a do-or-die situation.

이제 스스로 일을 할 때야.

It's about time you started doing things on your own.
↪ 「이제 ~해도 좋을 때다」에 해당하는 문장에는 가정법과거를 사용하는 게 보통.

행운을 빌겠어.

I'll keep my fingers crossed for you.
= All the best to you!
↪ keep one's fingers crossed는 둘째 손가락과 가운데 손가락을 교차시켜서 십자를 만들고, 행운을 비는 모양에서.

분명히 했으면 좋겠어.

Be up-front about it.
• up-front 정직하게, 솔직하게

단도직입적으로 말해.

Why not just lay it on the line?
= Why not give it to them straight?
↪ 「그것을 직선 상에 두다」 「직선적으로 말하다」 「분명히 말하다」라는 의미로도 쓰여지고 있다.
• put it bluntly 단도직입적으로 말하다

| | |
|---|---|
| 그가 있는 앞에서 말 해. | Why don't you say it to his face?<br>↳ say대신 tell을 써도 좋다 |
| 나라면 분명히 말해 주겠어. | I wouldn't mince words.<br>• mince words 소극적으로 말하다 |

## More Expressions & Review

#39

### Practical Dialogues • 활용대화 •

1

A Hey, it's been a long time. How have you been?
B I've worked at a branch in China for two years.
A Oh, I see. I'm working for a bank downtown.

A 오랜만이야. 어떻게 지냈어?
B 2년 동안 중국지사에서 근무하고 있어
A 아, 그렇구나. 나는 시내에 있는 은행에 근무하고 있어.

2

A Congratulations on your graduation!
B Thank you. But I'll have to look for a job, from now on.

A 졸업 축하해!
B 고마워. 하지만 지금부터 직장을 찾아봐야 해.

3

A Thank you for inviting me over for dinner. I enjoyed your food very much.
B It was my pleasure.
A Someday, I'd like to repay your hospitality.

A 저녁식사에 초대해 주셔서 감사합니다. 맛있게 먹었습니다.
B 오히려 제가 기쁜걸요.
A 언제 친절에 보답하고 싶군요.

4

A Would you do me a favor?
B Sure! What is it?
A Could you loan me 10 dollars until my payday?
B I'm sorry, but I spent most of my money buying books yesterday.

A 부탁 한 가지 해도 될까요?
B 물론이죠! 무엇이죠?
A 월급날 갚을테니 10달러 빌려 주실 수 있습니까?
B 미안합니다만, 어제 책 사는 데 돈을 거의 다 써버렸습니다.

5

A Let's have dinner together sometime, this week.

B That sounds great. Thursday is good for me, though.

A In fact, I have another plan on Thursday, but I can change that date to Friday or Saturday.

A 이번 주 언제 우리 저녁식사 같이 합시다.

B 참 좋은 생각입니다. 저는 목요일이 좋은데요.

A 사실 목요일에 딴 계획이 있지만, 금요일이나 토요일로 변경할 수 있습니다.

6

A Mr. Kim needs to improve his work.

B Why, did he make any mistake?

A He's late for work almost every morning. In addition, he spoke disrespectfully to the customers.

B Then, I'd better talk to him about it.

A Mr. Kim은 분발 좀 해야 할 거야.

B 왜, 그가 실수라도 저질렀습니까?

A 거의 매일 아침 출근이 늦어. 게다가 고객들에게 불손하게 이야기 했어.

B 그러면 제가 그와 이야기를 해봐야 되겠습니다.

## ② Key Expressions • 핵심표현 •

How are you?
≫ 오늘 어때?

How's it going?
≫ 어떻게 지내니?

How have you been?
≫ 어떻게 지냈니?

I really appreciate it.
≫ 정말 고맙습니다.

Thanks a million.
= Thanks a lot.
≫ 참 고맙습니다.

How can I ever thank you?
≫ 어떻게 감사를 해야 될까요?

You did a good job.
≫ 잘 했어.

Would you do me a favor?
≫ 부탁 좀 들어주시겠습니까?

You may do so.
≫ 그렇게 해도 돼.

Why don't you go see a doctor?
≫ 병원에 가봐.

Congratulations on your promotion.
≫ 승진을 축하드립니다.

I'm sorry for being late.
= I'm sorry I'm late.
≫ 늦어서 미안합니다.

I apologize for what I've done.
≫ 제 잘못에 대해 사과드립니다.

It's all my fault.
≫ 모든 것이 제 잘못입니다.

You can count on me.

≫ 나만 믿어.

Please accept my sincere condolence[sympathy].

≫ 심심한 조의를 표합니다.

You have good taste in clothes.
= You are very fashionable.

≫ 옷을 고르는 패션 감각이 좋군요

He's one in a million.

≫ 그는 100만 명 중에 하나 있을 수 있는 훌륭한 사람입니다.

Stop complaining.
= Stop grumbling.

≫ 불평하지 마.

Why don't we get together sometime for dinner?

≫ 언제 한 번 저녁식사를 하는 것이 어때?

Would you give me a hand?

≫ 좀 도와 주시겠습니까?

Could you give me a ride home?

≫ 집까지 차 좀 태워 주시겠습니까?

You'd better take immediate steps.

≫ 즉각적인 조치를 취해야 될 거야.

Would you give me a piece of advice on English learning?

≫ 영어 학습에 관해 충고 한 마디 해 주시겠습니까?

You are allowed to smoke here.

≫ 여기서 담배를 피워도 됩니다.

# Column 1 그대로는 통하지 않는 외래어

| | |
|---|---|
| 아파트 | **an apartment (house)**<br>↳「아파트」나「맨션」도 임대일 경우에는 an apartment라고 한다. house를 붙이면 그 건물 자체를 말한다. |
| 애프터 서비스 | **after-sales service** |
| 앙케이트 | **a questionnaire** |
| 가솔린 스탠드 | **a gas station, a filling station, a service station** |
| 쿨러 | **an air conditioner**<br>↳a cooler「음식물을 차게 하는 용기」. |
| 크레임 | **a complaint**<br>↳a claim 은「(당연한) 요구, 주장」으로 부정적인 의미는 없다. |
| 콘센트 | **an outlet, a socket** |
| 싸인 | **(one's) signature**<br>↳「스타의 싸인」은 an autogragh. sign은 동사로「서명하다」, 명사는「간판」. |
| 샐러리맨 | **an office worker, a salaried worker** |
| 셔츠 | **a shirt**<br>↳영어에서는 속옷과 와이셔츠 양쪽을 말한다.「속옷 셔츠」라고 명확히 할 때는 an undershirt. |
| 슈크림 | **a cream puff**<br>↳영어로 shoe cream이라고 하면「구두약」 |
| 스킨십 | **personal contact**<br>↳skinship은 성적인 느낌을 주므로 주의. |
| 스타일 | **a figure**<br>↳a style은「양식, 형태」.「스타일이 좋다」는 뜻. *e.g.*, She has nice *figure*. |
| 스텝 | **staff**<br>↳영어의 staff은「직원들」의 뜻으로 집합적인 명사. |
| 스토브 | **a heater**<br>↳a stove「요리용 풍로」 |

| | |
|---|---|
| 스마트한 | **slender**<br>↳ smart「머리가 예리한, 총명한」의 의미로「몸이 호리호리하다」라는 의미는 없다. |
| 슬리퍼 | **(a pair of) slippers**<br>↳ 반드시 복수형이 된다. |
| 소프트 | **software, an application** |
| 소프트크림 | **soft ice cream.** |
| 다스 | **a dozen** |
| 데파트 | **a department store**<br>↳ depart는「출발하다」라는 의미의 동사. department는「부문」이라는 명사. |
| 토일렛 | **a bathroom, a rest room**<br>↳ a toilet는「변기」의 의미로 쓰이는 일이 많음으로 주의. |
| 드라이한 | **business like**<br>↳ dry에는 "His speech is dry.(그의 이야기는 재미없다)"와 같은 용법은 있지만,「감정에 흐르지 않는다」라는 의미는 없다. |
| 나이브한 | **sensitive, delicate**<br>↳ naive는「철이 없는, 순진한」이라는 의미로 사용한다. |
| 넥크 | **a bottleneck**<br>↳ a neck에는「장애」라는 의미는 없다. |
| 바겐 | **a bargain sale**<br>↳ a bargain은「교섭」「염가의 매물」로「특매」「대매출」이란 의미는 없다. |
| 하 프 | **of mixed parentage, of mixed blood, bicultural, multicultural**<br>↳ half-breed라는 어법이 있지만, 차별적인 뉘앙스가 있으므로 쓰지 않는 경향이 있다. |
| 핸섬한 | **good-looking**<br>↳ handsome은「보기에 모양이 좋은」으로 남·녀 모두 사용할 수 있다. |
| 팬티스타킹 | **(a pair of) pantyhose**<br>↳ socks 등과는 달라서 복수형으로는 되지 않는다. |
| 피망 | **a green pepper.** |

| | |
|---|---|
| 페미니스트 | **a feminist**<br>↳「남녀평등주의자」의 의미. 「여성에 상냥한 남자」는 He is considerate toward women.이라고 말한다. |
| 플레이보이 | **a womanizer**<br>↳ a playboy는「부자로 호화롭게 노는 사람」 |
| 프로포션 | **a figure**<br>↳ a proportion은「조화」「틀이 잡힌」「프로포션이 좋다」는 She has a well-proportion figure.와 같이 말한다. |
| 포스트 | **a mailbox**<br>↳ post는 주로 영국식 영어로「우편(물)」. |
| 마이페이스로 | **at one' s own pace**<br>↳ my pace는「그때 그때 자신의 페이스」라는 의미로「자기나름의」라는 의미는 아니다. |
| 마이홈 | **one' s (own) house** |
| 맨션 | **a condominium(분양); an apartment(임대)**<br>↳ a mansion 저택 |
| 모닝서비스 | **breakfast(set)**<br>↳ morning service 아침예배 |
| 리베이트 | **a rebate**<br>↳ 영어에서는「환불금」의 의미만으로「수뢰」라는 의미는 없다.「부정한」이라는 경우는 a kickback. |
| 레테르 | **a label**<br>↳ label은「레테르를 붙이다」라는 동사로도 쓰이지만, 잘못된 표현만은 아니다. |
| 전자렌지 | **a range; a microwave oven(=microwave)** |
| 와이셔츠 | **a dress shirt**<br>↳ 한국어의「와이셔츠」는 a white shirt에서 온 것. |
| 원피스 | **a dress** |

## MONEY

Money is a terrible master but excellent servant.

*돈은 지독한 주인이지만 멋진 종이다.*
*... P. T. Barnum*

Wealth is not his who has it, but his who enjoy it.

*부는 그것을 가지고 있는 사람의 것이 아니고, 그것을 즐기는 사람의 것이다.*
*... James Howell*

# CASE 4 오피스(아침부터 밤까지)

# 1 자주 사용하는 오피스(영어) 한 마디

## A 바쁜 일과 #41

| | |
|---|---|
| 대화 중 실례합니다만~ | Please excuse me for interrupting, but... |
| 이사님이 부르십니다. | Please report to the director.<br>• report to ~에 출두하다<br>• director 이사<br>• managing director 상무이사<br>• executive director 전무이사 |
| 마침 잘 왔어. | You came at just the right time.<br>= You're the just person I wanted to see. » You're은 생략해도 된다 |
| 오늘은 일을 많이 했어. | We got a lot of work done today. |
| 오늘은 숨 돌릴 틈도 없이 바빴어. | There wasn't even time for us to catch our breath today.<br>• catch one's breath 숨을 내쉬다, 숨을 죽이다 |
| 오늘은 잔업을 해야 해. | I have to work late today.<br>= I have to work overtime today.<br>• work overtime 잔업하다, 초과근무를 하다 |
| 내 일에 집중하고 있어. | I'm just preoccupied with my work.<br>• be preoccupied with ~ ~에 집중하다 (= concentrate on~) |
| 요즈음 시간에 쫓기고 있어. | I'm really pressed for time these days.<br>• be pressed for time 시간에 쫓기다<br>• be pressed for (시간, 돈에) 쪼들리다 |
| 오늘 아침에 해야 할 잡무가 몇 가지 있어. | I have a few errands to attend to this morning.<br>↳ errand 「잡용」「잡무」「심부름」의 뜻. attend to 대신에 run과 do를 사용해도 좋다. |

## B 제 실력이 나오지 않는다 #41

| | |
|---|---|
| 내 일에 집중할 수 없어. | I couldn't keep my mind on my work.<br>• keep one's mind on ~ ~에 전념하다 |

| | |
|---|---|
| 아무 것도 손에 잡히지 않아. | I can't concentrate on anything.<br>• concentrate on = focus on ~ ~에 집중하다 |
| 조금도 능률이 오르지 않아. | I've gotten almost nothing done. |
| 일에 진척이 없어. | I haven't made any headway with my work.<br>= I can't get any work done.<br>• make (some) headway 전진하다, 진전하다 |
| 오늘은 기분이 나지 않아 진척이 없겠어. | Today I just can't seem to get going.<br>↳「상태가 나빠서 진척되지 않는다는 의미」. get going「전진하다」「시작하다」「출발하다」. |
| 아이디어가 떠오르지 않아서 답답해. | I'm having a lot of trouble trying to come up with ideas.<br>• have trouble ~ing ~하는 데 고생하다<br>• come up with ~을 생각해 내다 (= think up) |

## C 잠깐 쉬다 #41

| | |
|---|---|
| 나는 회의에 참석하지 않았어. | I ducked out on the meeting.<br>↳ duck out「의무와 책임을 회피하다」「재빠르게 모습을 숨기다」. 여기서 out는 없어도 된다. |
| 우리들은 PC방에서 시간을 때웠어. | We killed time playing PC Room.<br>• kill time 시간을 죽이다 (= pass the time) |
| 뭐. 어떻게 잘 되겠지. | Well, it'll probably be OK.<br>↳ "Are you going to make this month's quota?"—"**Well, it'll probably be OK.**"「이 달의 목표량은 달성될 것 같아?」「뭐, 그럭저럭.」 » quota는 일·생산 등의「할당량」. |

CASE 4

# 2 일상적인 Q&A

## A 좀 가르쳐 주십시오 #42

| | |
|---|---|
| 좀 여쭤 봐도 될까요? | Mind if I ask you about something?<br>↳ "**Mind if I ask you about something?**"—"No. What is it?"<br>「좀 여쭤 보고 싶은데요」「예, 무엇입니까?」 |
| 이 양식서를 어떻게 기입해야 하나요? | Can you show me how to fill in this form?<br>• fill in ~ = complete (서류, 양식서, 원서 등)에 기입하다 |
| 이 송장은 어떻게 기입해야 하나요? | How should I fill in this invoice?<br>• invoice 송장 |
| 여기에 둔 서류 어떻게 했지? | What happened to the documents I left here? |
| 회의실 사용할 수 있어? | Is the conference room available?<br>• conference room (대)회의실 |
| 내일 회의통지를 들었어? | Did you get the word on the meeting tomorrow?<br>• get the word on ~에 대해서 통지를 듣다 (= get notice) |
| 오늘 토론에는 누가 나가지? | Who's participating in the discussion today?<br>• participate in ~ ~에 참가[여] 하다<br>(= take part in ~ = be present in~ ) |
| 추후 연락이 있을 때까지 회의는 연기되었어. | The meeting has been put off until further notice.<br>• put off ~ ~을 연기하다 (= delay = postpone)<br>• until further notice 추후 연락이 있을 때까지, 당분간 |
| 내가 뭘 하면 될까? | How do I fit in?<br>• fit in 적합하다, 어울리다 |

## B 이걸로 좋습니까? #42

| | |
|---|---|
| 이 거면 되겠습니까? | Is this enough?<br>= Will this be enough? |
| 10개면 되겠습니까? | Will 10 be enough?<br>↳ 갯수를 확인하는 표현. |

↳ "Can you make copies of this for today's meeting?"—"Certainly. **Will 10 be enough?**" 「오늘 회의용으로 이 것을 복사해 주지 않겠어?」「예, 10부면 되겠습니까?」

» make copies 복사하다 (= make photocopies = copy)

이 것만 있으면 충분합니다. 고맙습니다.

## This is more than enough. Thank you.

↳ more than enough는 「필요 최저기준보다 많은」라는 것으로 「충분한」이라는 의미가 된다. quite enough도 마찬가지다. enough만으로는 「충분한」의 의미가 되지 않으므로 주의할 것.

이 걸로 될까?

## Will this do?

↳ "Be sure to get a receipt."—"**Will** the cashregister stub **do?**"—"No, no. I mean a real receipt. Get them to write it out for you." 「반드시 영수증을 받아 둬」「금전등록기의 보관용 영수증이면 됩니까?」「아냐, 안 돼. 제대로 된 영수증말야. 영수증을 끊어 달라고 해」

이래서는 안 돼.

## This is not going to cut the mustard.

- cut the mustard 기대에 부응하다, 쓸모가 있다

틀림없어.

## I'm sure that's it.

↳ "The next meeting is on Friday, isn't it?"—"**I'm sure that's it.**" 「다음 회의는 금요일이지?」「틀림없이 맞습니다」

전혀 모르겠어.

## I have absolutely no idea.

= I don't have any slightest(vaguest) idea.

스미스란 성으로 찾아보지 그래.

## Look it up under Smith.

↳ 「옛 성으로 조사해 보자」라는 경우의 뜻. 사전, 전화부, 명부 등에서 조사할 경우에 사용하는 어구로서 외워 둘 필요가 있다. » Yellow Pages 업종별 전화번호부

자세한 내용은 100쪽을 참조하십시오.

## Turn to page 100 for more information.

CASE 4

# 3 오피스 소문 · 불평

## A 화를 내다 #43

| | |
|---|---|
| 무슨 일이라도 있어? | Any news? |
| 상무에게서 꾸지람을 들었어. | The director really let me have it.<br>↪ have it 「꾸지람을 듣다」의 의미. 「그를 꾸짖어 주라고」라면 Let him have it. |
| 부장하고 한바탕 해버렸어. | I was at odds with the department head.<br>• at odds with~ ~와 다투다, ~와 사이가 좋지 않다 |
| 휴가에 대한 불평은 그녀에게 화근이 되었어. | She really put her foot in her mouth complaining about vacation.<br>↪「자신의 입 속에 발을 넣다」에서 「실언해서 스스로 궁지에 몰리다」의 의미로 입이 화근이 되는 경우에만 사용한다.<br>• put one's foot in one's mouth 실언해서 곤경에 빠지다<br>*cf.* the slip of the tongue 실언 |
| 그는 지각에 대해서 여느 때처럼 변명을 늘어놨지. | He gave us his usual glib excuse for being late.<br>↪ glib 「언변이 좋은」 「말을 잘하는」 의미로 수동적인 뉘앙스로 많이 쓰임. |
| 때와 장소를 생각해 주었으면 해. | I wish he'd remember where he is. |
| 부장은 틀림없이 귀가 따갑도록 똑같은 말을 하겠지. | I'm sure my boss will come at me with the same old line.<br>• come at ~에 덤벼들다<br>• the same old line 언제나 같은 말 |
| 그것은 공교롭게도 그가 잘하는 말 중의 하나야. | That happens to be one of his pet phrases.<br>• one's pet phrases 잘 하는 말<br>• happen to ~ 우연히[공교롭게도] ~하다 |
| 얼굴을 보면 그가 화난 것을 알 수 있을 거야. | You could see in his face that he was upset.<br>• see~ in someone's face 얼굴을 보면~라고 안다<br>• be upset 화내고 있다, 기분이 상해 있다 |
| 그의 눈은 웃고 있지 않았어. | His eyes weren't smiling. |
| 그는 요 수개월 간 비서에 대한 고충을 나에게 털어 놓았어. | He's been crying on my shoulder about his secretary for months now. |

= He's been complaining to me about his secretary for months now.

• cry on someone's shoulder ~의 어깨에 울고 매달리다, 고민·걱정 등을 남에게 털어놓다, 불평을 털어 놓다

## B 일이 괴롭다, 성가시다 #43

보고서 쓰는 것은 지겨운 일이야

I can't stand writing reports.

• stand ~을 참다, 견디다 (= put up with~)

사무처리는 질색이야.

This paperwork is really a pain.

= I hate all this tedious paperwork.

• a pain 지겨운 일, 질색인 것 (= a pain in the neck)

*cf.* tedious 지겨운

난 무엇 때문에 늘 성가신 일만 맡게 되는 거야?

Why is it I always get the dirty work?

무엇 때문에 내가 따돌림을 당하는 거야?

Why was I cut out of the loop?

• be cut out of the loop 왕따를 당하다, 정보를 받지 못하다

• the loop 테두리, 연합

↬ "**Why was I cut out of the loop?**"—"I didn't think you needed to be involved." 「무엇 때문에 내가 왕따를 당하는 거야?」「자네가 관여할 필요가 없다고 생각했어」

저 산더미 같은 오래된 서류는 눈에 거슬려.

That pile of old files is a real eyesore.

↪ eyesore 「눈에 불쾌한 것」 사람에 대해서는 사용하지 않는 것이 보통. sore는 「건드리면 아픈 곳」.

얼마 전에 채워 놓았는데.

I just put some in.

↪ 사무실의 소모품과 커피 등이 빠르게 줄어들 때 질려서 하는 말.

↬ "Can you make some more coffee?"—"Already? **I just put some in** a few minutes ago." 「커피를 좀 더 주시겠습니까?」「벌써? 조금 전에 막 채워 놓았는데」

이 일에는 스트레스가 있기 마련이야.

Stress comes with the job in this business.

↪ in this business 「이 업계의 일에는 」이라는 뜻.

모두 상당히 영향을 느끼고 있어.

Everybody's really starting to feel it.

↪ it 「영향」이라는 의미. feel it 「답하다」. 여기서의 「답하다」는 「압력·과로·불경기 등 좋지 않은 일에 의한 영향이 나타나다」「부담이 되다」의 의미.

↬ "Your people are really putting out."—"Yeah, but all that overtime is beginning to take a toll. **Everybody's really starting to feel it.**" 「자네 쪽은 정말로 성과를 올리고 있군」「그러나 잔업으로 영향이 나타나기 시작하고 있습니다. 모두 상당히 지친 모양입니다」

CASE 4

이것이 끝나면 약간은 스트레스를 풀어야지.

I need to unwind a bit after this.

= I need some time to let off steam.

↪ unwind「완화하다」의 뜻에서「정신적으로 풀다」「스트레스를 해소하다」.

어제의 긴 여행 때문에 회의에서는 왠지 상태가 좋지 않았어.

After the long trip yesterday, I was kind of out of it at the meeting.

- out of it 실력이 나오지 않다

힘이 다 빠졌어.

I've run out of steam.

↪「팽팽히 긴장해 있던 기분이 빠지다」라는 뜻.

- run out of steam 힘[기력, 활력]을 잃다

## C 급료에 대한 불평 · 부러운 신분 #43

적어도 일반적인 수준의 급료였으면 좋겠습니다.

I wish they'd at least pay the going rate.

↪ the going rate는「현행 요금」→「세상 시세」

월급만으로는 여유가 없어.

I can't make ends meet on the money I get each month.

↪ the money「일당」「주급」「월급」 등의 구별없이 쓰이고, 임시의「보수」「수입」의 의미로도 쓰인다. the는 반드시 붙인다.

- make ends meet 수지를 맞추다

쥐꼬리만큼이야.

Real chicken feed.

↪ "Did you get your bonus?"—"Yeah, **real chicken feed.**"「보너스 나왔어?」「쥐꼬리만큼 나왔어」

- chicken feed 약간의 돈(잔돈 부스러기)

대우가 그렇게 좋다고?

The deal is that good huh?

↪ deal에는「(사원의) 대우, 취급」「노동조건」 등의 의미도 있다.

그것이 소위 과외 수입이라는 거지.

That's what they call RHIP.

- RHIP(Rank has its privileges) 지위에는 그에 상응하는 특권이 있다
- what they call 소위, 다시 말해 (= so called = what it called)

그것은 평소 행동이 좋으니까 받는 보상이야.

It must be a reward for being so good all the time.

# 4 연락 · 예정 · 출장

## A 연락을 하고 싶다 #44

FAX로 연락해 주십시오.

Get in touch with me by fax.
↳ get in touch with A by B로 「A에 B로 연락을 취하다」 전화·이메일·팩스·편지와 제 3자를 통해서 연락하는 경우만 사용한다. (= keep in touch with A by B)

어떻게 하면 그녀와 연락을 취할 수 있습니까?

Do you know how to get hold of her?
= How can I get in touch with her?
↳ get hold of 「~을 붙잡다」. get대신에 take와 catch가 와도 좋다.

어떻게 하면 그가 있는 장소를 알 수 있습니까?

How should I go about locating him?
- go about ~을 하는 방법을 알다
- locate ~의 위치를 알아내다, 발견하다

## B 예정은 어떻게 되어 있습니까? #44

계획이 있어?

Do you have any plans?

그에게 언제가 편한지 물어 보겠어.

I'll ask him when it would be convenient.

내가 은근히 물어 볼게.

I'll sound him out.
- sound~out ~에게 타진해 보다

당분간은 아무런 계획이 없습니다.

I haven't got any plans for the time being.
- for the time being 당분간은 (= for the present)

별로.

Nothing special.
↳ 특별히 예정에 들어 있지 않을 경우에 사용한다.
↳ "Do you have any plans for this weekend?"—"**Nothing special.** How about you?" 「이번 주말에 계획 있어?」 「별로. 그쪽은?」

일정이 아직 확정되지 않았어.

My schedule still hasn't firmed up.
= My schedule was not definitely decided.

오늘은 이미 계획이 있습니다.

I've got other plans today.

벌써 약속을 했는데요

I've already made other plans.

미안, 스케줄이 꽉 차 있어.

Sorry, I'm booked solid.
↳ be booked solid 「틈이 없을 정도로 예정이 차있다」 「~때까지」 등

CASE 4

과 「기간」을 나타낼 때 through, till, until 등을 사용한다.

- booked solid 스케줄이 꽉 찬, 예약이 다 찬 (= booked full = fully booked)
- book 예약하다 (= reserve = make a reservation)

↳ "Can I see you tomorrow?"—"**Sorry, I'm booked solid** until next week." 「내일 만날 수 있어?」「미안, 다음 주까지 스케줄이 꽉 찼어」

일이 있어.

I have to attend to something.

- attend to (일 등에) 전념하다

급한 일이 생겼어.

Something came up.

↳ 완료시제를 써서 something has come up으로 해도 좋다.

↳ "About that beer this evening."—"Some problem?"—"Well, **something came up** and I won't be able to get away until late." 「오늘 밤 한 잔하자는 데」「사정이 나빠?」「그래, 급한 일이 생겨서 늦게나 아니면 빠져 나올 수 없을 것 같아」

» About ~하자는 것 같은데

» get away (일 같은 것에서) 빠져 나오다

늦어서는 안되는데.

I can't afford to be late.

- can't afford~ ~할 여유가 없다

막판까지 기다려 봅시다.

Let's wait for him as long as we possibly can.

시간이 허락하면.

Time permitting,... = If time permits,...

↳ "Will you be able to bring it over?"—"Sure, **time permitting.**" 「그것을 가지고 와 주시겠습니까?」「예, 시간이 되면 그렇게 할 게요」

그는 단골고객을 찾아 뵐 예정입니다.

He's going to make the rounds of our customers.

- customers 단골 고객 (= regular customers = patrons)
- make the rounds (순찰, 회진, 방문)을 돌다 ( = make one's rounds)

저녁 5시에 홍콩에 도착합니다.

I'm scheduled to arrive in Hong Kong at 5 in the evening.

다음 주 일본행은 재고해 볼까 합니다.

I'm having second thoughts about going to Japan next week.

- have second thoughts about~ ~을 재고하다
- on second thought 다시 생각해 보니

## C 날짜를 결정하다, 확인하다 #44

시간을 말씀해 주십시오.

Name a time.

- name (날짜 등을) 지정하다

확실히 정해지면 알려 주십시오.

Please tell me when it becomes definite.

| | |
|---|---|
| 날짜와 시간을 가르쳐 주시겠습니까? | Could you give me the date and time? |
| 그럼 9일로 하지요. | Let's make it the 9th then.<br>• make it 약속을 정하다; 제시간에 도착하다<br>*e.g.*, We won't *make it* until about 4 p.m.<br>(오후 4시까지 도착 못 할 겁니다.) |
| 장소가 결정되는 대로 알려 드리겠습니다. | We'll let you know where as soon as the place is decided.<br>↳ let대신에 have와 make를 사용할 수 없다. |
| 그것에 대해서는 내일 연락 드리겠습니다. | Let me get back to you tomorrow on that.<br>↳ get back to 「곧 즉시 연락하다」. 이 밖에도 「이야기를 되돌리다」 등의 의미도 있다. |
| 내일 어디로 연락드리면 될까요? | Where can I get in touch with you tomorrow? |
| 내일 중에 fax로 알려 드리겠습니다. | I'll fax it to you tomorrow. |
| 아침에 제일 먼저 연락하겠습니다. | I'll get back to you first thing in the morning.<br>• the first thing in the morning 아침 제일 먼저 |
| 나중에 전화하지요. | I'll call you later. |
| 다시 한 번 확인 차 전화했습니다. | I called him to make doubly sure.<br>• doubly 이중으로 |
| 확인을 해 주셔서 고맙습니다. | Thanks for the reminder.<br>• a reminder 재촉, 확인<br>↳» "**Thanks for the reminder**. If I had missed the meeting, I'd really be in hot water."—"That's what I'm here for... to keep you out of trouble." 「확인을 해 주어서 감사합니다. 만약 회의에 빠졌더라면 큰일이 났을 겁니다.」 「그래서 더더욱, 내가 옆에 있는 거야… 당신이 실수를 하지 않도록」 » be in hot water 난처한 상황에 빠지다 |
| 잊어버리지 않도록 메모해 두겠습니다. | Let me put a note here to jog my memory.<br>• jog one's memory 기억을 되살리다 |

## D 출장입니다 #44

| | |
|---|---|
| 아무튼, 출발 준비는 해 두시오. | In any event, get ready to go.<br>↳ in any event 「무슨 일이 있더라도」가 원래의 의미. 여기서 「여차피」 「좌우간」. |
| 이미 준비가 되었습니다. | I'm ready to go. |

다음 주는 계속 출장입니다.

I'll be out of town all next week.

다음 달은 거의 출장입니다.

I'll be on the road most of next month.

↳ be on the road 「여행하다」. 이 표현은 특히, 세일즈맨이 차로 여기저기를 순회하는 것에서 비행기와 열차에 의한 출장 시, 스포츠팀의 원정시합, 서커스 순회 공연 등에도 쓸 수 있다.

참고로 일정표를 넣어 두었습니다.

A schedule is included for your reference.

- for one's reference 참고로

부재중 제 일을 잘 부탁해요.

Can you take care of my work while I'm away?

- take care of ~ : 주로 세 가지의 의미로 사용된다.
  1. 돌보다 (= look after~)
  2. 일을 맡아 처리하다 (= handle)
  3. 책임지다 (= be responsible)

동경에서 항공사의 파업으로 발이 묶여 버렸어.

The airline strike left us high and dry in Tokyo.

- leave~ high and dry ~의 교통편을 잃게 하다

출장은 의외로 힘들었어.

The trip was harder than I thought.

# 5 오피스기기 · 디지털 회화

CASE 4

## A 기종을 평가하다 #45

새 모델은 대단한데.

The new model's really something.
• something 대단한 것, 상당한 것

저 모델은 시스템이 복잡하군.

That model's a sophisticated system.
↪ sophisticated에는 「세련된」이라는 긍정적인 의미와 「복잡하다」 「지나치게 정교하다」라는 부정적인 의미가 있다.
↪ "Let's go with the fully automated model."—"Remember, **that model is a sophisticated system.** It might pose servicing problems." 「전 자동 모델로 정하지」 「알겠어, 그런데 그 모델은 시스템이 지나치게 복잡하고, 보수 서비스 면에서 문제가 생길지도 모르겠군」
» go with ～으로 결정하다
» pose a problem 문제를 제기하다

이 하드웨어는 구식이라서 대부분 쓸 수 없어.

This hardware is too outdated to handle most of it.
↪ outdated는 out of date(시대에 뒤지다)에서 파생된 단어로 설비, 스타일, 디자인, 방법, 방침 등에 대해서 사용한다. 또 dated만으로도 같은 의미.

지금 기종으로 당분간은 충분해.

The current model will do for the time being.
↪ ~will do는 「그거면 된다」라는 의미로 어떠한 조건에 적합할 때 쓰인다.
• for the time being 당분간은

모두 폐기처분하기에는 아깝습니다.

It's a shame to scrap it all.
• It's a shame to ～하기에는 아깝다

## B 사용법을 모르겠습니다 #45

사용법을 잘 모르겠습니다.

I don't know the first thing about how to use it.
• I don't know the first thing about~ ～에 대해 아무 것도 모르다

아직 사용법을 완전히 모르겠군요.

I still haven't completely figured out how to use it.
• figured out 알다, 이해하다 (= understand)

작동법을 보여 주십시오.

Show me how it works.

↳ 직역은 「그것이 어떻게 움직이는지 보여 주세요」

요령을 배우면 간단해.

It's easy if you just get down a few basic ideas.

↳ get down 원래 「(약 등을) 복용하다」

일단 비결을 배우면 간단해.

Once you get the knack of using it, it's easy.

= It's simple once you get the hang of it.

- the knack of~ ~의 비결
- get the knack of~ ~의 요령을 터득하다 (= get the hang of~ = get a feel for~)

설명서대로 하면 간단히 조립할 수 있어.

It's really simple to put together if you follow the instructions.

- put together ~을 조립하다 (= assemble)

우선 시스템을 설명해 드리죠.

First, let me explain the setup.

↳ setup 「장치」 「조립」 「시스템」. set up 하면 「조립하다」의 뜻.

간단하다니, 설마.

Easy my foot!

- my foot 설마, 천만에

그 기종은 그 사람밖에 몰라.

He's the only one who knows how to use that model.

## C 기계상태가 좋다[나쁘다] #45

잘 움직이는데.

It's working fine.

= It's working smoothly.

↳ 기계와 물건에 대해서만 사용한다.

사용기간을 생각해 볼 때 이 복사기는 잘 유지되고 있다.

This copier is holding up well considering how long it's been used.

- hold up well 잘 유지하다

복사기가 고장이 났어.

The copy machine isn't working.

복사기 상태가 또 이상한 걸.

The copier is acting up again.

- act up (기계 등의) 상태가 이상해지다

컴퓨터가 또 고장이야.

My computer is down again.

- be down (컴퓨터 등이) 고장나다

매일 아침 컴퓨터 본체가 고장이나.

The mainframe goes out of whack every morning.

↳ out of whack 「엉망이 되다」 「고장나서」. out of order보다 막하는 말.

프린트 출력이 엉망이야.

The printout is all screwed up.

• be screwed up 엉망이 되어 있다

↪ "**The printout is all screwed up.** The computer must be out of whack."—"That has nothing to do with the computer." 「프린트 출력이 엉망이라. 컴퓨터가 맛이 가버린 게 틀림없어」「컴퓨터 본체와는 관계가 없어요」

이런 고장에 이제 질렸어.

We're sick and tired of these breakdowns.

• sick and tired of~ 질색이다, 진절머리 난다
(= be fed up with = have had enough of~)

새 컴퓨터는 아무래도 결함품이야.

The new PC has turned out to be a lemon.

• turn out to be ~라고 알다
• lemon 고물물건, 고물차

틀림없이 교환할 때가 되었군.

It must be about time to change it.

↪ 전지와 필터 등 물건에는 life span(수명)은 쓸 수 없다. 냉장고처럼 커다란 기기일 경우에는 It's time to replace it with a new one.(다시 사야 할 때)라고 말한다.

지금이야말로 점검을 해야겠군.

It's about due for an overhaul.

• be due for ~할 시기이다
• overhaul 분해수리, 점검, 정비

이번엔 제대로 수리해줘.

Fix it once and for all.

↪ once and for all은 「한 번 그리고 이것으로 모두」라는 것에서 「이번이야말로」「이것을 마지막으로」의 뜻. 최후의 결말을 본다는 뉘앙스의 표현으로 분노와 강한 결의를 나타낸다.

원인을 정확히 말할 수 없어.

I can't quite put my finger on the cause.
= I can't quite pinpoint the cause.

↪ put one's finger on 「~을 정확히 지적하다」 그 부정표현으로 「확실히 이것이라고는 말할 수 없다」「특정할 수 없다」라는 뜻.

↪ "This is the fourth time it's been down this month."—"I'm sorry, but **I can't put my finger on the cause.**" 「이것으로 이번 달 네 번째 고장이야」「죄송합니다. 저도 원인을 분명히 말할 수 없군요」

보증기간이 지나지 않았어.

It's still under warranty.

↪ 즉, 애프터서비스를 아직까지 받을 수 있다는 뜻.

• warranty 보증서

누가 수리비를 부담하기로 되었나요?

Who's going to cover the cost of repairs?

• cover the cost 비용을 부담하다

CASE 4

## D 자신[자신없음]・좋아함[싫어함] #46

이 시스템에 관해서는 구석구석까지 잘 알고 있습니다.

I know this system like the back of my hand.

↪know~ like the back of one's hand 「자신의 손등처럼 알고 있다」. 보통 공장의 설비와 위치 등, 지리적, 도면적인 것에 정통하고 있는 경우에 사용한다.

이 소프트웨어에 대해서 너무 잘 알고 있어.

He knows this software inside and out.

• inside and out 구석구석까지, 완전히

그는 애플사의 제품이라면 뭐든 신뢰하고 있어.

He swears by anything Apple makes.

↪swears by~ 「~에 맹세할 만큼 자신있다」의 뜻. 변해서 「~을 신뢰하다」 「개인」 「조직」 외에 「물건」에 대해서도 「신뢰감을 갖다」 「추천하다」 경우에도 사용한다.

그는 애플사 컴퓨터를 대단히 좋아해.

He's big on Apple computers.

• be big on ~을 아주 좋아하다

## E 컴퓨터에 관련된 한 마디 #46

입력해 주었으면 해.

I'd like you to type it up on the PC.

그 편지를 워드로 쳐 주십시오.

Please type up that letter.

= Please type out that letter.

우선은 입력시켜 줘.

Just input it for now.

• input 입력시키다

한 장에 담아주지 않겠어?

See if you can't fit it into one page.

• fit ~ into 짜맞추다, 들어맞게 하다

세로입니까 아니면 가로입니까?

Vertically or horizontally?

오래된 형식이라도 별 문제가 없습니다.

There's nothing wrong with the old format.

이 자료가 아직 필요합니까?

Do we still need this data?

삭제해도 됩니까?

Is it OK to delete it?

↪delete 컴퓨터 상에서 「자료를 지우다」. 종이에 적은 것을 지울 때에는 erase를 사용한다.

이 자료는 지워도 좋아요.

It's okay to delete this data.

이 디스크 빼도 되니?

Can I take out this disk?

이 프린터는 아직 신품이야.

This printer's still brand-new.

• brand-new 신품의, 번쩍이는 신품

컬러프린터는 지금 한 대밖에 비어 있지 않아요.

There's only one color printer free right now.

자비로 하드디스크 드라이브를 구입했어.

I paid for hard-disk drive out of my own pocket.

- pay out of one's own pocket 자기 개인돈으로 치르다

플로피 디스크는 어떻게 하면 살 수 있지?

How do I go about getting some floppies?

= How can I get some floppies?

그 소프트웨어는 무료로 받은 거야.

We got the software for nothing.

↳ 영어의 서비스에는 「대금이 무료이다」라는 의미는 없다.

- for nothing 무료로 (= at no cost, free of charge)

이 컴퓨터 임대기간이 언제 끝나지?

When does the release on this PC expire?

- expire (임대, 이자, 계약 등의 기간이) 만료되다, 끝나다

컴퓨터의 전원을 끈 사람이 누구야?

Who shut off the power to the PC?

- shut off 차단하다

내 컴퓨터를 함부로 만지지 마.

Don't fool around with my PC.

- fool around with ~갖고 놀다, ~을 장난감으로 하다

그곳에서는 이미 우리 소프트웨어의 해적판이 나돌고 있어.

A pirated version of our software is already out over there.

↳ pirate 동사로 「표절하다」 「저작권을 침해하다」. a pirated version으로 「표절한 버전」 → 「해적판」 「도작」

- be out 나돌다

전자메일이 유행하고 있어.

E-mail is in.

↳ be in 「유행하고 있다」. be in fashion이라 해도 좋다.

인터넷은 일시적인 유행에 지나지 않는다고 누가 말했지?

Who said the Internet was just a fad?

- a fad 일시적인 유행

오늘날 네트워크가 문제의 핵심이야.

Networking is the name of the game now.

- be the name of the game 가장 중요하다, ~의 본질이다

## F 복사에 대해서 #46

서류를 복사해 주십시오.

Please Xerox these papers.

= Please copy these papers.

↳ Xerox(제록스)는 상표이지만 일반적으로 「복사기」 「복사하다」의 의미로 쓰여지고 있다.

용지는 들어 있습니까?

Is there paper in it?

복사용지가 떨어졌어요.

We're out of Xerox paper.

= We're out of copying paper.

종이가 낀 모양입니다.

I think the paper's jammed.

복사가 흐려서 안 보입니다.

I can't read this photocopy—it's too light.

토너가 떨어졌어.

We're out of toner.

= We're running out of toner. » run out of는 「물건」만이 아니고 「기름」「시간」 그리고 「돈」에도 사용할 수 있다.

↳ be out of의 다음에 「물건」이 오며 「~을 다 쓰고 있다」라는 의미가 된다.

↳» **"We're out of tuner."**—"Try calling the service center." 「토너가 떨어졌어」「서비스센터에 전화해 봐」

## F FAX · 기타 #46

이 팩스는 오늘 아침에 들어왔어요.

This fax came in this morning.

- come in 도착하다 (= arrive)

당신에게 팩스가 도착했어.

A fax has come in for you.

송신불능상태로 나오는데.

It says it can't send.

↳ 디스플레이와 모니터 표시는 It says로 표시.

팩스는 이제는 한물갔어.

Fax communication is old hat now.

- be old hat 시대에 뒤지다, 유행하지 않는다, 흔해빠진, 진부한 (= be old-fashioned)

서류를 절단기에 넣었어.

I put the papers in the shredder.

- shredder 문서 절단기

# 6 오피스 룰

## A 급료에 대해서 #47

| | |
|---|---|
| 월급은 세금을 포함해서 얼마입니까? | What's your monthly gross?<br>• monthly gross 세금을 포함한 월급총액<br>• monthly salary 월급<br>• monthly payment 월부 |
| 매달 얼마를 받습니까? | How much do you bring in each month? |
| 실질적인 임금은 얼마입니까? | What's your monthly take-home?<br>= How much do you make after taxes?<br>• take-home(pay) 수취하는 급료 |
| 저는 월급제로 고용되었습니다. | I'm retained on salary.<br>= I get paid a salary. |
| 시간제로 받고 있어. | I get an hourly wage.<br>= I'm paid on an hourly basis. |
| 누구를 부양가족으로 신청할 수 있습니까? | Who can I claim as dependents?<br>↳ a dependent 「부양가족」. claim~as a dependent의 형태로 자주 쓰인다. |

## B 근무시간 · 휴가제도에 대해서 #47

| | |
|---|---|
| 근무시간은 어떻게 됩니까? | What are the hours?<br>= What are the working hours? » working hours가 「근무시간」의 정식 어법. business hours이라고 해도 좋다.<br>↳ 복수형의 s가 중요하므로 빠뜨리지 않도록 주의<br>↳ "**What are the hours?**"—"Nominally, 8:30 to 5:30. In reality, whatever it takes." 「근무시간은 어떻게 됩니까?」 「일단, 8시 반부터 5시 반까지입니다. 실제는 일이 끝날 때까지죠」<br>» nominally 명목상은 » in reality 실제로는 |
| 근무는 주 5일제로 오전 9시부터 오후 5시까지 입니다. | You'd be working a five-day week, 9 to 5. |
| 우리 회사는 주 5일 근무로 바뀌었어. | Our office has switched to a five-day work week. |
| 다음 쉬는 날은 언제지? | When is your next day off? |

CASE 4

근무일은 언제지?

When do you go on duty?
↳ 불규칙한 근무형태의 사람에게 묻는 법.

달력대로입니다.

We go by the calendar.
↳ "How about holidays?"—"**We go by the calendar.**" 「휴일은 어떻게 되어 있습니까?」「달력대로 입니다」

새해 첫 업무는 언제부터 시작됩니까?

When does work in the New Year start?
↳ "**When does work in the New Year start?**"—"From January fourth." 「새해 업무는 언제부터 시작됩니까?」「1월 4일부터입니다」

야근인데요.

I'm working nights.
- working overtime 늦게 잔업(초과근무)을 하다
  *cf.* working parttime 시간제로 일하다

이번 주는 야근입니다.

I have the night shift this week.
↳ *cf.* the morning shift 오전 근무 day shift 낮근무
swing shift 오후 4시부터 밤 12시까지
graveyard shift 밤 12시부터 아침 6시까지

## C 복장 #47

우리 사무실에서는 정장을 입어야 합니다.

A suit and tie is considered a must at our office.
- a must 절대로 필요한 것, 필수적인 것

옷차림도 일의 일부분이야.

Your appearance is also part of your job.

직장의 복장에 대해서는 구분을 두는 것이 좋아.

You'd better draw a line as to what can be worn to the office.
= It's time for you to put your foot down on what they can wear to the office. » put one's foot down on ~에 대해서 분명한 태도를 취하다
- draw a line 선을 분명히 하다, 한계를 정하다
- as to ~에 관해서 (= regarding = concerning = about)

규칙을 꼭 지켜야 한다.

We must keep the ground rules.
↳ 「그라운드에서 지키지 않으면 안 되는 규칙」에서 「일반적인 규칙」「기본적인 사고방식」을 의미한다.

## D 입사·이동·승진·퇴직 #47

어떤 직함을 받게 됩니까?

What title will I be receiving?
↳ title은 「사람」에 관련되어 쓰이면 「직함」.

대신 일할 비서를 찾아야 되겠어.

We have to find a replacement for the secretary.

• replacement 대신하는 사람, 후임자, 대체물

다른 부서로 옮겨 주세요.

I want to be moved to another section.

• be moved to ~ ~로 이동하다 (= be transfered to ~ = move to ~)

전근 신청을 해 보지 그래?

Why don't you put in for a transfer?

• put in for ~을 제출하다, 신청하다
• transfer 이동, 전근

마케팅 부서로 돌아가면 다시 친정에 간 것 같아 안심이 되지.

Coming back to marketing makes me feel like I'm on my own ground again.

↪ marketing 마켓팅 부서(이처럼 보통 'department'(부서, 과)를 생략한다)

• one's own ground 근거지, 자신이 자신있는 분야

어느 쪽이 승진할 지는 현재로는 막상막하다.

It's a tossup as to which of them will be promoted.

• a tossup 예측불허
• be promoted 승진하다 (= get promoted = get a promotion)

네가 잘하면 차기 부장이 돼.

If you play your cards right, you'll be the next manager.

• play one's cards right 자신의 카드를 바르게 사용하다, 잘 하다

그는 이미 대상에서 제외되었어.

He's out of the picture now.

• be out of the picture 제외되어 대상밖이 되다

↪ "I haven't seen that branch manager recently."—"Don't you know **he's out of the picture now?**" 「최근에 그 지점장을 보지 못했는데」「그가 해고된 걸 몰라?」

지방지사로 쫓겨났다.

He got shunted off to a provincial branch.

• shunt 밀어내다
• got shunted off to ~ ~로 밀려나다

*cf.* got demoted to ~ ~로 좌천[강등]되다

좌천되리라고 예상했습니다.

I expected to be demoted.

↪ expect 「예상하다」. 좋은 일에도 나쁜 일에도 사용한다. demote는 「~을 강등하다」

• be demoted 강등[좌천]되다 (= get demoted = get a demotion)

경쟁사에서 스카웃해 갔습니다.

He was whisked away by a competitor.

↪ competitor 「경쟁사」. competition도 흔히 「경쟁업체」의 뜻으로 많이 사용.

• whisk away 운반해 가다, 갖고 가다

다른 회사에서 새출발하는 편이 현명하겠군요

It would be better to make a fresh start with another company.

• It would be better to ~한 편이 낫다
• make a fresh start 새 출발하다, 새로 시작하다

CASE 4

그는 지각을 상습적으로 해서 해고되었어.

We fired him for chronic lateness.

↪「해고되다」는 get fired라고 표현한다. fire대신에 dismiss와 discharge라고 해도 좋다. get fired (= be fired) 원래의 뜻은「해고되다」.

- chronic 만성의

부장의 송별회를 엽시다.

Let's throw a going-away party for the department manager.

- throw a party 파티를 열다
- going-away party 송별회
  *cf.* retirement party 퇴직 송별회

덕분에 살았습니다.

Thanks to you, I still have my job.

저는 10년째 근무하고 있습니다.

I have 10 years' seniority.

- seniority 연공, 근속연수

당신 회사의 정년은 몇 살이죠?

What's the retirement age at your company?

- *cf.* retirement pension 퇴직 연금
  early retirement 명예퇴직, 조기퇴직

우리 회사는 능력제(실적제)를 따릅니다.

Our company goes by the merit system.

- *cf.* a performance-based annual pay system 연봉제

# 7 휴식시간 · 점심시간 · 오후 5시 · 접대

## A 차 한 잔 하면서 쉬다 #48

잠깐 쉽시다.

Let's take a break.
= Take a rest. = Get some rest.

커피 마시면서 쉽시다.

Let's break for coffee.
= Let's take a coffee break.

차 한 잔 할까요?

About time for some tea, don't you think?

호랑이 없는 굴에 토끼가 왕이야.

When the cat's away, the mice will play.
↳ 직역하면 「고양이 없는 곳에 쥐들이 놀고 있다」.

점심 먹으러 나가자.

Let's go out for lunch.

나는 도시락을 싸가지고 왔어.

I brought my lunch with me.
= I've brought in a lunch.
= I'm brown-bagging. » brown-bag은 미국의 속어로 「(갈색 종이봉지로 샌드위치 등의) 도시락을 갖고 오다」의 뜻.

## B 일을 끝내다 #48

오늘은 이쯤하고 끝내자.

Let's quit for today.
↳ 일을 끝낼 경우에 자주 쓴다. for today 「오늘에 대해서는」→「오늘은」.

오늘은 이쯤에서 끝냅시다.

Let's call it a day.
↳ call it a day 「(그날의 일을) 끝내다」 상사가 부하에게 「오늘은 이쯤 하고 이제 돌아가도 좋다」라고 할 때에 "Let's call it a day. You can leave now."
• Let's call it a night 밤에 하는 일을 끝내다

이쯤해서 그만하자.

Why don't we call it a day about here?
= Shall we call it a day? » 「자, 오늘은 이 정도로 하자고」라고 동의를 구하는 느낌.
= I think we'd better call it a day.
↳ 송별회와 연회 등의 일시적인 모임을 해산할 때에도 사용한다 「오늘 밤은 이것으로 끝냅시다」는 "Let's call it a night."라고 한다.

이제 이것으로 끝내자.

Let's call it quits.
↳ 「끝내자」. 싫어져서 끝내는 느낌이며 일시적으로 그만 둘 때 사용.

CASE 4

## C 한 잔하고 가다 #48

| | |
|---|---|
| 오늘 밤 한 잔 하는 게 어때? | How about going out for a drink tonight?<br>= Let's go have a drink together tonight. |
| 기분전환도 할겸 한 잔 안 하겠어? | How about a drink to lift your spirits?<br>• lift one's spirits 기분을 전환하다 (= make one's day) |
| 오늘밤 거창하게 한 잔해. | Let's go out for the evening. |
| 한 잔 사. | Buy me a drink? |
| 한 잔 살까? | Can I buy you a drink? |
| 정해둔 곳이 있어? | Do you have any place in mind?<br>↳ have~ in mind 「~을 가슴에 지니고 있다」가 직역. 변해서 「~에 마음에 둔 곳이 있다」. 시간과 장소 등에 대해서 사용할 수 있다.<br>↳ "Getting everybody together for a wine-tasting sounds like a great idea."—"The only problem is where to hold it. **Do you have any place in mind?**" 「모두 모여서 와인 시식회를 하는 것은 좋은 생각인 것 같아」 「문제는 어디서 하는가겠지. 정해둔 곳이 있어?」 » get~ together ~을 모으다 » sound like ~처럼 들리다 |
| 장소는 내가 알아서 할게. | I'll line up the site.<br>↳ line up은 「깨끗하게 진열하다」의 의미에서 「선택지를 가지런히 해 두다」라는 의미. |
| 저곳에 한 번 가볼까. | How about giving it a try?<br>= Let's give it a try. » "How about giving it a try?"보다는 「좌우간 해 보자」라는 전향적인 뉘앙스가 강하다.<br>↳ 술집 등에 처음으로 들어가보자 라고 제안하는 경우에 사용. |
| 고마운 주말이야. | It's TGIF.<br>↳ TGIF는 "Thank god It's Friday." 「고마운 금요일이다」의 약어. |
| 즐기고 오라고. | Have fun. |
| 실컷 마셔. | Tie one on.<br>• tie one on 술을 많이 마시다, 술취하다 |
| 신나게 마셔보자. | Let's live it up.<br>• live it up 시끄럽게 떠들다, 돈을 펑펑 쓰며 즐기다 |
| 우리 패거리의 아지트야. | It's a hangout for a lot of our people.<br>• a hangout 모이는 곳, 단골로 가는 장소 |
| 여기서는 네 얼굴이 알려진 모양이야. | Everybody seems to know you around here. |
| 오랫동안 회비를 내고 다녔지. | I've paid my dues over the years. |

↪ due는 「지불해야 하는 금전」. 복수형으로 사용하면 정기적으로 지불하는 「회비」. 넓은 의미로는 비유적으로 「희생」 「고생」.

↬ "You really get around. Everybody seems to know you."—"Well, **I've paid my dues over the years.**" 「자네 정말 여기저기에 얼굴이 알려졌네. 모두들 자네를 알고 있는 것처럼 보여」 「그래 오랫동안 회비를 내고 다녔기 때문이지」 » get around 「여기저기 얼굴을 내밀다」 → 「얼굴이 알려지다」

혼자 마시겠어.

I'll pour my own drinks.

그녀의 주량은 한도 끝도 없어서 알 수가 없어.

She can drink till doomsday.

• till doomsday 최후의 심판까지, 영원히

지금부터야.

It's still early.

↪ 술을 마시러 갔을 때 「밤은 지금부터다, 돌아가기는 이르다」라고 할 경우에 사용한다. 직역하면 「아직 초저녁이야」라는 의미.

아직 초저녁이야.

The night's still young.

↪ 「밤은 아직 젊다」에서 「밤은 아직 시작했을 뿐이므로 아직 멀었다」의 의미.

최악의 경우 언제든지 택시로 집에 갈 수 있어.

If worst comes to worst, we can always take a cab home.

↬ "What happens if the meeting runs over?"—"**If worst comes to worst,** we can always take a cab home." 「회의가 길어지면 어떻게 하지요?」 「최악의 경우 언제라도 택시로 돌아 갈 수 있어」
» run over 오래 끌다

너 어제 밤에는 만취 상태였어.

You were really drunk last night.

↪ drunk 대신에 lit와 loaded도 좋다.

나는 제정신이었어.

I was as sober as a judge.

• as sober as a judge 전혀 술에 취하지 않은

그 후에는 2차, 3차를 갔었어.

I went barhopping afterwards.

• go barhopping 여러 술집을 돌아다니며 술을 마시다

## D 골프 · 카드 #49

골프는 보기보다 어려워.

There's more to golf than meets the eye.

= Golf is more difficult than it appears.

= Golf is harder than it looks.

우리 부서에서는 골프 시합 때문에 돈을 모으고 있어.

Our section has been pooling money for the golf competition.

• pool 공동출자로 돈을 모으다

| | |
|---|---|
| 나도 브리지 게임에 끼워 줘. | Let me join the bridge game.<br>↳ "Let me join"은 다른 게임에서도 「패거리에 넣어 줘」라고 할 때에 사용한다. |
| 도박을 끊었어. | I've outgrown gambling. |

## E 접대에 관계있는 표현 #49

| | |
|---|---|
| 접대때문에 녹초가 되겠어. | All this wining and dining is wearing me out.<br>• wine and dine (거창하게) 술과 식사로 접대하다<br>• wear out 지치게 하다 (= burn out = fire out) |
| 모두 업무의 일부야. | It's all part of the job. |
| 2차 가서는 세상 이야기만 할 거야. | I'll just keep to social conversation at the second place.<br>• keep to ~으로부터 떨어질 수 없다 |
| 그것은 회사 일이야. | It's company-related. |
| 경비로 올려 줘. | I'll put it on my expense account. |
| 너처럼 경비로 처리했으면 해. | I wish I had a large expense account like you. |
| 이번은 모두 반반으로 해. | How about splitting everything down the middle this time? |
| 자동차를 준비해 놓았습니다. | We've arranged a car for you. |
| 어제는 어땠어? | How'd it go yesterday? |
| 모처럼 상대방이 지불했어. | For once they paid.<br>↳ for once는 지금까지 기대하던 일이 겨우 한 번 일어났을 때 「겨우」라는 기분을 담아서 사용하는 표현. |

## F 휴가 #49

| | |
|---|---|
| 금요일에는 쉬고 싶은데요. | I'd like to take the day off on friday.<br>↳ 「금요일에」라고 정해져 있으므로 a day off가 아니라 the day off라고 한다. 「다음 주 하루 쉬고 싶다」라면 "I'd like to take a day off the following week."가 된다.<br>• have(take) time off 자유시간을 갖다 |
| 내일부터 일주일 쉬어도 됩니까? | Would it be all right if I took a week off starting tomorrow? |

어제 쉬었어.
I took the day off yesterday.

대신 내일은 쉽니다.
Tomorrow is a make-up holiday.
• make-up holiday 근무한 대신 주는 휴가

이곳에서는 휴일이었어.
It was a make-up holiday here.
↪ 국제전화로 외국의 거래처 등에 이야기하는 말투.

어디가서 푹 쉬고 와.
Why don't you get away from it some-where?
↪ get away from it 일상의 번거러운 일로부터 떠나 멀리 여행가는 것

휴가가 줄었어.
My vacation is short.

그녀에게 데이트를 신청했어.
I asked her out on a date.

그녀에게 저녁 같이 먹자고 데이트 신청했어.
I asked her out to dinner.

그냥 빈둥거리며 보냈어.
I just spent the time loafing.
• loaf 빈둥빈둥거리다
↪ "What did you do over the weekend?"—"**I just spent the time loafing.**" 「주말은 어떻게 보내셨습니까?」「그냥, 빈둥빈둥 지냈습니다」

가족과 시간을 보내는 것도 쉽지 않아.
Spending time with your family can be hard work.

이번 주말에 스키타러 가기로 했어.
I'm planning to take a ski trip this weekend.

여름 휴가때 계획있니?
Do you have any plans for summer vacation?
= What do you intend to do during summer vacation?
↪ "**Do you have any plans for summer vacation?**"—"I intend to take a trip to Canada." 「여름휴가는 어떻게 할거야?」「캐나다에 갈 생각이야」

크리스마스휴가는 하와이로 갈 생각입니다.
I plan to go to Hawaii over Christmas vacation.
↪ 이 때 over는 「~동안」.

CASE 4

## 1 Practical Dialogues • 활용대화 •

1

A I hear you're being transferred to the branch office in Hong kong.
B Yes, that's right. Where did you hear the news?
A The managing director told me about it.
B Why don't we get together for a drink before I leave.

A 자네 홍콩지사로 전근간다는 이야기를 들었는데.
B 그래, 맞아. 어디서 들었지?
A 상무님이 이야기를 해 주셨지.
B 떠나기 전에 같이 술 한 잔 해.

2

A The photocopy machine's broken again.
B We'd better call the repairman and get it fixed.
A Is there another copier in this building?
B Yes, you may use the one on the 3rd floor.

A 복사기가 또 고장이 났군.
B 수리공을 불러서 고쳐야 되겠군.
A 이 건물에 다른 복사기는 없어?
B 있지, 3층에 있는 복사기를 이용해.

3

A Congratulations on your promotion!

B Thanks a lot, but there are several other co-workers who deserve it, too

A Anyway, you're the lucky one.

B Yes. I think so.

A 승진 축하합니다.

B 고맙습니다만, 다른  동료직원들도 승진자격이 있습니다.

A 여하튼, 운이 좋군요.

B 예, 저도 그렇게 생각합니다.

4

A Some employees will be leaving the company in our policy of early retirement.

B Do you know how many are going to quit?

A I'm not sure, but approximately 20.

B I hope we would not be on the list.

A 몇몇 직원들이 명퇴 방침으로 회사를 떠날 것이야.

B 몇 명이 나갈 지 알고 있니?

A 확실치는 않으나 약 20명은 될 것 같아.

B 우리는 그 명단에 포함되지 않았으면 좋겠는데.

## ② Key Expressions • 핵심표현 •

I'm going to take a business trip overseas next week.
≫ 다음 주에 해외 출장을 떠나려고 해.

He's away on business.
≫ 그는 멀리 출장을 떠났어.

Can I use the photocopier on the 5th floor?
≫ 5층에 있는 복사기를 사용할 수 있을까요?

The computer system is malfunctioning here in the office.
≫ 사무실의 컴퓨터가 고장이 났어.

I'm going to send a fax to a client.
≫ 고객에게 팩스를 보낼 거야.

Do you have any dress code in your company?
≫ 당신 회사에서는 복장규칙이 있습니까?

He's going to be promoted to a managing director before long.
≫ 그는 곧 상무로 승진될 거야.

I'm going to quit for a better-paying job.
≫ 월급을 많이 주는 직장이 있어서 여기를 그만 두려고 해.

When is the retirement party going to be held?
≫ 퇴직 송별회가 언제 있지?

Would you join us for lunch?
≫ 점심 같이 하시겠습니까?

What would you like to have for lunch?
≫ 점심으로 뭐가 좋을까요?

I'll treat you to a lunch.
≫ 점심 내가 살게.

Why don't we take a lunch break now?

≫ 지금 점심 먹자.

Let's have a coffee break for a while.

≫ 잠시 커피 마시면서 좀 쉬자.

You'd better call a repairman. The fax machine's broken again.

≫ 수리공을 불러야 되겠어. 팩스가 또 고장이 났어.

How are things going at work?

≫ 직장생활이 어떻습니까?

Are you going home for the day?

≫ 퇴근 하려고 합니까?

The company will lay off quite a few employees soon.

≫ 그 회사는 곧 많은 직원들을 해고할 것이다.

He's a new employee.
= He's a new person.

≫ 그는 신입사원이야.

What are your working hours?

≫ 업무시간이 어떻게 됩니까?

Did you see the employee evaluations some where?

≫ 어디에서 직원 평가서를 봤습니까?

Do you beat the clock to work?

≫ 당신은 정시에 출근합니까?

To keep the fire burning brightly there's one easy rule; Keep the two logs together, near enough to keep each other warm and far enough apart-about a finger's breath-for breathing room.

*불이 계속 타게 하기 위한 한 가지 쉬운 법칙이 있다. 두 개의 나무를 서로가 따뜻함을 충분히 유지할 정도로 가까우면서도, 숨쉬는 공간이 충분히 있을 정도로 -손가락 넓이 만큼-떨어지게 두는 것이다.*

The wise man only sees in woman's tears water in the eyes.

*현명한 남성은 여성의 눈의 눈물 속의 물만 본다.*

*... Russia*

# CASE 5 비즈니스

# 1 타협 · 교섭

## A 시작합시다 #52

회의에 나갈 수 없을 것 같애.

**I don't think I can make the meeting.**

• make 출석하다〈구어〉

= I don't think I can make it. » 문맥만으로도 그것이 무엇인지 알 수 있는 경우에는 it으로 끝내는 일이 많다. 이 경우에 it은 「회의」뿐 아니라 「파티」 등을 의미하기도 한다. 또 make it에는 「성공하다」 「시간에 맞춰 가다」라는 뜻도 있다.

자, 준비되었습니까?

**You about ready?**

↳ Are you about ready?의 약어.

↳ "**You about ready?**"—"We're all set to go. We've been waiting for you."—"Then let's get the show on the road." 「자, 준비되었습니까?」 「준비 완료입니다. 당신을 기다리고 있었습니다」 「그럼, 시작합시다」 » be all set to go 「준비가 되어 있다」. 여기에서 to go는 생략할 수 있다.

참석자들에게 그것을 나누어 주십시오.

**Pass them out to the people attending.**

↳ pass out는 목적어가 있으면 「~을 나누어주다」, 목적어가 없으면 「기절하다」 「술 취해 녹초가 되다」라는 의미가 되므로 주의. pass out 대신에 hand out를 써도 좋다.

자, 어디서부터 시작할까요?

**Now, where would you like to start?**

이 부분부터 시작합시다.

**Let's start with this point.**

↳ 발표회 등에서 이야기를 꺼낼 때 사용한다.

우선 사무처리의 변경에 대해서 거론하기로 합시다.

**First, let me touch on some administrative changes.**

• touch on ~에 관해서 조금 이야기하다

우선 누가 갈 것인가를 결정하면 어떨까요?

**To start with, why not decide on who all is going?**

• to start with 일단은, 우선 먼저 (= to begin with)

기탄없이 이야기 해 봅시다.

**Let's talk it all out.**

• talk out 기탄없이 이야기하다, 철저하게 논하다

## B 본론으로 들어갑시다 #52

본론으로 들어갑시다.

It's about time we got to the meat of the matter.

↪ get to the meat of the matter 「사물의 표면적인 일(표피)이 아니라 본질적인 부문(살)에 다가가다」에서 「본론에 들어가다」

= It's about time we got down to the nitty-gritty

*cf.* get down to the nitty-gritty 본론에 들어가다

nitty-gritty 핵심

본론으로 들어갈까요?

Shall we get down to business?

= Why don't we get down to brass tacks? » brass tracks 요점, 중요한 사항

= What do you say we get to the meat of the matter?

- get down to business 본론[일]에 착수하다

가격문제로 들어갑시다.

Let's get right to the price issue.

- get right to ~에 곧 착수하다

빨리 본론으로 들어갑시다.

Hurry up and get to the point.

누가 그 심각한 문제를 끄집어 냈지요?

Who initiated the serious stuff?

- initiate ~을 시작하다
- the serious stuff 중대한 이야기, 심각한 문제

## C 다음 화제로 넘어갑시다 #52

자, 그럼, 다음 화제로 넘어가죠.

Now, let's move on to the next item on the agenda.

- move on to ~으로 나가다
- agenda 의안(서)

가격문제는 우선은 놔두고 다음 의제로 넘어갑시다.

Let's set the price issue aside and move on to the next item on the agenda.

- set~ aside ~을 보류하다

그것은 보류하고 다른 문제로 넘어가죠.

I move we table it and move on to something else.

↪ I move는 「~을 제안합니다」. table은 「보류하다」 「선반에 올려놓다」. 영국 영어에서는 table이 「제안으로 내놓다」의 의미가 되므로 주의가 필요.

딱딱한 이야기는 그 정도로 합시다.

Shall we put a stop to the serious talk about here?

CASE 5

## D 이야기를 처음으로 돌립시다 #52

| | |
|---|---|
| 그 이야기의 처음으로 돌아갈까요? | Shall we get back to the topic at hand? |
| 자, 그럼, 납기 문제로 돌아갑시다. | Now, going back to the subject of delivery deadline.<br>↪go back to 「이야기를 돌리다」. go 대신에 get을 사용해도 된다.<br>• delivery 배달, 인수 |
| 가격에 대한 이야기로 돌아갈까요? | Could we go back to the price? |
| 자, 출발점으로 돌아와 생각해 봅시다. | Now, let's go back to where we started. |

## E 의견을 말하다 #52

| | |
|---|---|
| 저는 반대합니다. | Let me play the devil's advocate for a minute.<br>↪play the devil's advocate 「감히 반대의 입장을 취하다」. 논의를 깊게 하기 위해서 반대 의견을 말할 때의 상투적인 말. |
| 지금 한 말은 철회합니다. | I take that back.<br>• take ~ back (말을) 취소하다, 철회하다 |
| 이쯤에서 문제를 분명히 합시다. | Let me clarify what's going on here. |

## F 표결을 하다 #52

| | |
|---|---|
| 여기서 표결할 것을 제안합니다. | I propose we take a vote on it right now.<br>• take a vote on ~ ~에 대해 표결하다 (= vote on ~) |
| 거수로 결정합시다. | Let's have a show of hands.<br>• have a show of hands 거수로 결정하다 |
| 찬성하는 사람은 손을 들어 주십시오. | All in favor, raise your hand.<br>• in favor 찬성의 |

## G 타협에서 흔히 사용하는 말 #52

| | |
|---|---|
| 좋은 생각이 있으면 제출해 주십시오. | Come up with a good idea.<br>• come up with ~을 생각해 내다, ~안을 제출하다 |
| 상황을 간단히 설명하시오. | Give me a rundown of the situation.<br>• rundown 요약 |
| 분명한 것은 아직 말할 수 없습니다. | I still can't say for sure. |

| | |
|---|---|
| 분명한 건 아직 모릅니다. | There's nothing definite yet. |
| 그곳에 쓰인 대로입니다. | It's all right there.<br>• be all right there 거기 있는 대로다 |
| 여하튼 제가 들은 바로는 그렇습니다. | That's the feedback I'm getting anyway.<br>↳ feedback「정보」. 원뜻은「좌우지간 그것이 내가 얻고 있는 정보다」<br>↳ "There's no way our proposal will fly as is. **That's the feedback I'm getting anyway.**"—"You want to withdraw it or what?"「지금 이대로는 우리 제안이 통할 리 없습니다. 적어도 제가 들은 바로는」「철회하든지 뭔가 하고 싶어?」<br>» there's no way ~할 리가 없다<br>» fly (안이)통과하다<br>» as is 현재 상태로는 |
| 뻔한 일이죠. | It's cut-and-dried.<br>• cut-and-dried 틀에 박힌, 평범한 |
| 어쩔 수 없는 일입니다. | I guess there's no way of getting around it. |
| 반드시 그것을 언급하려고 하고 있습니다. | I always make a point of mentioning it.<br>• make a point of ~ing 반드시 ~하도록 하고 있다 |
| 그 제안은 어떻게 돼 가고 있어? | How's the proposal coming along?<br>↳ "**How's the proposal coming along?**"—"So far, so good."「그 제안은 어떻게 돼가고 있습니까?」「지금까지는 순조롭습니다」<br>» So far 지금까지 (= until now = thus far) |
| 제 제안을 보셨습니까? | Have you taken a look at my proposal?<br>= Have you looked over my proposal? » look over 검토하다 |
| 뭔가 나쁜 일이라도 있습니까? | Is there something wrong? |
| 대상은 어떤 사람이지? | What kind of people is it targeted at?<br>↳ 고객의 대상을 물어보는 문장. |
| 이런 견적으로는 회의에 통과하지 못해. | This estimate won't make it through the conference.<br>• estimate *n.* 견적(서)<br>• make it through 잘 ~을 거치다 |
| 가격문제로 끈질기게 말하는 건 그만 두었으면 해. | I wish you'd quit harping on the cost.<br>↳ harp는 하프를 칠 때의 손의 움직임이 되풀이 되는 것에서「같은 말을 되풀이해서 말하다」의 뜻. |
| 마케팅 문제에 쓸데없는 말참견을 하지 마. | You shouldn't stick your nose into marketing matters.<br>= Marketing matters are not your business. |

CASE 5

= You should keep your nose out of marketing business.

↳ stick one's nose into 「코를 들이박다」가 원래의 의미. 「쓸데없는 말참견을 하다」의 의미로 사용된다. matters 대신에 problems를 써도 좋다.

사전조사를 위해서 특별 전담팀을 만듭시다.

Let's put together a task force to make a preliminary study.

- a task force 특별 전담팀
- a preliminary study 사전조사

카탈로그를 새로 만들어야 합니다.

We need to spiff up the catalog.

↳ spiff up 「겉보기를 좋게 하다」 「옷을 차려 입다」. 카탈로그의 쇄신과 점포의 개장 등에 대해서 사용한다. renewal은 「도시의 복구」와 「미술품의 복원」 등에 대해서 사용하는 말로, 이 경우에는 사용할 수 없다.

지금 물러서기는 너무 늦었습니다.

It's too late to back out now.

급하게 결론을 낼 필요는 없습니다.

There's no need to rush a decision.

- rush a decision 급하게 결론을 짓다, 속단하다 (= jump into decisions)

초안을 만드는 데 상당히 시간이 걸렸습니다.

I spent a lot of time preparing the first draft.

오랫동안 간직해 온 계획입니다.

It's a concept I've kept on the back burner for years.

- keep~ on the back burner 실현을 뒤로 미루게 하다
- on the back burner 뒤로 이루어져, 다음 차례로
- on the front burner 최우선 사항으로

*cf.* back burner 렌지 등의 버너; 잠정적인 연기

이사회는 이번 주주총회에서 모든 것을 공개적으로 할 것을 결정했습니다.

The board has decided to let it all hang out at this shareholder's meeting.

↳ let it all hang out는 「숨기지 않다」 「솔직하게 모든 것을 말하다」의 구어적 표현이다.

- board 이사회 (= board meeting = board of directors)
- share holder's meeting 주주총회 (= stock holder's meeting)

현실적으로 선택의 여지는 하나밖에 없는 것으로 보입니다.

It looks to me like there's only one real option.

- a real option 현실적인 선택의 여지

이 프로젝트는 무역회사와 손을 잡고 추진하고 싶습니다.

We want to team up with a trading company on this project.

= We want to collaborate with a trading company on this project.

↳ team up은 다른 기업 등과 「손을 잡고」 작업과 프로젝트를 추진할 경우에 사용되어진다.

| | |
|---|---|
| 좀더 상세한 정보를 얻을 때까지 그 사안은 보류할 것을 제안합니다. | I move we hold the matter in abeyance until we get further information.<br>• hold~ in abeyance ~을 보류하다<br>• abeyance 일시적 중지, 중단 |
| 제가 아는 사람 몇 명에게 타진해 보지요. | I'll sound out a few people I know.<br>↪ sound out는 「(간접적으로 혹은 은근히 상대에게 제의하여 그 반응에서) 상대의 마음, 의향, 속셈을 탐색하다」 |
| 내일 아침 회의에서 당신의 제안을 다시 한 번 밀어보지. | I'll give your proposal another push at the meeting tomorrow morning.<br>• give~ a push ~을 한 번 밀다 |
| 이 건은 이사회에 일임합시다. | Let's leave this matter up to the board. |

## H 교섭에 대한 경과와 판단 #53

| | |
|---|---|
| 우선 상대방의 입장을 들어보자. | Let's get their side of the story first.<br>= Let's hear what they have to say first.<br>↪ side of the story (이야기의 국면)에 소유격을 붙이면 「~의 주장」. |
| 상대의 제안을 다시 검토할 것을 권고하는 바입니다. | I recommend you take another look at their proposal.<br>= I recommend you give their proposal a second look.<br>» give ~ a second look at ~ ~을 다시 한 번 살펴보다, 검토하다<br>↪ take 대신에 have를 사용해도 좋다. |
| 그들에게서 지금까지는 이렇다할 반응이 없습니다. | We haven't heard a peep out of them so far.<br>• have[be] not heard a peep out of ~로 부터 아무 말도 들려오지 않는다, ~이 이렇다 저렇다 말이 없다 |
| 그들은 갑자기 가격 인하를 요구해 왔습니다. | They asked for a discount right off the bat.<br>• right off the bat 처음부터, 갑자기 (= out of blue) |
| 그들은 말도 안 되는 요구를 해 왔습니다. | They wanted an arm and a leg.<br>↪ want an arm and a leg 「팔목 하나와 다리 하나를 갖고 싶어하다」에서 「터무니없는 요구를 하다」 |
| 그들은 모든 대금을 현금으로 일괄지불 해 주었으면 합니다. | They insist we pay cash on the barrel for everything.<br>• pay cash on the barrel 현금으로 일괄지불하다 |
| 비용면에서 절충이 이루어지지 않습니다. | We can't reach an agreement on expenses.<br>• reach an agreement on ~ ~에 대해 절충하다 (= have a compromise on ~) |
| 그들은 최종가에 대해서는 어물어물 넘기고 있습니다. | They were fuzzy about the final prices.<br>• be fuzzy about ~을 분명히 하지 않다 |

구체적인 문제에 대해서는 머뭇거렸습니다.

They fudged on answering specific questions.

• fudge on 속이다, 어물어물대다

누가 운송료를 부담하지?

Who's going to bear the cost of shipping?

• bear the cost 경비를 부담하다
• cost of shipping 운송료 (= shipping cost)

그들은 가격에 대해서는 얼버무렸다.

They hedged when asked to pay for the price.

• hedge 얼버무리다, 애매한 답을 하다

그들은 가격에 대해서 구두로 약속했습니다.

They gave us a verbal commitment on the price.

= They made us a verbal agreement.

↳ verbal commitment는 「구두 약속」의 의미로서 「말뿐인 약속」이라는 부정적인 뉘앙스는 없다.

↳ "**They gave us a verbal commitment on the price.** I don't think there'll be any problem."—"Why didn't you get something in writing?"—"I thought a verbal commitment was enough." 「상대는 가격에 대해서 구두 약속을 해 주었어요. 그래서 아무 문제도 발생하지 않을 걸로 생각합니다만」 「어째서 서면으로 받아두지 않았어?」 「구두 약속으로 충분하다고 생각했습니다」

» get~ in writing ~을 서면으로 받다

• verbal contract 구두 계약 *cf.* written contract 문서 계약

나라면 그 가격에 대해서는 다시금 확인하겠어.

I'd make doubly sure of the price if I were you.

↳ make doubly sure는 「재차 다짐을 받다」 「재확인하다」. sure 다음에 문장이 오는 경우도 있다.

상대의 요구는 합당하다고 생각해.

I don't think their demands are out of line.

• out of line 상식을 벗어나다

그 상황에서 속단하지 않을 수 없었어.

Under the circumstances, I had to make a snap decision.

↳ snap은 「손가락을 울리는 일」로 「간단」이라는 뜻. 「속단」은 중립적인 표현이지만, "a snap decision"은 「충분한 고려를 거치지 않은 결정」이라는 약간 부정적인 뉘앙스로 쓰여지는 일이 많다.

빈 손으로 그곳에 갈 수 없어.

We can't go there empty-handed.

↳ 가지고 가는 것의 대상으로는 술과 과자 등이며, 상대에 따라서는 구미가 당기는 기획안과 솔깃한 정보라도 좋다.

은근히 무례한 대접을 받았습니다.

We were greeted with polite disdain.

• with polite disdain 은근히 무례한

실제 담당자와 일대일로 이야기하고 싶은데요.

I'd prefer to go head-to-head with whoever is in charge.

- go head-to-head 일대일로 싸우다
- be in charge 책임지다 (= be responsible with)

## | 이야기가 잘 끝날 것 같다, 틀린 것 같다 #53

| | |
|---|---|
| 마침내 모든 것이 해결될 것 같습니다. | Everything will finally be settled.<br>↪ 「문제가 끝날 것 같다」라는 의미. |
| 이해가 일치하고 있는 모양이야. | There seems to be a compatibility of interest.<br>• compatibility 일치, 양립 |
| 기획 내용에 대해서는 거의 절충이 이루어졌습니다. | We've reached a basic agreement on the contents of the plan. |
| 선택의 여지를 두 가지로 좁힐 수 있었습니다. | We succeeded in narrowing the choices down to two.<br>= We succeeded in getting the choices down to two.<br>↪ narrow down 「(선택범위를) 좁히다」. down은 생략하는 일도 있지만 「좁히다」라는 의미를 분명하게 전하고 싶을 때에는 down을 붙이는 편이 좋다. |
| 그 점이 마음에 들었습니다. | That's what caught our eye.<br>• catch someone's eye ~의 시선을 끌다 |
| 협상이 성공적으로 마무리 되었습니다. | Negotiations have been successfully completed. |
| 계약을 무사히 끝냈어. | We closed the contract without a hitch.<br>• close 끝을 보다, 끝내다<br>• a hitch (중지와 연기 등의) 장애 |
| 고객에게 인정을 받았어. | We got the nod from the client.<br>= The client gave us the nod.<br>↪ 권투에서 레프리가 승자를 향해서 수긍하는 것에 유래하는 표현.<br>• get[give] the nod 승인되다, 승리를 얻다 |
| 그들을 설득하는 데 고생했어. | I had a tough time convincing them.<br>• have a tough time ...ing ~하는 데 괴로운 시간을 보내다, ~하는 데 고생하다 |
| 그들이 49%를 먹게 하는 데 굉장히 고생했습니다. | We had a lot of trouble getting them to swallow 49 percent.<br>• have trouble ...ing ~하는 데 수고하다<br>• swallow ~을 삼키다 |
| 이 일은 거절하는 편이 좋겠어. | We'd better turn down this job.<br>• turn down 거절하다(= reject) |

CASE 5

상대의 제안을 거절해.

Turn down their proposal.

↪refuse는 단호하게 거절, decline은 refuse보다 약한 거절, reject는 refuse보다 더욱 강한 태도로 거절하는 것이다.

그곳과의 계약은 포기하는 쪽이 좋아.

I suppose we might as well give up on that contract with them.

• might as well ~하는 편이 좋다

분에 넘치는 행동은 그만 두는 게 좋아.

Let's not bite off more than we can chew.

↪bite off more than one can chew 「물어서 부술 수 있는 이상의 것을 물어서 자르다」에서 「분에 넘치는 일을 하다」.

상대회사로부터 오늘 손을 뗀다는 전화가 걸려왔습니다.

They called today to beg off.

• beg off (의무, 약속을)핑계를 붙여 거절하다

## G 전력을 짜다 #53

회의의 작전을 짜야해.

We have to come up with a game plan for the meeting.

• a game plan for ~ ~에 대한 작전

회의 전에 그것에 대한 의견조정을 해 둡시다.

Let's get our signals straight on it before the meeting.

• get one's signals straight 의견을 조정하다

그렇게 하면 회의 전에 의견조정을 할 수 있습니다.

That way, we can get our signals straight before the meeting.

↪that way를 부사적으로 사용해서 「그렇게 하면」. 제안의 근거와 유리한 점을 설명할 경우에 사용할 수 있는 표현.

↬"Why don't we get together for breakfast? **That way, we can get our signals straight before the meeting.**"—"Sure."「아침식사 함께 어떻습니까? 그렇게 하면 회의 전에 의견조정을 할 수 있습니다」「그렇게 합시다」

우리가 원하는 가격으로 하는 데 조금의 흥정이 필요합니다.

We're gonna have to do a bit of horse-trading to get our price.

↪horse-trading 「흥정」. 한국어의 「흥정」보다도 공격적인 이미지가 강하다.

그렇다면 그들이 유리하겠지.

That would be in their interest.

↪interest는 금전적인 일만이 아니라 넓은 의미에서의 「이익」「유리」.

↬"They want to hold the negotiations in Hong Kong."—"Sure, **that would be in their interest.**"「상대는 홍콩에서 교섭을 하고 싶은 모양입니다」「그야 그렇지, 그 편이 녀석들에게 유리하기 때문이지」

가능하면 원만하게 수습하도록 노력해 보겠습니다.

I'll do my part to try to keep it as ami-cable as possible.

- do(perform) one's part 자신의 역할을 수행하다
- keep~ amicable ~을 원만하게 수습하다

다른 방향으로 접근해 보겠습니다.

Let's try attacking from a different angle.

당신은 더 이상 사태를 관망만할 수는 없어.

You just can't sit on the fence any longer.

↪ sit on the fence 「울타리 위에 (양자의 사이에) 앉다」에서 「어느 쪽에도 가담하지 않는 태도를 취하다」의 의미로 보통 나쁜 뜻으로 쓰인다. sit 대신 be, stand를 쓸 수 있다.

그들의 계획에 대해 회의가 큰데.

I have lots of reservation about their projections.

= I have my doubts about their projections.

↪ reservation은 「예약」이 아니라 「유보」 또는 「회의」의 뜻.

↪ "I, for one, think we shouldn't jump into this."—"I don't see why."—"Well, **I have lots of reservations about their projections.**"「나 개인으로서는 이것에는 달라붙지 않는 편이 좋다고 생각합니다만」「어째서?」「그들의 전망에는 커다란 의문이 남아 있습니다」 » I, for one 나 개인으로서는 » jump into ~을 과감히 하다

지금 손을 빼는 게 옳아.

Backing out now makes sense.

- back out (계약·기도 등에서) 손을 빼다
- make sense 도리에 합당하다, 타당하다

상대의 조건을 받아들일 거야.

We'll go along with their terms.

신중한 방침을 택하는 게 좋다고 생각해.

I think a cautious policy is the way to go.

- a cautious policy 신중한 방침

선택의 여지를 남겨 두는 편이 좋아.

You're better off leaving your options open.

↪ "be better off doing"은 「~하는 편이 좋다」, open은 「미결정의」 의미. leave one's options open은 「선택권을 행사하지 않고 놔두다」「선택의 여지를 남기다」. leave대신에 keep을 써도 좋다.

탈출구를 남겨 두는 편이 좋아.

Be careful not to burn any bridges.

= You should hedge your bets.

↪ burn one's bridges라고 하면 「자신이 건너온 다리를 태우다」로 「도망갈 길을 없애다」「배수의 진을 치다」의 의미가 된다. 그것을 부정한 형태로 「탈출구를 남겨 두다」.

## K 속내를 보이다·보이지 않다 #54

우리의 속마음을 보이지 말자.

Let's play our cards close to the chest.

↪ 카드게임에서 온 표현. 원래의 의미는 「카드를 자신의 가슴에 가까이하고 게임을 하다」에서 「손바닥을 보이지 않다」「신중하게 하다」.

어렵지만 지장없도록 대답해 두겠습니다.

I'll word the answer in diplomatic terms.

| | |
|---|---|
| | • in diplomatic terms 지장이 없는 상태로 |
| 아는 척은 하지 않았습니다. | I didn't let on that I knew anything.<br>• let on that ~을 하다 |
| 요점을 간단히 설명했습니다. | I'll just touch on the main points. |
| 상대방은 그것을 언제까지나 알지 못하고 있다고 생각합니다. | I doubt they'll ever get wise to it.<br>= I doubt they'll wise up to it.<br>↪ get wise to 「~에 대해서 현명해지다」에서 「~을 알아차리다」. |
| 새로운 프로젝트 이야기는 꺼내지 마. | Don't bring up the new project.<br>• bring up ~ ~을 제기하다 |
| 상대에게는 돌려서 말해. | Just tell them in a nice way.<br>↪ in a nice way 「상냥한 방법으로」가 원래의 뜻으로 「은근히」 「멀리 돌려서」의 의미. |
| 상대방이 어떻게 나오는가 보고 합시다. | Let's wait and see what they do first.<br>↪ "Should we tell them what our terms are first?"—"No, **let's wait and see what they do first.**" 「이쪽에서 조건을 제시합니까?」 「아니, 상대방이 어떻게 나오는가를 보고 합시다」 |
| 지금은 그들 차례야. | The ball's in their court.<br>↪ 「공은 그들의 코트에 있다」에서 「그들의 차례다 (따라서 이쪽은 움직이지 말고 그들의 움직임을 기다리자)」의 의미. |
| 그들의 답장을 기다리고서 대처 합시다. | I think we should bide our time and wait for them to answer.<br>• bide one's time 때를 기다리다 |
| 가만히 기다려. | Sit tight.<br>↪ Sit tight 「가만히 있다」. 상대의 동향을 기다리는 장면 등에서 사용. |

## L 의향을 전하다 #54

| | |
|---|---|
| 손을 잡지 않겠습니까? | What do you say to joining forces?<br>↪ What do you say to...? 「~은 어떻습니까?」. to 뒤에는 동사의 원형이 오지 않고 명사나 동명사가 따라옴에 주의.<br>• join force 힘을 합치다 (= ally) |
| 이(일)에 같이 (손잡고) 해보지 않겠습니까? | What do you say to going in on this together?<br>• go in on ~에 참가하다 |
| 우리 회사는 출판그룹과 합작계약을 맺었습니다. | We entered into a joint-venture agreement with a publishing group.<br>↪ 「(건물에) 들어가다」. 경우에는 into는 필요없지만 비유적으로「(제휴·계약 등의 상태에) 들어가다」의 경우는 into가 필요하다. |

- enter into an agreement 계약을 체결하다
  (= enter into a contract = make a contract)
- lease agreement 임대차 계약서

최근의 사업에 대해서 대략적으로 설명해 주셨으면 합니다.

Could you give me a quick rundown on your recent projects?

- a rundown 개요 (= outline)

좀더 구체적인 의견을 듣고 싶었다.

I was hoping he'd go a little more deeply in to the matter.

= I'd have like to see him delve a little deeply into the subject.

- delve 파내려가다

자세한 내용은 어차피 뵙고 설명하겠습니다.

I'll come to see you sometime to explain the details.

↪ "I'm in a hurry today, so I'll have to be going now."—**"I'll come to see you sometime to explain the details."** 「오늘은 시간이 없어서 실례를 해야겠습니다」「자세한 내용은 어차피 뵙고서 설명하겠습니다」

우리 회사도 그 계획에 참여하고 싶군요.

I'd say we want in on this idea.

↪ want in 「참가하고 싶어하다」가 원래의 뜻. 거기서 「의욕」.

이 일은 기밀사항입니다.

Please remember it's really hush-hush stuff.

↪ hush 「조용히 하라!」라고 제스츄어로 표현할 경우의 「쉬–」라는 의성어에서 hush-hush로 「극비의」가 되었다.

그렇게 하는 데는 문제가 없습니다.

We have no problems with that.

- have no problems with ～으로 아무런 이의도 없다, ～으로 아무런 문제도 없다

문제가 있어?

What seems to be the trouble?

당신네쪽의 일을 방해하는 일만큼은 하고 싶지 않습니다.

The last thing we want to do is get in your way.

- The last thing we want to do is ～만큼은 하고 싶지 않다
- get in someone's way ～의 방해가 되다

호의로 받아들이기로 했습니다.

We've decided to take you up on your offer.

- take A up on B A로 B를 받아들이다

좋은 답을 기다리겠습니다.

I'm looking forward to a favorable response.

- look forward to~ ing ～을 학수고대하다

## M 구체적으로 들어가다 #55

좀더 분명한 답을 주시지 않겠습니까?

Can't you give me a less equivocal answer than that?

• equivocal 확실치 않은

알겠습니까, 변명은 우리들에게 안 통합니다.

Look, we don't want any sob stories.

• a sob story 변명, 핑계

흥정은 그만하고 서로 솔직하게 이야기합시다.

Let's quit playing games and start leveling with each other.

• level with ~과 털어놓고 이야기하다

우리는 정정당당히 하고 싶습니다.

We want to keep things above board.

= Everything should be on the up and up.

↳ above board 「탁상에서」 즉, 모두들 보이는 곳에서 거래를 하는 것에서 「정정당당한」의 의미. 상대로부터 부정한 낌새가 있을 경우에 이 말을 사용해서 거절한다. 그 가벼운 표현이 "on the up and up"이다.

다시 한 번 고려해 주지 않겠습니까?

Won't you reconsider?

그건 알고 있지만 이번은 특별한 경우입니다.

I can understand that, but this is special.

어떻게 안 되겠습니까?

Can something be done?

잘 부탁드립니다.

Please see what you can do.

↳ "**Please see what you can do.**"—"I'd really like to help, but..." 「부탁드리겠습니다」 「도와 드리고 싶은 생각은 굴뚝같습니다만...」

그런 방법은 우리회사에서는 통하지 않을 겁니다.

That certainly wouldn't wash in my company.

• wash 받아들일 수 있다, 통용하다

대가가 반드시 있을 겁니다.

This is going to cost you.

↳ 막하는 심한 말로 사용할 수 있는 표현. 손해를 입힐 수 있다는 표현.

## N 조건 · 돈 이야기를 하다 #55

조건은 무엇입니까?

What are the terms?

↳ term은 「용어」 「조건」 「기간」 「조항」 등의 의미로 사용된다.

이 조건은 어떻습니까?

Are these terms suitable?

• suitable 적합한 (= proper)

틀림없이 될 수 있을 겁니다.

It should be manageable.

↳ manageable 「그럭저럭 되다」 「가격」 「납기」 「수량」 등의 조건에 대해서 말한다.

그쪽의 조건을 받아들이겠습니다.

We're prepared to accept your conditions.
- be prepared to ~ 기꺼이 ~하다, ~할 준비가 되어 있다

조건을 수용할 수 없습니다.

I don't like these terms.
↪ 조건이 마음에 들지 않는다는 뜻.

조건을 수정해 줄 수 없나요?

Can you modify the terms?
- modify 수정하다, 고치다 (= fix = mend)

그런 요구는 수락할 수 없습니다.

We can't accept a demand like that.

이 점만은 양보 못합니다.

This is one point on which I simply refuse to yield.
- yield 양보하다

계산을 해 주시겠습니까?

Could you give me a ballpark figure?
- a ballpark figure 계산, 어림숫자

돈이 문제가 아닙니다.

Price is no object.
- no object 문제로 하지 않는

선금으로 10만불 지불하지요.

We'll pay you $100,000 in advance.
= We'll make an advance payment of $100,000.
↪ **"We'll pay you $100,000 in advance this time."**—"Really? We're delighted to hear that." 「이번에는 10만 불을 선금으로 지불하겠습니다」「정말입니까? 반가운 이야기이군요」
- advance payment 선금, 가불

이것이 저희들이 낮출 수 있는 최저가격입니다.

This is the lowest I can go.

우리가 할 수 있는 최선을 다한 것입니다.

That is absolutely the best we can do.
↪ the best we can do 「마지막 선」. 금전적 조건 이 외에도 사용가능.

터무니없는 가격이군요.

Your demand is way out of line.
↪ way는 강조부사.
- be out of line 상식을 벗어나다, 불균형을 이루다

어떻게 그 돈을 마련하라는 겁니까?

How do you propose we raise the money?
- raise money 돈을 장만하다

견적을 보니 우리의 자금사정으로는 무리일지 모르겠습니다.

I'm afraid your quotation doesn't fit our pocketbook.
- one's pocketbook 주머니 사정
- quotation 견적

애매하게 말씀하지 마시고 얼마를 원하시는지 말해 주십시오.

Quit playing games and tell us how much you want.
- play games 생각하는 척을 하다, 분명히 하지 않다

CASE 5

| | |
|---|---|
| 일만 불로 끝냅시다. | Let's shake on $10,000.<br>• shake on ~ ~으로 악수하다, ~로 끝내다 |

## O 평행선 · 접근 #55

| | |
|---|---|
| 임금문제로 교섭은 평행선을 걷고 있습니다. | Negotiations are deadlocked on the pay issue.<br>↪ be deadlocked(= be stalemated) 「평행선을 걷다」 「교착상태에 빠지다」. 주어에는 「교섭」 외에 「사람」도 온다. |
| 책임소재에 있어서 우리들은 평행선을 걷고 있습니다. | We're deadlocked on who is responsible. |
| 벌써 몇 시간째 가격문제로 답보상태입니다. | We've been at loggerheads on the price for hours now.<br>• be at loggerheads 사이가 빗나가다 |
| 남는 건 경비문제 뿐입니다. | All that remains is the question of finances. |
| 서로 양보합시다. | What do you say to meeting us halfway?<br>• meet (someone) halfway 쌍방이 양보하다<br>• What do you say to ~ing(명사) ~? ~하는 것이 어때요? |
| 양보하는 것이 어떻습니까? | How about coming halfway?<br>• come halfway 양보하다 |
| 절충을 합시다. | Let's find a happy medium.<br>• a happy medium 타협점(타협점을 찾자는 뜻) |
| 이것이 타협할 수 있는 마지막 선입니다. | This is the farthest I can go. |

## P 결정합시다 #55

| | |
|---|---|
| 현실적인 결정을 해야 할 때이다. | It's time for some down-to-earth decision-making.<br>• down-to-earth 현실적인 |
| 지금 정해야 하나요? | Do you need an answer right now?<br>↪ 직역은 「당장 답이 필요합니까?」. |
| 사소한 결정을 내리는데 일일이 조바심 마. | You can't go on agonizing over every little decision.<br>• agonize over ~으로 고민하다, ~로 고통스러워하다 |
| 마침내 방침이 결정되었어요. | We finally decided on a course of action.<br>↪ decide on a course of action 「방침을 결정하다」. of action은 생략 가능. |

그것으로 끝을 냅시다.

Let's shake hands on it.

• shake hands on ~으로 끝을 내다, ~으로 합의하다

이야기를 진행합시다.

Let's get on with it.

• get on with ~을 진행하다

이 건은 이로써 해결된 것으로 하고 싶습니다.

I'd like to settle this once and for all.

↪ once and for all 「이것을 마지막으로」「최종적으로」. and는 생략가능.

신속한 결정 감사합니다.

Thank you for your quick decision.

↪ quick decision 「신속한 결정」, hasty decision 「이른 결정」의 뜻이므로 사용하는 용도에 주의.

## Q 중지합시다 #56

이 이야기는 없었던 것으로 합시다.

Let's just drop the whole matter.

• drop 그만 두다, 중지하다

죄송합니다만, 이 거래는 끝났군요.

I'm sorry, but the deal is off.

• The deal is off 거래는 끝났다

손을 떼겠습니다.

We'd prefer to back out.

• back out 물러서다, 손을 떼다

여러 가지 이유로 인해 우리는 참가하지 않기로 결정했습니다.

One thing led to another, and we decided not to participate.

• One thing led to another, and 계속 여러 가지로 있어서

본사의 의향으로 중단되었습니다.

It was scrubbed on instructions from the head office.

↪ scrub 「문질러서 지우다」에서 「중단하다」.

• head office 본사(= main office = headquarters)

최종 단계에서 상사가 결정을 주저했습니다.

When it came down to biting the bullet, the boss waffled.

• bite the bullet (어려운 상황에서) 용감하게 대적하다

• waffle 말을 얼버무리다, 애매하게 하다

↪ "I thought we were going to dump our CPA."—"Well, **when it came down to biting the bullet, the boss waffled.**" 「회계사를 자를 것으로 생각하고 있었는데」「그게, 막상 결정적인 순간에 윗사람들이 주저한 것입니다」 » CPA는 certified public accountant의 약어로 「공인회계사」 » dump 성가신 것을 몰아내다

계약을 파기하기로 결정했습니다.

We've decided to abrogate the contract.

↪ abrogate 「파기하다」. 비즈니스에서는 문서와 회화에 쓰여진다.

새 차 구입하길 단념했습니다.

We've given up the idea of buying a new car.

CASE 5

↳ of의 뒤에는 ...ing의 형이 오는 일이 많다.

전부 백지로 돌리는 게 좋겠습니다.

I think it would be better if we just forget about the whole thing.

- forget about the whole thing 모두 없었던 일로 하다

이 건은 백지로 돌리고 다시 생각하는 게 좋을 것 같습니다.

I think we're better off going back to the drawing board on this one.

↳ go back to the drawing board 「계획과 기획을 가장 처음 단계로 돌려서 다시 시작하는 일」 단, 「전부 없었던 일로 하다」의 의미로는 사용하지 않는다.

## R 검토합니다 #56

검토중 입니다.

It's under review.

- under review 검토 중인, 재심리 중인

검토의 여지가 있습니다.

There is a bit more room for consideration.

- room for consideration 검토의 여지

자세한 분석이 필요합니다.

It requires a detailed analysis.

곰곰히 생각해 보겠습니다.

I'd like to think it over.

↳ think~ over(= think~twice) 「생각해 두다」 「생각하기 위한 시간을 갖다」라는 의미이고 「완곡한 거절」의 의미는 없다.

↳ "How about our offer?"—"Hmm, **I'd like to think it over.**" 「우리의 제안이 어떻습니까?」 「그래, 생각해 봅시다」

잠시 생각할 시간을 갖고 싶군요.

Let me think it over a little longer.

신중히 답을 주십시오.

I'd like to give you an answer after giving it some thought.

- after giving it some thought 잘 생각하고나서

아직 속단을 내리지 마십시요.

Let's not jump to conclusions just yet.

날짜를 잡아 다시 천천히 이야기합시다.

Why don't we choose another day when we can have some time to talk?

↳ "**Why don't we choose another day when we can have some time to talk?**"—"Well, then, how does Friday at 3 sound?" 「날짜를 잡아서 천천히 이야기합시다」 「그럼,금요일 3시는 어떻습니까?」 » how does ~ sound? (역시 비슷한 뜻으로) ~가 어때? 〈계획이나 의견, 시간 등〉

- Why don't we~? ~하자, ~하는 것이 어때?

금요일까지 확실한 대답을 드리겠습니다.

I'll give you a firm answer by Friday.

↳ give~ a firm answer는 「분명한 답을 하다」 즉, 「태도를 분명히 하다」.

## S 상사에게 상의하다 #56

저에게는 그런 권한은 없습니다.

I don't have the authority to do that.

결정권은 누구에게 있나요?

Who calls the shots?

- call the shots 결정권·지배권을 갖다

상사에게 상담을 해야지.

I have to talk it over with the boss.

상사와 상의없이 제가 그것을 결정할 순 없군요.

I can't do something like that without discussing it with my superior.

제 상사에게 이야기 해 보겠습니다.

Let me check with my superiors.

↳ check with「문제가 없는 것처럼 생각되지만, 참고로 확인해 보다」 정도의 가벼운 의미.

상사와 상담하고 난 후 확답을 드리겠습니다.

I'll give you an answer after I've talked with my superior.

상사에게 이야기하는 편이 좋아.

You'd better check with the boss.

상사에게 이야기를 해 두는 편이 좋아.

You'd better run it by the boss.

- run it by ~에 이야기하다, ~에 말하다

상사들로부터 결제를 기다리고 있습니다.

We're waiting for a decision from the people upstairs.

↳ upstairs는「윗층」의 의미로 여기에서는「신분이나 지위가 높은 사람」을 뜻한다.

회계사에게 양해를 받을 필요가 있습니다.

You need to OK this with the CPA.

↳ OK는 동사로「~에 대해서 양해를 얻다」. CPA는 certified public accountant의 약어로「회계사」.

금고 관리자에게 이야기를 해 보지 않고는 답할 수 없습니다.

I'll have to talk to our financial watchdog before I can say.

↳ watchdog「지키는 개」에서「감시인」.

지금 내년 예산을 짜고 있는 중입니다.

We're in the process of drawing up next year's budget.

↳ in the process of「~하는 과정에 있는」. 여기서의 draw up은「문서를 작성하다」라는 뜻.

- draw up the contract 계약서를 작성하다

부장의 승인이 떨어지지 않았습니다.

The boss refuses to give it his OK.

중역회의의 의견이 분분합니다.

The executive board was divided in its opinion.

CASE 5

| | |
|---|---|
| 그 건에 관해서는 아직 의견이 일치되지 않았습니다. | We're still working toward a consensus on the issue.<br>• work toward a consensus 의견 일치를 도모하다 |
| 상사와 다시금 이야기하러 갑니다. | I'll come back with my superior to discuss it with you. |

## T 결론을 내리지 않았습니다 #56

| | |
|---|---|
| 결론은 나지 않았습니다. | It hasn't been resolved. |
| 결론이 나지 않았습니다. | No conclusions are reached.<br>• reach the conclusions 결론에 도달하다<br>(= come to the conclusions) |
| 아직 미정입니다. | That's still up in the air.<br>↪「하늘에 떠있다」에서「결정하지 않은」「미확정으로」의 의미.<br>↪ "What's the story on the move?"—"Oh, **that's still up in the air.**"「이전 이야기는 어찌된 거야?」「아, 아직 미정이야」 |
| 지금 당장 결정할 수 없어. | I can't say for sure right now.<br>↪ 지금 확실히 이야기할 수 없다는 뜻. |

# 2 지시 · 설명 · Q&A

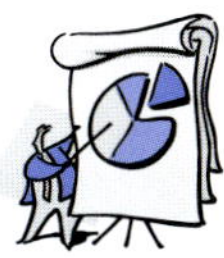

## A 질문하다 #57

담당자는 누구입니까?

Who is in charge?

- the man in charge 담당자, 책임자 (= charger)

이 건의 담당자는 누구입니까?

Who is handling this account?

- account 건, 은행계좌, 거래처(고객)

교섭자는 어느 분입니까?

Who is the contact person?

↪ 어떤 일에서 「외부와의 절충에 나서는 사람」 「교섭자, 중개인」

↪ **"Who is the contact person?"**—"The last I heard, it was Mr. Brown." 「창구는 어느 분이 맡고 있습니까?」 「제가 알고 있는 바로는 브라운이라는 분이었습니다」

누가 서류 처리를 합니까?

Who's going to handle the paperwork?

↪ paperwork 「서류상의 일」 즉, 「사무적인 일」 「사무수속」 「사무처리」

어느 정도 비용이 드는지 아십니까?

Did you find out how much it costs?

↪ understand가 「머리로 이해하다」에 대해서 find out은 「들어서 알다」 「조사해서 알다」.

그의 말을 알아들었어?

Were you able to make sense out of what he said?

- make sense out of ~ 이해하다 (= understand)

↪ **"Were you able to make sense out of what he said."**—"I thought I got the gist of it." 「자네는 그가 하려는 말을 알았어?」 「요점만큼은 알았다고 생각합니다」 » gist 요점, 취지 » get the gist of ~ ~의 요점을 이해하다

대한상사의 결제날이 언제였지?

What date does Daehan trading close their accounts on?

↪ *cf.* close an accounts with ~ ~와 거래를 끊다, 은행계좌를 동결하다

뭘 말하고 싶은 거야?

What are you driving at?

- drive at 말하다, 언급하다

어떻게 대처하면 좋을까요?

How should I handle it?

이 문제는 어떻게 처리할 것입니까?

What do you want to do about this problem?

↪ 의지를 확인할 때 사용하는 표현.

CASE 5

| | |
|---|---|
| 저보고 어떻게 하라는 겁니까? | What would you have me do?<br>↪「당신은 내가 어찌 했으면 좋겠어?」라는 의미. |

## B 충고하다 #57

| | |
|---|---|
| 잊어버리기 전에 메모해 놓는 편이 좋겠군요. | You'd better write it down before you forget.<br>↪write down은 개인이 수첩 등에 기록으로 기입할 적에 사용한다. (= take down, jot down) |
| 문서로 만드는 게 좋을 거야. | I think we should put it in writing.<br>• put~ in writing ~을 문서로 하다 |
| 전체적인 구상은 도표로 그려서 설명하는 편이 알기 쉬울 거야. | The whole concept is easier to express graphically. |
| 쉽게 풀어서 이야기해. | Remember to go easy on the jargon.<br>• go easy on ~ ~을 삼가해서 사용하다<br>• jargon 전문용어, 친구들끼리의 은어 |
| 이런 관청의 용어를 누가 이해할 수 있겠어? | Who could possibly understand all this gobbledygook?<br>• gobbledygook 공문서의 딱딱한 표현 |
| 몇 줄 인용해도 괜찮겠지? | What's wrong with using a few excerpts?<br>↪ **"What's wrong with using a few excerpts?"**—"Technically, we're violating their copyright." 「몇 줄 인용해도 좋지 않습니까?」「엄밀히는 저작권을 침해하는 것이 된다고」 » technically 전문적으로는, 엄밀하게는 |
| 그것은 뒤로 연기해. | Let's put that on the back burner.<br>↪back burner 가스렌지의 안쪽에 있는 음식을 끓이는 데 사용하는 버너. 「버너 속에 둔다」에서 「뒤로 돌리다」. |
| 정확한 계산은 나중에 해. | Let's leave the exact calculations for later. |
| 그것은 회의비용으로 빼. | You can write that off as a conference expense.<br>• write off 경비로 제하다 |
| 모두에게 재촉해 두는 편이 좋아. | You'd better send everyone a reminder.<br>↪reminder 일상어로서는 「생각나게 하는 것」「다짐」. 비지니스용어로서는 「재촉」「독촉」「독촉장」 등을 의미한다. |
| 다른 부서에 협조를 부탁하겠어. | We'll have to ask another department to help out.<br>↪help out은 help보다 강한 의미로 「어려움에서 빼내다」라는 의미. |
| 지금이야말로 비장의 카드를 사용할 때야. | I guess it's time to play our ace in the hole. |

| | |
|---|---|
| | • play an ace in the hole 비술을 사용하다 |
| 아직 비장의 카드를 쓰는 것은 삼가하자. | Let's not play our trump card just yet.<br>= We should not use out trump card just yet.<br>↪trump card 「비장의 카드」로 다른 카드보다 강한 카드를 말한다. |
| 돈만 있으면 뭐든지 할 수 있어. | Money makes the world go round.<br>= Money can do everything. |

## C 지시하다 · 설명하다 #57

| | |
|---|---|
| 시간이 있을 때 해. | Do this when you can. |
| 당장해. | Do this right away.<br>• right away 당장 (=immediately) |
| 이것을 최우선으로 처리해. | This is a top priority.<br>• priority 우선 순위 |
| 이것을 최우선으로 해 주었으면 합니다. | I want you to give this top priority. |
| 적당히 처리해 줘. | Do as you see fit to work this out.<br>↪as one sees fit 「~이 적합하다고 생각하는 것처럼」 즉, 「적당히」.<br>• work out 완수하다, 해결하다 |
| 대신 확인해 줘. | Check into it for me. |
| 대충해도 좋아. | Just give it a once-over.<br>• once-over 대략 조사하는 일 |
| 철저하게 전부 조사해 주었으면 해. | I want you to go over everything with a fine-toothed comb.<br>↪a fine-toothed comb 「살이 가드다란 빗」 with a fine-toothed comb로 「모조리 빠짐없이」라는 뜻. go through를 써도 좋다. |
| 공해정보에 관해서 우리 파일을 빈틈없이 확인해 주었으면 해. | I want you to scour our files for any information on pollution.<br>• scour (뭔가를 찾아서 장소를) 뛰어 다니다, 찾아 돌아다니다 |
| 리포트를 정리해 둬. | Put together a report.<br>↪put together 원래는 「합치다」 「조립하다」의 뜻. |
| 일주일 안에 리포트를 정리해 줘. | You've got a week to put together a report.<br>↪일주일이 걸린다는 뜻. |
| 12월 현재 전 숫자를 고치시오. | Update all figures through December. |

CASE 5

| | |
|---|---|
| 하면서 체크를 끝내 주십시오. | You should check them off as we go.<br>• check off (계산 등을 할 때에) 끝난 것에 체크표시를 하다 |
| 사사오입해서 정수로 해 줘. | Round them off to the nearest whole number.<br>↪ round off 「사사오입」하다. off 대신에 up을 사용하면 「절상하다」 down을 사용하면 「잘라버리다」로 된다.<br>↪ "How accurate do you want the figures?"—"Oh, just **round them off to the nearest whole number.**" 「어디까지 정확한 숫자를 원하십니까?」「아니, 소수점이하는 사사오입해 주면 돼」 |
| 클립으로 고정해 주십시오. | Please clip them together. |
| 모두 회의실에 모이도록 말해 주십시오. | Tell everyone to gather in the conference room. |
| 이번은 특히 포장에 주의를 해 줘. | Take extra care in packing the stuff this time.<br>• take extra care 특별히 주의를 하다 |
| 철저를 기해 줘. | Make sure they all know about it. |
| 자세하게 알려 줘. | Tell me in detail.<br>= Give me the details. |
| 이 서류에 기입해 주십시오. | Please fill in this form.<br>• fill in~ ~에 기입하다, 메우다 (= complete) |
| 우리 fax번호를 빠뜨렸네요. | You left out our fax number.<br>↪ leave out 「깜박 잊어버리다」「효율을 올리기 위해서 생략하다」「고의로 무시하다」와 같은 의미가 있다. |
| 영수증을 끊어 받아 오시오. | Get them to write out a receipt for you.<br>• write out ~을 (생략하지 않고) 적다, 기입하다<br>• receipt 영수증 (= specification) |
| 반드시 영수증을 받아 두시오. | Be sure to get a receipt. |
| 명세를 반드시 첨가하시오. | Be sure to include a breakdown. |
| 그냥 보기만 해. | You just watch.<br>↪ 「그냥 지켜보고 있으시오」라고 상대에게 조용히 지켜볼 것을 요구하는 때의 표현. |

## D 의뢰하다 #57

| | |
|---|---|
| 그 명세를 받을 수 없을까요? | Could you break it down for us? |

일반적인 표현으로 설명해 주십시오.

Could you put that in everyday language for me?

문서로 해 주시지 않겠습니까?

Would you put that in writing?

이 서류를 봐 주십시오.

Would you take a look at this paper?

- take a look at ~ ~을 보다

뒤를 부탁할까요?

Would you take over from here on?

- take over 계승하다

↪ "**Would you take over from here on?**"—"No problem. Just leave it to me." 「뒤를 부탁할 수 있을까?」「좋아, 맡겨 봐」

## E 지시를 받고 #58



다시 하지요.

I'll do it over.

↪ "These figures are wrong."—"Oh! sorry. **I'll do it over.**" 「이 계산 틀렸어」「아, 미안 다시 할게」

잠깐 기다려, 찾아 볼게.

Hang on. I'll look it up.

↪ hang on은 전화 시에 친한 상대에게 하는 말투로도 쓰인다.

다시 한 번 처음부터 설명하지.

Let me explain from scratch.

- from scratch 처음부터

아침에 맨 먼저 검토해 볼게.

I'll look it over first thing in the morning.

↪ "I put a copy on your desk."—"Thanks. **I'll look it over first thing in the morning.**" 「책상에 복사를 해 놓았습니다」「고마워, 아침에 제일 먼저 볼게」

이건 내일까지 연기해야 되겠소.

I'll just put this off till tomorrow.

- put off ~을 연기하다 (= delay = postpone)

대충 보았어.

I gave it a quick once-over.

- a once-over 대충 들여다 보는 일
- give~ a quick once-over ~을 대충 보다

↪ "Have you gotten around to my draft?"—"**I gave it a quick once-over.**" 「저의 원안을 보셨나요?」「대충 보았습니다」

» get around to ~할 여가가 생기다, ~할 기회가 생기다

미리 그들에게 자세히 지시해 놓겠습니다.

I'd spell things out for them beforehand.

= I'd explain things in detail to them beforehand.

↪ spell out 「생략하지 않고 전부 철하다」에서 「자세하게 지시하다」 「자세하게 설명하다」. beforehand 대신 in advance를 써도 좋다.

↪ "OK, I'll let them handle the whole deal this time."—"**I'd spell things out for them beforehand.** After that, leave everything to them." 「그럼, 이번은 모두 그들에게 맡기기로 하지」 「나라면 미리 자세하게 지시를 해 두겠어. 그리고서 전부 맡기는 거야」

그가 저에게 가도록 설득을 했습니다.

He talked me into going.
• talk someone into ~ing ~하도록 ~을 설득하다

## F 언제까지 하면 됩니까? #58

마감은 언제입니까?

What's the deadline for this job?

기일은 언제이지요?

What's the due date?= When's the due date?
↪ the due date는 현금, 어음의 「지불기일」, 서류의 「제출기한」, 원고의 「마감」 등 폭넓게 쓰여지는 표현. what대신 when으로도 좋다. 「세금 납부기일」이라고 말하고 싶으면 for tax payment를 덧붙인다.
↪ "We have another tax payment coming up."—"**What's the due date?**"—"July 10th." 「다시 세금납부를 해야 하는군」 「기일이 언제지?」 「7월 10일이야」 » come up 다가오다

언제까지 하면 좋습니까?

By when do you want it?

어느 정도 시간을 주시겠습니까?

How much time do I have?

마감은 20일로 앞당겨졌습니다.

The due date has been moved up to the 20th.
↪ up대신에 back을 사용하면 「순연하다, 연기하다」
↪ "Did you get the word on the due date?"—"No, I don't believe I have."—"**It has been moved up to the 20th.**" 「마감이 언제인지 알아?」 「아니, 모르는데」 「20일로 당겨졌어」
» get the word 정보를 얻다

10분 기다려 주시겠습니까?

Can you give me 10 minutes?

2,3일 시간을 더 주시겠습니까?

Can you give me a couple of days?

천천히 해도 좋습니다.

Take your time.
↪ 휴일에 한가롭게 지내는 것도 일을 천천히 하는 것도 'take your time'을 사용. 한가롭게 지내고 있는 사람을 향해서 「빨리 해라」고 말할 때는 "Stop taking your time and hurry up!" 「한가롭게 있지 말고 빨리 해!」

급하지 않아요.

There's no rush.
↪ "I'll call you back in an hour."—"That's OK. **There's no rush.**" 「한 시간 안에 다시 전화할게」 「아니야, 급하지 않으니까 괜찮아」

나머지는 급하지 않아.

The rest can wait.
↪ 「나머지는 기다릴 수 있다」의 뜻.

이 달 중으로 끝내야 돼.

We have till the end of the month to finish it.
↪ 「월말까지」를 「끝내기 위한 시간으로서 갖고 있다」라는 뜻.

이것은 오늘 제출해야 돼.

This has to go out today.

| | |
|---|---|
| | • go out 제출하다 (= submit) |
| 무슨 일이 있어도 내일 아침까지 수정해야 돼. | We have to fix it by tomorrow morning no matter what.<br>• fix 고치다, 수정하다 (= revise, adjust)<br>• no matter what 무슨 일이 있어도 (= whatever) |

## G 잘 해낼지 어떨지? #58

| | |
|---|---|
| 빡빡한 스케줄이군요. | This is a tight schedule.<br>↳ "**This is a tight schedule.**"—"Do everything you can do to meet it." 「빡빡한 스케줄이군요」「어떻게든 시간에 맞춰 줘」 |
| 스케줄이 너무 빡빡합니다. | The schedule is just too demanding. |
| 시간의 여유가 없습니다. | I can't afford the time. |
| 시간적으로 전혀 여유가 없습니다. | I don't have a minute to spare.<br>↳ spare 「(시간 등을) 쪼개다」「나누어하다」 거기서 전체로 「쪼갤 시간이 없다」, 즉 「여유가 없다」의 의미. |
| 자유 시간이 없네요. | I don't have a free moment. |
| 일 때문에 꼼짝할 수가 없군요. | I'm tied up. = I'm tied up in work.<br>↳ 일로 묶여 있다. |
| 급한 일로 손을 뗄 수 없습니다. | I'm tied up with something urgent.<br>• be tied up with~ ~으로 묶여 있다, ~때문에 바쁘다 |
| 지금 한참 바빠. | My hands are full right now.<br>↳ 「두 손이 가득하다」라는 의미로 「바쁘다」라는 뜻. |
| 지금 하고 있는 일로 무척 바빠. | I've got my hands full with the work I'm doing now. |
| 일손이 부족해. | I don't have enough help. |
| 일손이 부족해. | We're short-handed.<br>• short-handed 일손부족의 |
| 지금의 인원으로서는 무리입니다. | That's impossible with the number of people we have now. |
| 날림 공사가 될 거야. | It's going to be a rush job.<br>• rush 급한, 서두르는 • a rush job 거친 일, 날치기 일<br>↳ "They want it by tomorrow."—"OK, but **it's going to be a rush job.**" 「내일까지 끝내야 돼」「알았어, 하지만 날림이 될거야」 |

CASE 5

# 3 진행상황에 대해서

## A 마감이 박두했습니다 #59

마감날이 임박했어.

The deadline is coming up.
- come up 다가오다 (= approach)

마감까지 일주일밖에 남지 않았어.

The deadline's just a week away.

마감시한이 다 되어가고 있어.

Time is fast running out.
↳ 시간이 다 되어가는 것.

재촉하지 않으면 안 되겠어.

We should start pushing them.

시간을 벌어두지 않으면 안 돼.

You're going to have to play for time.
= You're going to have to gain time.
= You're going to have to buy time.
↳ play for time은 「시간을 늘리기 위해서 이런저런 수를 쓰다」라는 뜻. play대신에 stall을 사용해도 좋다.
↳ "They're talking about coming in this week."—"Oh, no Nothing's ready yet. **You're going to have to play for time.**" 「그들이 다음 주 온다고 했습니다」「이런, 아직 준비가 안 되어있어. 시간을 벌어 두어야겠군」 » come in 오다, 방문하다

## B 언제 됩니까? #59

언제 준비됩니까?

When will it be ready?

보고서 준비되었나요?

Is the report ready?
= Are the papers ready?
= Have you finished the report?

내일 아침까지 보고서를 끝낼 수 있습니까?

Can you have the report done by tomorrow morning?

어떻게 되어가고 있어?

How are things going?
↳ 일의 진행 상태 등을 질문하는 표현.
↳ "**How are things going?**"—"So far, so good." 「어떻게 되어가고 있어?」「지금까지는 순조로워」

어째서 일에 진척이 없지?

What's the holdup?
- holdup 장해, 곤란의 원인

## C 순조롭게 진행되고 있습니다 #59

착착 진행되고 있습니다.

It's moving right along.

↪ "How's the construction going?"—"Oh, **It's moving right along.** We're about a month ahead of schedule." 「공사는 어떤 상태야?」「응, 착착 진행되고 있어. 계획보다 한 달 빨라」

순조롭게 진행되고 있습니다.

It's moving along at a good pace.

= It's moving along steadily.

현재로는 순조롭습니다.

So far, so good.

= Everything's going smoothly at the moment.

- so far 현재로는, 지금까지 (= until now)

지금까지는 문제없습니다.

There are no problems so far.

예정보다 2일 정도 앞서고 있습니다.

We're about two days ahead of schedule.

↪ schedule 대신 time도 좋다. 단, before schedule이라고 하면 잘못.

## D 2, 3일 걸립니다 #59

사무처리에 2, 3일 걸립니다.

We'll need a couple of days to process the paperwork.

= It's take a couple of days to take care of the paperwork.

↪ a couple of ~ 대개 「둘[두 개]」로 해석한다

숫자를 계산해 내는 데 2, 3일 걸립니다.

It will take a couple of days to generate the figures.

금년 내내 걸립니다.

It'll take till the end of the year.

↪ "How long will it be till they're done with the construction?"—"**It'll take till the end of the year.**" 「공사는 어느 정도 걸립니까?」「금년 내내 걸립니다」

오늘 안으로 마무리해 주었으면 합니다.

We'd like to wrap this up today.

= We'd like to get this thing done today.

- wrap up (상담, 협정, 일 등)을 마무리하다

내일은 모두 끝날 것 같습니다.

I should have it all finished by tomorrow.

## E 이제 조금 남았습니다 #59

마침내 전망이 보입니다.

Finally, I can see light at the end of the tunnel.

↪ see light at the end of the tunnel의 직역은 「터널 저편에 빛이 보인다」에서 「(일 등의) 윤곽이 잡히다」「전망이 서다」.

CASE 5

| | |
|---|---|
| 거의 일년 걸렸지만, 마침내 전망이 보이는군요. | It's taken most of the year, but I finally see light at the end of the tunnel. |
| 거의 다 되었어요. | Almost.<br>↳「거의」「좀더」처럼 어떤 동작이 조금만 있으면 완료하는 것을 나타내는 표현.<br>↳» "Has the board made a decision?"—"**Almost.**"「이사회에서는 결론이 나왔어?」「좀더 있으면 거의」 |
| 조금만 있으면 끝날 참이다. | We're almost finished. |
| 90% 정도 끝났습니다. | It's 90 percent finished. |
| 이미 대체로 끝났습니다. | We just about have the problem licked.<br>• just about 대체로<br>• lick 매질하다; 극복하다<br>• have~ licked 처리를 해버리다<br>↳» "How much longer will it be?"—"Oh, another hour or so. **We just about have the problem licked.**"「앞으로 얼마 남었지?」「앞으로 한 시간 정도면 마감이 될 거야」» another~ or so 앞으로 ~정도 |
| 그 문제는 거의 끝냈습니다. | We almost have the problem whipped now.<br>• whip 매질하다, 타파하다<br>• have~ whipped ~을 처리하다 |
| 대체로 끝났습니다. | I'm just about finished with it. |
| 거의 다 끝났습니다. | We're almost there.<br>↳ there는 goal을 말한다. |
| 거기까지 끝내면 이제 안심이야. | Once we get there, we're safe.<br>↳ once는 접속사로「일단(~을 하면)」의 뜻. |
| 지금 마지막 마무리를 하고 있습니다. | I'm putting the final touches on it now.<br>↳ touch「가필」. the final touches는「(불필요한 곳을 없애기 위한) 최종적인 가필」의 의미. 서류 등 각종 작업에 넓게 사용된다. final 대신에 finishing을 사용해도 된다. |
| 지금 한참 마지막 손질중입니다. | We're now in the process of putting the finishing touches on it.<br>↳ process대신에 middle를 사용해도 된다.<br>↳» "How's the proposal coming along?"—"**We're right in the process of putting the finishing touches on it now.**"「기획서의 진척상황은 어때?」「지금 한참 마무리 작업 중입니다」<br>» How's~ coming along?「~의 진전은 어때?」. right은 강조부사. |
| 모든 준비가 끝났습니다. | Everything is all set. |

## F 고비를 넘겼습니다 #60

마침내 고비를 넘겼습니다.

We've finally turned the corner.
= We're finally over the hump with this job. » over the hump 난관을 넘어서
= The hardest part of this job is over.
↳ turn the corner 비유적으로 「어려운 상황을 빠져 나오다」를 나타낸다. 직역 「모퉁이를 돌다」는 의미가 틀리므로 주의가 필요.

이번 주를 넘기면 최악의 고비는 넘기게 됩니다.

Once we get through this week, the worst will be over.
- get through 끝내다 (= finish)

한차례 분발하면 끝납니다.

Just one last push and we're finished.

이 속도라면 틀림없이 시간에 할 수 있습니다.

At this rate, we should just make it.
- at this rate 이 상태로 가면
- just 그럭저럭, 겨우
- make it 시간에 맞추다

## G 시간에 맞추다[되었다] #60

끝났어.

It's done.

시간 내에 서류를 끝냈어.

The paper made it in time.
- make it in time 기간내에 끝나다, 또는 시간 안에 어떤 장소에 도착하다

예정대로 지불을 끝냈어.

We made all of our payments on schedule.

겨우 일단락되었어.

I managed to get it done somehow.
- manage to 그럭저럭~하다, 계속 해 내다 (= contrive to)

최선을 다해서 끝냈어.

It was all I could do to finish it.

## H 시간이 걸릴 것 같습니다[늦어지고 있습니다] #60

시간이 좀 걸릴지도 모르겠습니다.

It might take a while.
↳ 가령, 복사와 fax를 사용하려고 기다리는 사람과 교통체증으로 인해 초조해 하는 사람이 「앞으로 얼마나 걸리겠는가?」라고 질문해 올 경우에 사용하는 표현.
↳ "When do you think we'll get there?"—"**It might take a while.**" 「몇 시 쯤에 도착 할 걸로 생각해?」 「좀 시간이 걸릴지도 몰라」

시간이 상당히 걸릴 모양입니다.

It looks like it'll take a lot of time.

예정보다 상당히 늦어지고 있습니다.

We're behind schedule.

CASE 5

- ahead of schedule 예정보다 빨리
- on schedule 예정된 대로 (=as planned)

프로젝트가 예정보다 1주간 늦고 있습니다.

The project is running a week behind schedule.

일이 상당히 늦어지고 있습니다.

Work's really beginning to back up.

↪back에는 「물이 역류하다」의 의미가 있고, 거기서 「일의 진행이 정체되다」의 의미로도 쓰여진다.

늦어진 걸 만회해야 돼.

I have to catch up.

- catch up with ~ 밀린 일을 하다, 또는 앞서가는 시간을 따라잡다, 보충하다 (= make up with)

뒤진 걸 만회할 기회야.

That'll give us a chance to make up for lost time.

- make up for lost time 뒤진 것을 만회하다

## I 전력으로 하고 있습니다 #60

전심 전력을 다해서 하고 있습니다.

We're putting every effort into it.

- put every effort 모든 노력을 다하다 (= make every effort)

모든 시간을 거기에 소비하고 있습니다.

I've been spending every minute on it.

열심히 하고 있습니다.

We're going at full tilt.

- at full tilt 전속력으로, 전력을 다해 (= at full speed)

이건 최선을 다해서 하고 있습니다.

We've done an eleventh-hour job on this.

↪eleventh-hour 「최종의」 「마지막 고비의」 「급한 일」 전반에 대해서 쓸 수 있는 표현.

## J 당황하고 있습니다 #60

한창 준비 중에 있어.

We're right in the midst of preparations.

↪in the midst(=middle) of 「~이 한참으로」. right은 강조부사.

몸이 두 개 있어도 부족하겠어.

Just one of me won't be enough.

고양이 손이라도 빌리고 싶을 만큼 바빠.

I'm so busy I'd take any help I can get.

누구 날 좀 도와 줘.

Could somebody give me a hand?

최악의 경우에는 밤샘 작업을 해야 해.

If worst comes to worst, we'll just have to stay up all right.

- stay up 자지 않고 늦게까지 깨어 있다

| | |
|---|---|
| 아직 정신이 없어. | We're still at it. |
| 모두 지쳐서 쓰러지기 직전이야. | Everybody's about to drop from exhaustion.<br>= Everybody's about to keel over from fatigue.<br>↪drop 「사람이 피곤과 병으로 쓰러지다」 'from exhaustion'은 「피곤해서」, 'from overwork'는 「너무 일해서」처럼 원인을 나타내는 어구를 동반해서 쓰여지고 있다. 아울러 down은 기계 등이 고장으로 「움직이지 않게 되는」 경우와 권투의 「다운」의 경우에 쓰여진다. |
| 지금은 경황이 없군요. | I'm all in a flurry.<br>= I'm running around furiously.<br>• in a flurry 흥분해서, 동요해서 |

## K 고전하고 있습니다 #60

| | |
|---|---|
| 고전하고 있습니다. | It's been rough going. |
| 전혀 정리를 할 수 없어. | I can't get around to organizing things.<br>• get around to ~에 손이 미치다, ~을 해 내다 |
| 스케줄이 엉망이야. | The schedule's a mess.<br>= Our schedule is all screwed up. » screw up ~을 엉망으로 하다 |
| 한숨 돌릴 여유도 없어. | There's no relief in sight.<br>• in sight 보이는<br>• relief 기분전환, 잠시의 휴식 |
| 끝이 보이지 않아. | We're nowhere near finished.<br>= The end is not in sight. |
| 마감까지 절대로 맞출 수 없을 겁니다. | You'll never make the deadline.<br>• make ~에 맞추다<br>• deadline 마감, 최종기한 |

CASE 5

# 4 주문 · 납품 · 지불

## A 주문에 대해서 #61

손님은 왕입니다.

The customer is king.

조금 전 아침 나절에 또 주문을 받았습니다.

We got another order just this morning.

↳ just는 「마침」이 아니고 「바로 전」 「조금 전」.

급한 주문은 받을 수 없습니다.

We aren't able to accept any rush orders.

↳ any와 some 다음에는 불특정 명사가 오므로 단수나 복수명사가 쓰여도 상관없다.

이 주문서면 됩니까?

Will this order form do it?

• do it 만족하게 일을 마치다 *e.g.,* That will do 그거면 됐다

↳ "Did you get something in writing?"—"**Will this order form do it?**"—"Sure." 「서면으로 뭔가 받았어?」 「이 주문서로 됩니까?」 「그래, 되구말구」 » get~ in writing ~을 서면으로 받다

돌아오실 때까지 받아두겠습니다.

I'll set it aside until you get back.

• set aside ~에 치워두다, 처리하다 (= put aside)

## B 재고가 있습니다[떨어졌습니다] #61

재고가 있습니다.

We have the item in stock.

• in stock 물건 재고가 남아 있는

미안합니다. 재고가 다 떨어졌군요.

I'm sorry, it's out of stock.

• out of stock 물건 재고가 없는

죄송합니다. 검정색 제품은 지금 품절되었습니다.

I'm sorry, we're out of black at the moment.

= Sorry, we're sold out black right now.

↳ be out of~ 「~이 떨어지다」 「상품」에 한하지 않고 「재료」 「금전」 「장소」 등 「원래 있어야 할 것이 없는」 상태를 나타내는 데 폭넓게 사용하는 표현.

예비품이 부족합니다.

We're running short of spares.

= We're short of spares.

↳ run short of는 「~이 물품이 부족하다」. of 대신에 on도 좋다. 부족한 것은 「물건」에 한하지 않고 「시간」 등 추상적인 것이라도 괜찮다.

## C 납기, 납품에 대해서 #61

언제 납품할 수 있나요?

How long will it take you to deliver?

↳「배달(납품)하는 데 시간이 얼마나 걸리냐」의 뜻.

내일 아침 제일 먼저 발송합니다.

I'll get it out first thing tomorrow.

↬ "We don't have much time now."—"Don't worry. **I'll get it out first thing tomorrow**." 「시간이 별로 없는데요」「걱정하지 마세요. 내일 아침 제일 먼저 발송할 겁니다」

그 제품은 내일 오전 중에 도착합니다.

The products are scheduled to arrive tomorrow morning.

- be scheduled to ~할 예정이다, ~하기로 되어 있다 (= be supposed to)

잘하면 내일 안으로 납품할 수 있을지도 모르겠습니다.

With a little luck, we should be able to deliver it sometime tomorrow.

- with a little luck 잘하면

수주잔고가 눈덩이처럼 늘어나고 있습니다.

Our order backlog is snowballing.

- order backlog 수주잔고

## D 지불에 대해서 #61

도매가격은 얼마인가요?

What's the wholesale price?

- wholesale 도매의 *cf.* retail 소매의

전신환으로 지불을 요구합니다.

We want the payment made by the telegraphic transfer.

↳ the telegraphic transfer로「전신환」. 전신환은 T/T라고도 표시한다.

아시아은행의 우리 계좌에 입금시켜 주세요.

Please transfer it to our account at The Asia bank.

- transfer~ to someone's account ~을 ~의 계좌에 입금시키다

내일 선금을 넣겠습니다.

We'll cable the down payment tomorrow.

↳ the down payment「선금」. cable은「입금시키다」로 wire를 대신 사용해도 좋다.

어느 분 앞으로 수표를 끊으면 좋겠습니까?

Who should I make the check out to?

↳ make out은 여러 가지 의미가 있지만, a check(수표)와 함께 사용하면「수표를 끊다」의 의미.

↬ "Can I pay by check?"—"Sure"—"**Who should I make it out to?**"「수표로 지불할수 있습니까?」「물론이지요」「어느 분 앞으로 끊으면 됩니까?」 » pay by check 수표로 지불하다

죄송합니다만, 현금거래밖에 하지 않습니다.

I'm sorry, we only deal in cash.

- deal in cash 현금거래하다

CASE 5

• take cash only 현금만 받다

현물 수령 즉시 지불을 부탁드립니다.

We require C.O.D payment.

↳ C.O.D는 "cash on delivery" 혹은 "collect on delivery"의 약어로 「배달 시에 현금지불을 하다」 혹은 「배달 시에 대금을 징수하다」라는 의미.

나머지 잔금은 다음 달까지 연기해 주시지 않겠습니까?

Can't we put off paying the balance until next month?

• put off 연기하다
• the balance 지불해야 할 잔금[잔고]

원하시면 분납해도 됩니다.

You can pay on time if you want.

• pay on time 분할지불

종래와 같이 청구해 주십시오.

Just bill us as always.

= Just bill us in the usual way.

↳ "How do you want to pay for this?"—"**Just bill us as always.**" 「어떻게 지불하시겠습니까?」「종래대로 청구해 주세요」

» as always 늘상하던 대로 (= as usual)

지불약속을 지켜주십시오.

Keep your word on your payments.

↳ 「~에 대해서의 약속」은 on을 사용한다.

# 5 일의 전망과 상황 (1) 거래 · 상담

## A 좋은 이야기입니다[찬스입니다] #62

| | |
|---|---|
| 잘 될 걸로 생각하는데. | I think we pulled it off.<br>• pull off ~을 잘 해 내다 |
| 상대편에서 귀가 솔깃한 제안을 했습니다. | They made me a tempting proposition.<br>• a tempting proposition 마음이 동하는 말 |
| 그들은 달콤한 제의를 하고 있다고 생각합니다. | I think they're offering us a sweet deal.<br>• a sweet deal 좋은 이야기[말] |
| 저는 좋은 거래로 생각됩니다. | It sounds like a good deal to me.<br>↪ a good deal 「좋은 이야기」「좋은 조건」으로 생각해도 좋다. |
| 잘하면 왕창 벌어들일 수 있겠어. | We stand to make a killing.<br>↪ make a killing은 「왕창 벌다」의 의미. a가 있는 것으로 해서 「한 번만」의 뉘앙스로 쓰이는 일이 많다. |
| 쉽게 돈을 벌 수 있는 일이야. | This job is going to be easy money. |
| 다시 없을 절호의 기회야. | It's a once-in-a-lifetime opportunity. |
| 해 볼 가치가 있어. | It's worth a try. |
| 이런 유리한 제의를 거절할 사람은 없어. | There's no way you can turn down a great offer like that. |
| 이것은 즉석에서 거절해야 할 제의가 아니라고 생각되는데. | This is not an offer you should reject out of hand.<br>↪ reject 외에 dismiss와 refuse도 쓸 수 있다.<br>• out of hand 그 즉석에서 |
| 기회를 뻔히 놓치는 것 같아요. | You're throwing away an opportunity.<br>• throw away an opportunity 기회를 뻔히 쳐다보면서 놓치다 |

## B 이야기가 너무 유리합니다 #62

| | |
|---|---|
| 표면상으로는 상당히 좋은 이야기로 보이지만. | If seems like a good deal on the surface, but...<br>• on the surface 표면상으로는 |

CASE 5

| | |
|---|---|
| 조건이 너무 좋은데요. | It's sounds too good to be true.<br>↳ too good to be true의 직역은 「정말이라기에는 조건이 너무 좋다」. |

## C 비교적 맞지 않습니다 #62

| | |
|---|---|
| 언뜻 보기로는 대단한 이야기는 아닌 모양이야. | On the surface, it doesn't look like any big deal. |
| 고려의 가치도 없어. | It's not worthy of consideration. |
| 비교적 맞지 않는다. | It doesn't pay enough.<br>= It's not worth it. » 「그럴만한 가치가 없다」에서 「비교적 적합하지 않다」의 의미.<br>↳ "Why doesn't anybody take that job?"—"Because **it doesn't pay enough.**" 「어째서 그 일은 누구도 맡지 않지?」 「그럴만한 가치가 없어서야」 |
| 위험 부담이 너무 커. | It entails too much financial risk.<br>• entail 과하다, 필요로 하다 |
| 모험할 가치가 없다고 생각해. | I don't think it's worth the risk.<br>• worth the risk 모험[위험]에 가치가 있다 |
| 커다란 도박이 될 거야. | It would be a big gamble. |
| 그들은 무모한 도박을 하고 있어. | They're taking a tremendous gamble.<br>• take a gamble 도박을 하다 |
| 우리가 큰 손해를 볼지도 몰라. | We could lose big.<br>• lose big 커다란 손해를 보다 |
| 쉽게 돈버는 것에는 신경 쓰지 말자. | Let's not get caught up in making a quick buck.<br>• make a quick buck 쉽사리 돈을 벌다 |
| 가능성이 희박하다고 생각합니다. | I think that possibility is remote.<br>• remote (가망, 가능성이) 희박한, 거리가 먼 |
| 그야 좋지만 어차피 헛수고였습니다. | That's all well and good, but why beat a dead horse?<br>• beat a dead horse 쓸데없는 노력을 하다<br>(= beat the air = chase the rainbow)<br>↳ "I'd like to take a look at some other options"—"**That's all well and good, but why beat a dead horse?**" 「다른 가능성도 검토해 보고 싶은데」 「그야 좋습니다만, 어차피 헛수고입니다」<br>» take a look at ~을 검토하다 |

# 5 일의 전망과 상황 (2) 거래 · 교섭

## A 가격, 조건에 대해서 #63

가격이 터무니없이 비싸다.

The prices are out of sight.
- out of sight 엄청난, 터무니없는

말도 안 돼.

That's way out of line.
- out of line 말도 안되는, 어울리지 않는

↪ way는 강조부사.

그들은 터무니없는 요구를 하고 있어.

They're really after blood.

↪ be after blood「피를 구하다」에서「터무니없는 요구를 하다」의 의미.

그런 가격으로는 할 수 없습니다.

We can't take it on for that price.
- take on (일 등을) 인수 받다

가격 절충이 되지 않습니다.

We haven't been able to reach an agreement on price.
- reach an agreement on ~에 합의를 보다

조건을 교섭 중입니다.

We're working out the terms.
- terms 조건

아직 금액면에서 상당한 차이가 있습니다.

We're still worlds apart on the amount.

↪ worlds apart「상당한 차이」. 비슷한 유형의 또 다른 것들의 능력과 크기 등을 비교해서 그「차이」를 강조할 때에 사용하는 표현.

가격면에서는 한 치도 양보하려 않습니다.

They won't give an inch in terms of price.
- not give an inch 한 치도 양보하지 않는다

↪ won't 는 will not의 단축형.

금액이 맞으면 판다고 그들은 말하고 있습니다.

They say they'll sell if the money is right.

↪ right「적절한」「타당한」의 뜻. right대신 there를 사용해도 좋다.

↪ "**They say they'll sell if the money is right.** What on earth are we waiting for?"—"I just don't trust their projections. It all sounds like pie in the sky."「금전조건이 맞으면 판다고 그들은 말하고 있는데, 뭘 주저할 일이 있어」「녀석들의 전망을 신용할 수 없어. 너무나도 그림에 그린 떡 같아」 » What on earth~?「도대체 뭘?」

뇌물을 주면 잘 될지도 모르겠습니다.

A sweetener might do the trick.
- a sweetener 단맛, 맛있음, 뇌물
- do the trick 잘 되가다, (약이) 듣다

CASE 5

상대방은 상당히 값을 내려주었습니다.

They gave us a good deal.
• give~ a good deal 값을 내려주다, 싸게하다

## B 전망은 어때? #63

전망은 어때?

What's the prognosis?
• prognosis 예상, 전망, 의사의 진단 결과

이번 계약 잘 될 것 같아?

Do you think this contract will work out all right?
↳ "**Do you think this contract will work out all right?**"—"Yes, just leave it to me." 「이번 계약 잘 될 것 같아?」「그래, 나한테 맡겨 줘」

거래가 잘 이루어질 것 같지 않아?

It doesn't look like the deal is going to work out?
↳ 평서문 형식으로 쓰였어도 끝의 억양을 올리면 의문문과 같다.

약속을 받아냈어?

Did you get promising answer?

뭔가 진전은 있었어?

Any progress?

반응은 충분했어.

The vibes were good.
= I got good vibes. = There's a definite response.
• vibes 감촉, 분위기 (=vibrations)

이제 그것은 우리 것이나 다름없어.

I think it's in the bag.
• be in the bag 성공이 확실하다, 수중에 넣다
↳ "**I think it's in the bag.**"—"Be careful." 「이미 이쪽 것이라고 생각해」「방심은 하지 마」

이 계약에서는 우리가 제일 유리해.

I'd say we're a shoo-in for this contract.
• a shoo-in 압도적으로 유리한 것, 제일후보

## C 교섭이 난항을 겪고 있습니다 #63

그들과는 해결되지 않았습니다.

I didn't get anywhere with them.
• not get anywhere 이야기가 진전되 않는다, 해결되지 않는다

여기서 혼선이 빚어진 모양입니다.

We seem to have our wires crossed here.
↳ wire는 「전화선」. have one's wires crossed는 「전화선의 혼선」에 국한되지 않고 비교적 「연락의 착오」와 「오해」를 나타낸다.
↳ "But didn't you say would come in with us?"—"**We seem to have our wires crossed here.**" 「그러나 댁은 우리와 손을 잡겠다고 말씀하시지 않았습니까?」「뭔가 여기서 혼선이 있었던 모양입니다」 » come in with ~과 손을 잡다, ~과 협력하다

사소한 일로 곤란에 빠져서 중요한 문제를 다루지 못했습니다.

We got bogged down in trivial details and never got around to the meaty problem.

↳ bog「늪」이란 의미.「(늪에 빠져버린 것처럼)움직이지 못하다」가 되고「(사태 · 사람 등이) 난항에 빠지다」의 의미로 사용되고 있다. get 대신에 be동사가 쓰이는 일도 있다.

우리의 제의에 난색을 표시했습니다.

He frowned at our offer.

- frown at~ ~에 난색을 표시하다, 인상을 찌푸리다

이 이야기는 없었던 것으로 합시다.

This deal can still fall through.

- fall through 이야기가 결렬되다

이번 이야기는 정리되지 않을 것 같다.

It doesn't look as though we're going to be able to wrap up this deal.

- wrap up 끝내다, 완성하다
- as though 마치 ~인 듯 (= as if )

모든 것을 고려해 볼 때 이번에는 보류하는 편이 좋겠어.

All things considered, it would probably be better to pass this up.

- all things considered 아무리 생각해도
- pass up ~을 보류하다

관청을 상대로는 승산이 없어.

You can't fight city hall.

↳「공무원에 대해서는 이길 수 없다」라고 할 때의 문구. can't fight는「상대의 압도적인 힘」이 원인으로「승산이 없다」인 경우에 사용한다.「정부」「공무원」「본사」「상사」등 절대적으로 유리한 입장에 서 있는 사람에 대해서 사용한다. city hall은「시청」.

은행도 빠져나갈 궁리를 하는 것 같습니다.

I hear the bank may be getting cold feet.

- get cold feet 책임을 회피하려는 태도

이 프로젝트에는 몇몇 경쟁업체가 있습니다.

We have several competitors for this project.

- competitors 경쟁업체, 경쟁회사 (= competitions)

이제는 연줄에 의지하는 수밖에 없습니다.

All I can do now is rely on my connections.

- connections 연줄, 연고업체

CASE 5

## D 검토 중입니다 #63

지금 몇 건의 제안사항을 검토하고 있습니다.

We're taking a look at a couple of offers right now.

↳ a look「들여다 보다」에서「검토」의 의미. take 대신에 have를 사용해도 좋다.

↬ "Why carry this any further?"—"What's the hurry?"—"**We're taking a look at a couple of offers right now.**"「왜? 미루십니까?」「무엇 때문에 서둡니까?」「지금, 몇 갠가의 제안사항을 검토하고 있습니다」» carry~ further ~을 미루다

현 단계에서는 뭐라할 수 없습니다.

It's touch-and-go at this point.

• touch-and-go 아슬아슬한, 미묘한

↪ "What are our chances there?"—"**It's touch-and-go at this point.**" 「전망은 어느 정도입니까?」「현 단계에서는 뭐라할 수 없습니다」 » one's chances(= possibility) 전망

## E 흥정을 놓고 #64

어쩐지 수상한 냄새가 나.

I smell a rat.

• rat 쥐

그들은 협력을 제의해 왔지만, 뭔가 이상한 점이 있습니다.

There's something fishy about their offer to cooperate.

↪ fishy는 fish의 형용사형으로 「이상하다」「수상쩍다」 등의 의미.

그들이 뭔가 감추고 있다는거야?

Do you think they have a hidden agenda?

그들이 무엇인가를 숨기고 있다고 생각해.

I think they have something up their sleeve.

• have~ up one's sleeve 비장의 수로써 ~이 있다

상대는 협력하는 척할 뿐이야.

They're just going through the motions of cooperating.

• go through the motions of~ 형식상으로 ~하다, ~인 모양을 하다

그들은 시기를 엿보고 있어.

They're biding their time.

• bide one's time 시기를 엿보다

↪ "Maybe they've giving up."—"No **They're just biding their time.** I think they're hoping the price will go down." 「그들은 이미 철수했을 지도 모르지」「아냐, 시기를 엿보고 있을 뿐이야. 값이 내리는 것을 기대하고 있겠지」

왜 그들은 결정적인 순간에 주저하고 있지?

Why are they vacillating here at the last minute?

• vacillate 망설이는 태도를 취하다

• at the last minute 마지막 순간에

양동작전일지도 몰라.

It could be a diversionary maneuver.

↪ diversionary maneuver 원래는 군사 용어이지만, 비즈니스에서는 마케팅과 교섭의 전략에 대해서 말한다.

그들은 우리들에게 타격을 주려고 할 뿐이야.

They're just trying to shake us up.

↪ shake up 교섭 등에서 「상대를 동요시키는 것 같은 행위를 취하다」「충격을 주다」.

말뿐일지도 몰라.

It might only be lip service.

↪ lip service 「말뿐인 행위」라는 뜻으로 부정적인 뉘앙스는 없다.

상대방의 반응이 약간은 걱정이야.

I'm a little anxious about their reaction.

↳ be anxious about~ 「~을 걱정하고 있다」. 의논의 장에서 자신이 찬성할 수 없는 일을 완곡하게 표현하는 말로서도 사용할 수 있다. 아울러 be anxious to라고 하면, 「~에 열망하다」라는 의미로 되므로 주의.

그들과 거리를 두고 교제하고 있는 중이야.

We're now in the process of distancing ourselves from them.

- be in the process of~ ~이 진행중이다, ~하려 하고 있다
- distance oneself from ~으로부터 거리를 두다

이 건에 대한 저의 입장은 전에 분명히 밝혔던 것으로 생각합니다.

I thought I made my position on this matter clear earlier.

- one's position on ~에 대한 의향

흔히 쓰는 수법이야.

That's a common trick.

= That's the oldest trick in the book.

↳ trick은 「속이는 술수」.

*e.g.*, "Watch out. That's a *common trick*. (신경 쓰지마. 흔히 있는 술수니까.)"

이로써 그들의 본심을 알았다.

I have them pegged now.

- have~ pegged (상대의 노림과 성격을) 판단하다

그들의 본심을 이미 거의 알았어.

I got their number now.

- get someone's number ~의 본심을 알다

그들에게 뭔가 사정이 있을 지도 몰라.

Maybe they have their reasons.

- have one's reasons 사정이 있다

털어서 먼지 안 나는 사람 있겠어?

Everybody has a skeleton in his closet.

뭐가 있는 거 아냐?

What's the catch?

↳ 함정 따위를 의미한다.

그 남자는 뭔가 딴 속셈이 있는 게 틀림없어.

The man must have an axe to grind.

저의가 뭔가?

What's your ulterior motive?

= What's your real intention?

# 5 일의 전망과 상황 (3) 진행중의 일의 상황

## A 어떻게 되었어? #65

문제의 프로젝트는 어떻게 되었지?

What happened to the project?

새로운 프로젝트는 순조롭게 진행될 거 같나?

Do you feel comfortable about the new project?

↳ feel comfortable 「안심하다」라는 의미이지만, 여기서는 새로운 프로젝트에 관해서 상대의 속셈을 탐색하는 표현.

당신네 사업은 어때?

What's the status on your business?

↳ 일의 상황을 물어보는 표현.

↳ **"What's the status on your business?"**—"Well,...fair."—"That's disappointing." 「사업은 어떻게 되었습니까?」「응, 그저 그래」「그거 실망적인데」

할당량을 달성할 수 있겠어?

Can you meet the quota?

• quota 할당

어떻게 되었지?

What's going on? = What gives? = What's the word? » the word 정보

↳ 예를 들면, 사무실전체가 이상한 공기에 싸여 있는 경우에 이 표현에 이어서 "Why is everybody so silent?(어째서 모두 잠자코 있지?)"라고 물을 수 있다.

어째서 그렇게 되었어?

What brought this on?

= How could that happen?

↳ 직역은 「무엇이 이런 일을 일으켰나?」

• bring on ~을 초래하다, ~을 일으키다

## B 아직 움직일 수 없습니다 #65

지금으로서는~

As it stands now,...

↳ 현상 보고 시의 상투어.

그 프로젝트는 아직 손대지 않았습니다.

Nothing has been done about that project.

그 프로젝트는 당분간 보류되었습니다.

The project has been put on hold for the time being.

• put~ on hold ~을 보류하다

변한 건 없습니다.

Nothing has changed.

| | |
|---|---|
| 눈에 띄는 움직임은 없습니다. | There hasn't been any marked movement to speak of.<br>↳ 업계의 동향과 상품의 팔리는 정도 등에 사용할 수 있는 어법.<br>• marked 현저한, 눈에 뛰는 (= remarkable, respective) |
| 아직 기획 단계에 지나지 않습니다. | It's still in the planning stage.<br>↳ "Is everything all decided?"—"No. **It's still** very much **in the planning stage.**" 「이건 이미 정해진 이야기입니까?」「아니, 어디까지나 기획단계야」 |
| 아직 시작 단계야. | We're still in the trial production stage. |
| 이것은 초안에 불과해. | It's just a working draft.<br>↳ a working draft 「발판」. draft는 「초안」「초서」의 의미로 여기에 working이 붙으면 「이제부터 기안해서 우수한 내용으로 한다」는 뉘앙스가 담겨져 있다. |
| 모두가 이 테스트에 달려 있어. | Everything is riding on this test.<br>• ride on ~에 달려있다 (= depend on) |
| 아직 그런 단계는 아냐. | We're not at that stage. |
| 중도에서 포기하고 싶지 않아. | We don't want to start off half-cocked.<br>• start off half-cocked 단념하고 떠나다, 중도에서 시작하다 |
| 도대체 무엇이 문제야? | What's the holdup anyway?<br>• holdup 장해, 걸리는 원인 |
| 보수 면에서 문제가 있어. | We've hit a snag on remuneration.<br>• hit a snag on~ ~의 점에서 좌절하고 있다<br>• a snag (강바닥 등의) 가라앉은 나무 |

## C 궤도에 올랐습니다 #65

| | |
|---|---|
| 이제 거의 모든 것이 준비되었습니다. | I already have everything pretty much lined up.<br>• line up ~을 준비하다, 확보하다 |
| 겨우 윤곽이 잡혔습니다. | We're finally getting somewhere.<br>• get somewhere 윤곽이 드러나다, 물건이 되다 |
| 곧 궤도에 오를 겁니다. | We should be getting into gear soon.<br>↳ get into gear 「톱니바퀴가 맞물리다」가 원래의 의미. 여기서 「(사업 등이) 궤도에 오르다」라는 뜻.<br>↳ "So we can count on you for 1,000 units a month?"—"Yes. **We should be getting into gear soon.**" 「그럼, 월 1,000대를 목표로 잡아도 좋습니까?」「예, 슬슬 궤도에 오를 겁니다」 |

CASE 5

| | |
|---|---|
| 마침내 궤도에 올랐습니다. | It's finally gotten on track. |

## D 좋은 상황입니다[나쁜 상황입니다] #65

| | |
|---|---|
| 현재로는 상당히 전망이 좋아 보입니다. | Right now things look pretty good.<br>• things look good 전망이 좋아 보인다 |
| 괜찮은 모양입니다. | I guess it's all right.<br>↳ I guess는 I think보다 더 애매하다고 하는 뉘앙스가 있다. |
| 현재로는 특별한 문제는 없습니다. | No particular problem at the moment.<br>• at the moment 현재 (= at present) |
| 출발이 좋지 않았습니다. | We got off on the wrong foot.<br>= We got off to a bad start. |
| 일촉즉발의 위험한 상황입니다. | The situation is actually pretty touch-and-go.<br>• touch-and-go 위험한, 아슬아슬한 |
| 그 계획은 한계에 이르렀다고 생각합니다. | I think the plan is coming apart at the seams.<br>↳ come apart at the seams 「꿰맨 솔기로부터 실밥이 터지다」→「한계에 다다르다」 |
| 손들기 직전입니다. | I'm on the brink of throwing in the towel.<br>↳ on the brink of 「~의 벼랑 끝에 서있다」에서 「~의 중대한 갈림길에서」의 의미지만, 「위기에 직면해 있다」와 같은 나쁜 의미만이 아니라 좋은 의미로의 「중대국면」으로도 사용된다.<br>• throw in the towel 항복하다, 패배를 인정하다 |
| 중국의 벤처 사업을 성공시키는 문제는 포기하려고 합니다. | We're really ready to give up on making a go of our China venture.<br>• be ready to~ 지금이라도~하려 하고 있다<br>• make a go of ~을 성공시키다<br>↳ give up on은 「(이제는 틀렸다고 생각되는 사람, 회사, 계획 등에) 포기를 하다」라는 의미로 「체념을 하다」이다. on을 생략하면 단순히 「그만 두다」라는 의미가 되므로 생략은 불가. |
| 이대로 오랫동안 방치해 두면 취소될 우려가 있다고 생각합니다. | I'm afraid if we let it linger for too long, it'll become a dead issue.<br>• linger 꾸물꾸물대다<br>• issue 조건<br>↳ a dead issue 「계획」 「이야기」 「제안」 등 여러 가지의 것이 「취소」 「없어지다」의 의미로 사용된다. |
| 지금까지 일이 모두 물거품이 되었어. | That means all our work goes down the drain. |

| | |
|---|---|
| | ↳ go down the drain 「배수관에 흐르다」에서 「쓸모 없게 되다」 「물거품이 되다」. |
| 아직 방심할 수 없어. | We're not out of the woods yet.<br>↳ 「아직 숲을 빠져 나오지 않았다」이므로 「아직 방심할 수 없다」의 뜻. |

## E 할 수 있는 건 다 했습니다 #65

| | |
|---|---|
| 최선을 다했습니다. | I did everything in my power.<br>= I did everything I could. |
| 우리쪽에서 할 수 있는 건 다 했습니다. | We've done all there is to be done on this side.<br>↳ all there is to done 「해야 할 일 모두」→「할 수 있는 모두」<br>• on this side 이쪽으로서는 |
| 가능한 한 방법을 강구할려고 했습니다. | I tried everything I could think of. |
| 어찌될지 상황을 지켜봅시다. | Let's see what happens. |
| 추이를 지켜 봅시다. | Let's wait a bit and see how things develop.<br>= Time will tell. |
| 추이를 지켜보는 수밖에 없습니다. | All we can do is let things take their course.<br>↳ take one's course 자연스런 경과를 거치다 |
| 최선을 다했습니다. | We put in all the hard work. |
| 열심히 일했습니다. | I've been working my head off.<br>• work one's my head off 맹렬히 일하다[공부하다] |

5

# 일의 전망과 상황 (4) 이익

## A 매상 · 전망에 대해서 #66

| | |
|---|---|
| 단기적으로는, ... | Short-term, ... |
| 장기적으로는, ... | Long-term, ... |
| 이 상품의 판매 전망은 어때? | What's the sales potential of this product? |
| 금년의 매상 전망은 어떨지? | What are the prospects for sales this year?<br>↪prospects 대신에 outlook〈단수형〉이라는 단어도 쓸 수 있다. |
| 내년 판매 전망을 어떻게 생각해? | What's your estimate for next year's sales?<br>• estimate 추산하다, 평가하다 |
| 솔직히 말씀드리자면, 대충 추측만 할 뿐입니다. | Frankly, some of our forecast is based on pure guesswork.<br>↪pure 「단순한」 정도의 의미로 강조로 쓰임.<br>• be based on pure guesswork 대충 맞히다 |

## B 매상 상황에 대해서 #66

| | |
|---|---|
| 매상은 답보 상태입니다. | Sales are in the doldrums.<br>↪doldrum 「(바다의) 무풍대」. 복수형은 「(일의) 침체」 「부진」을 나타낸다. be동사는 대신에 be stuck (말려들다)를 사용하는 일도 있다.<br>• in the doldrums 침울해 있는, 부진한 |
| 매상이 순조롭지 않습니다. | Sales are pretty flat.<br>• flat 부진한, 불경기의 |
| 매상은 여전히 부진합니다. | Sales are still slow. |
| 최근 6개월 동안 계속해서 총매상이 늘고 있습니다. | Our gross sales have increased for six months in a row.<br>↪in a row 「줄을 서서」 즉, 「계속해서」의 의미. 좋고 나쁨에 관계없이 일이 「계속해서」 일어나는 표현.<br>• gross 합계, 총 (= total) |
| 팔릴지 어떨지는 두고 보아야 합니다. | Whether it will sell or not remains to be seen. |

## C 손익예측(전망) #66

가격 인상폭은 얼마입니까?

What's the markup?

↳ the markup 원가, 구입, 가격에 대한 「가격 인상폭, 가산액」.

↳ **"What's the markup?"**—"Fifteen precent."—"Kind of low, isn't it?" 「가격 인상폭은 얼마이죠?」 「15%입니다」 「약간 낮군요」

이익을 내기가 어려울 거야.

We're going to be hard-pressed to show a profit.

• hard-pressed 곤궁한 (돈, 시간에) 쪼달리는
• show a profit 이익[이윤]을 내다 (= make a profit)

적어도 본전이라도 찾아야 해.

We should get back at least what we put into it.

• what we put into it 그것에 투자한 것

결국 손해를 보게 되겠군요.

We'll end up losing money.

• end up ~ing 결국 ~하게 되다 (= wind up ~ing)

그러나 긴 안목으로 보면 상당히 돈을 벌겁니다.

But in the long run, it'll pay off handsomely.

• pay off 돈을 벌다 • handsomely 상당히, 꽤

이번 6개월은 대폭 흑자가 될 것입니다.

We'll be way in the black this half.

↳ be in the red는 「적자다」. 양쪽 모두 가계수지를 나타낼 때는 사용하지 않는다. way는 「큰 폭으로」.

↳ in the black 이나 in the red 뒤에 ink를 첨가하기도 한다(옛날 흑자는 검은 펜으로, 적자는 붉은 펜으로 기록한데서 유래).

↳ "What does the first half look like?"—"If sales keep up like this, **we'll be way in the black this half.**" 「상반기의 전망은 어때?」 「매상이 현재의 상태를 유지하면 이번은 대폭적인 흑자가 예상됩니다」 » What does~ look like? ~은 어떤 모습이지?

2001 회계년도에는 손해날 전망이야.

We expect to post a loss for the fiscal year 2001.

↳ 「회계년도」에 대한 영어는 the fiscal year와 the business year이며, accounting year라고는 말하지 않는다.

• expect to ~하는 것을 예상하다

소문에 의하면 적자액이 굉장할 거라고 해.

Word has it the red figure will be awesome.

• word has it ~소문에 의하면 ~ 라고 해

김치국부터 마시지마.

Let's not count our chickens.

= Don't count chickens before they're hatched.

• count one's chickens(before they're hatched) 김치국부터 마시다

↳ 병아리가 부화되어 나오기 전에 병아리의 수를 헤아리지 말라는 뜻.

총수입입니까? 실질 소득입니까?

Are you talking gross or net here?

• gross 총소득[수입] • net 실질 수입[소득] *cf.* net asset 순자산

CASE 5

# 5 일의 전망과 상황 (5) 예산 · 경기

## A 예산에 관련된 여러 가지 #67

예산 내에서 될 것 같아?

Are costs going to stay within the budget?
- within the budget 예산 내에서 (= under budget)
- over budget 예산을 초과해서

예산이 딱 들어맞았습니다.

The budget's almost used up.
↪ 실제로 「예산은 거의 써버렸다」라는 뜻.

우리 예산에 구멍이 나기 직전입니다.

Our budget is spread thin.
- be spread thin 지나칠 정도로 이것 저것에 손을 대다

얼마쯤 들까?

Can you give me a ballpark figure for the cost?
- ballpark figure 대강 어림수치

굉장히 많이 들겠지.

I imagine that would cost an arm and a leg.
↪ cost an arm and a leg 「팔목 한 개와 다리 한 개가 든다」에서 「큰 돈이 든다」의 의미.

아마 든다고 해도 고작 일만불 정도이겠지.

It'll probably cost $10,000 on the out-side.
↪ on the outside 「좋아도」 「고작」. on 대신에 at을 써도 좋다.

대략 견적을 내면 최소 50만원은 나올거야.

Roughly speaking, I'd estimate at least ₩500,000.
↪ 「대충 적어도 50만원 정도의 견적은 나오겠지」라는 뜻

큰 돈을 들였음에 틀림없어.

It must've cost a fortune.
↪ fortune 「운명」과 「재산」 외에 「큰 돈」의 의미도 있다.

어떻게 그렇게 큰 돈을 준비했지요?

How did you come up with the down payment?
- come up with ~을 마련하다
- down payment 거액, 큰 돈

어디에도 그렇게 큰 돈은 없어.

We simply don't have that kind of money.
- that kind of 그렇게 많은

터무니없는 액수야.

That's not an inconsiderable amount, you know.
↪ not inconsiderable 「고려하지 아니 할 수 없는」이라는 이중부정. 즉, considerable과 거의 같은 의미.

= That's nothing to sneeze at. » be nothing to sneeze at~ 「전혀 무시할 수 없는」에서 「만만하게 여길 수 없는」의 의미.

전기세도 만만치 않아.

Electricity doesn't come cheap.

- come cheap 값이 싸다

터무니없이 비싸군요.

That's kind of steep.

- steep 터무니없는, 말도 안되는 • kind of 약간

그렇게 할 여유가 없어.

We just can't afford it right now.

↳ 제품의 가격을 너무 할인해 줄 때나 비싼 물건을 구입할 때 쓰는 말.

생산가를 내리지 않으면 안 돼.

We have to cut our production costs.

중요한 것은 경비삭감이야.

Retrenchment is the name of the game.

= The boston line is retrenchment.

- be the name of the game 중요한 점이다
- retrenchment 경비삭감 *cf.* retrenchment policy 긴축정책

과감한 경비삭감을 해야 해.

We have to cut expenses drastically.

= We must reduce costs drastically.

세금을 낮추자는 대책이야.

It's just a measure to keep taxes down.

- measures 대책, 조치 (= steps, actions)
- keep ~ down 낮추다

그것은 돈을 시궁창에 버리는 꼴이야.

It's money down the drain.

- down the drain 낭비되어 (drain은 하수구를 뜻한다)

숫자로 말하기가 어려워.

It's hard to come up with a figure.

- come up with a figure 숫자를 내다, 숫자로 표시하다

## B 경기에 대한 여러 표현 #67

경기가 서서히 내리막길이야.

Business has been going downhill gradually.

↳ go downhill(내리막이 되다)은 경제적인 면뿐만 아니라 운명과 병 등의 추세, 물건의 상태가 악화하는 경우에도 쓰인다.

모든 회사가 매상의 한계점에 도달했어.

Every company has reached its limit in sales.

↳ 즉, 매상을 올리지 못하고 있다는 의미이다.

업계 전체가 불황이야.

The whole industry is in a slump.

- slump 폭락, 침체, 부진상태

우리는 기로에 서 있어.

We're at a crossroads.

↳ crossroads 「십자로」〈단수취급〉. 「모퉁이」, 즉 「기로에 선다」라는 의미.

CASE 5

당분간 밝은 전망은 없어.

There's no relief in sight.

↪ "Our sales are in the doldrums, the stock market has gone to pot, and the government is going around in circles."—"Yeah, and **there's no relief in sight.**" 「판매가 답보상태이고, 주식시장도 침체해 있고, 정부는 허풍만 떨고 있고」「그래, 당분간 밝은 전망은 없어.」

엔고는 정말로 문제야.

The strong yen's a real problem.

- be a real problem ～은 큰 문제다

엔고는 당신들에게 유리하지요.

The strong yen's to your advantage.

- be to someone's advantage ～에 있어서 유리하다

현재로는 유동적입니다.

It's touch-and-go right now.

↪ touch-and go 「어떻게 굴러갈지 모르는」 상황을 나타낸다.

↪ "How do you think the yen will go over the next few months?"—"**It's touch and go right now.**" 「엔화는 앞으로 수개월 어떻게 변동할까요?」「현재로는 유동적입니다」

달러라는 단기적으로는 15%쯤 평가절하될지도 모릅니다.

The dollar may be devalued by as much as 15 percent in short term.

- devalue 평가절하하다
  *cf.* devaluation 평가절하
  value 평가절상하다
  valuation 평가절상
- as much as~ ～정도나

세관이 가짜 물품의 엄한 단속을 시작했어.

Customs is beginning to crack down on imitations.

↪ customs는 custom의 복수형이지만 「세관」의 의미로 쓰여질 때는 단수취급.

- crack down on~ ～을 단속하다 (= clamp down on~)

그 뉴스 보도에는 이렇다 할 소식이 없어.

There's nothing to that news report.

일이 술술 잘 풀리고 있어.

Everything's going off without a hitch.

# 6 일의 평가와 결과

## A 잘 나간다 #68

모든 것이 잘 풀렸어.

Everything worked like a charm.

• like a charm 마법처럼

↪ "Have you put it through a dry run?"—"Twice, and **everything worked like a charm.**" 「예행 연습은 했어?」「두 번 했는데 모두가 잘 되었어」

모든 것이 척척 진행되었어.

Everything went one, two, three.

결과적으로는 가장 좋게 되었어.

In the end, it turned out for the best.

당초의 목적은 달성했어.

We've achieved our initial goal.

당신 덕분에 계약을 갱신할 수 있었습니다.

Thanks to you we were able to renew the contract.

↪ thanks to~ 「~의 덕분에」라고 감사하는 경우의 표현.

갑자기 큰 건을 따냈어.

I got a big walk-in account.

• walk in 돌연한, 예약이 없던
• account 건, (은행의) 계좌, 거래처(고객)

전화로 거래했습니다.

I made the deal over the phone.

그것은 대단한 반응이었어.

It went over big.

• go over big 대단한 반응

↪ big 대신 well을 써도 좋다.

간단하지는 않았습니다.

It wasn't without a hassle.

• a hassle 난의, 난산

↪ "Did you get your extension?"—"Yeah, but **it wasn't without a hassle.**" 「연장 했어?」「그래, 하지만 간단하지는 않았어」

대충 만족하고 있습니다.

All in all, we're satisfied.

• all in all 대략, 대충해서; 종합하자면, 결론적으로

이대로가 좋습니다.

It's fine the way it is.

↪ 지금 상태가 좋은 때에 이 표현을 사용한다.

그렇겠지.

That's par for the course.

↪ par 골프의 「표준타수」. 직역은 「이 코스의 표준타수다」인데 여기서는 「표준적이다」란 의미.

CASE 5

## B 매출이 좋다 #68

| | |
|---|---|
| 매출이 작년에 비해 3배 이상이야. | Our sales more than tripled over last year.<br>↳more than은 비교급을 나타낸다. |
| 불티나게 팔렸어. | It sold like crazy.<br>= It sold like pancakes(hotcakes).<br>• like crazy 불티나게 |
| 그 책은 불티나게 팔리고 있어. | The book has been selling like hot-cakes.<br>↳sell like hotcakes 「날개 돋힌 듯이 팔린다」의 의미. 주어에 「상품」이 오는 것에 주의. |
| 우리 제품이 베스트 10품목에 포함되었어. | Our products made it into the top ten.<br>↳make it into~ 뭔가 높은 목표 등에 달했을 때에 사용한다. |
| 한정 생산을 한 것이 효과가 있었던 모양이야. | The fact that production was limited seems to have had an effect.<br>• have an effect on~ ~에 효과가 있다 |
| 그 거래로 많은 돈을 벌었습니다. | We really made out on the deal.<br>• make out on ~(의 거래로) 돈을 벌다 |

## C 어떤 수를 썼습니까? #68

| | |
|---|---|
| 어떻게 해냈어? | How did you manage it? |
| 어떻게 그렇게 잘 처리했지? | How did you swing that?<br>• swing (일 등을) 잘하다, 잘 처리하다 |
| 어떻게 그렇게 좋은 거래를 한거야? | How did they swing such a sweet deal?<br>• a sweet deal 조건이 유리한 거래 |
| 어떻게 지불을 면했지? | How did you get out of paying your share?<br>↳get out of~ 「(의무와 벌)을 모면하다」. 또한 「~하지 않고 끝내다」라는 경우는 -ing를 붙인다.<br>• one's share 분담금 |
| 과감히 밀어붙인 게 효과를 보았어. | The straightforward approach worked like a charm. = The straightforward approach worked like magic. » magic 관사는 붙이지 않는다.<br>• work 효과가 나타나다 • charm 마력 |
| 우연한 행운이었어. | It was just a fluke.<br>↳fluke 우연한 행운 |
| 안전하게 하고 시간적 여유를 갖는 것이 좋습니다. | It's a good thing we played it safe and allowed plenty of time. |

↳play it safe 「안전하게 하다」 즉, 「안전책을 취하다」. allow는 「(시간 등을) 예상해 두다」

그런 책략을 사용했군.

You played that game.

• game 기도, 계략

↳»"So you're pretty much satisfied then?"—"Sure. We figured they would trim 5 to 6 percent off our original request anyway. That's way we padded our figures a bit."—"Oh, **you played that game then.**"「그럼, 자네는 만족한다는 거야?」「그래, 어차피 처음 요구액의 5~6%는 삭감될 걸로 생각하고 있었어. 그래서 조금 부풀려 둔 거지」「아, 그런 수를 쓴 거군」

» pad one's figures 부풀리다

## D 실패다! #68

원점으로 돌아간 거야.

I guess it's back to the drawing board.

↳be back to the drawing board 「원점으로 돌아가다」 그러나 「파산」은 아니므로 주의.

그 거래는 실패했습니다.

The deal has fallen through.

• deal 거래, 계약 • fall through 무로 돌아가다, 망하다

거래 결과가 안 좋습니다.

The deal went sour.

• go sour 나쁘게 되다

실패야.

It was no soap.

• be no soap 틀렸다, 실패하다

당신 덕분에 계약을 따내지 못했어.

Thanks to you we lost the contract.

↳thanks to ~ 「~의 덕분에」. 여기서는 비꼬는 말투로 쓰인다.

제가 듣기로는 상대방은 그의 말을 그 자리에서 거절했습니다.

I hear they turned him down out of hand.

• turn down (제안과 주문 등을) 거절하다

• out of hand 즉석에서

그 실수 때문에 손해가 많았어.

The mistake cost me dearly.

• cost~ dearly 비싸게 먹히다

잘 전달되지 않았어.

It wasn't received very well.

그의 예측은 벗어났습니다.

His prediction failed to come true.

= His prediction proved wrong.

↳「실현하지 않는」에는 fail to come true의 형태가 많다. 좋지 않은 일이 「현실이 되지 않고」 방치되어져 있는 경우 등에도 쓰인다.

현상태에서는 별로 좋지 않습니다.

The way things stand now, not too good.

↳"The way things stand now"는 문장 앞에 두고 부사적으로 사용하는 것이 보통. now는 생략가능. 「~(어떤 과거시점)에서의 상황에

서는」라고 말하고 싶을 적에는 "the way things stood last year~" 「작년의 상황으로는」처럼 한다. not too good은 "our chances are not too good" 등의 생략.

↪ "What's would you say our chances are?"—"**The way things stand now, not too good.** I mean we're up against some big names." 「전망은 어느 정도라고 생각해?」「현상태에서는 별로 좋지 않습니다. 대기업 몇 개 사와 경합하고 있습니다」 » be up against ~과 대항하고 있다 » big name 명사, 대기업

큰 차이가 생겼습니다.

They're way ahead of us.

- be ahead of~ ~에 차이를 벌이고 있다

↪ way 강조부사로 「압도적으로」.

주도권을 잃었습니다.

They beat us at our own game.

↪ beat~ at someone's own game은 「자신만만한 게임에서 그 사람을 물리치다」에서 「주도권을 빼앗다」.

그 사람의 먹이감이 되었군.

He really saw you coming.

↪ see someone coming ~을 갖고 싶어하는 마음에 파고들다

↪ "What did this jallopy set you back?"—"Somewhere around $40,000."—"Man, **he really saw you coming.**" 「그 고물차에 얼마를 냈지?」「4만 달러쯤일까」「야, 완전히 봉이 되었군」 » set someone back ~에 손실을 입게 하다 » jallopy 고물자동차

정말로 아이러니한 이야기야.

It's really ironic.

이것은 생각했던 것과는 거리가 멀어.

This is a far cry from what I had in mind.

- be a far cry from~ 거리가 멀다 〈cry는 생략 가능〉

## E 매출은 좋은 상태입니다 #69

아직 잘 풀리지 않습니다.

It just doesn't quite make it.

- make it 잘 나가다

별로 좋지 않습니다.

Not too good.

엉망입니다.

Terrible.

↪ 「정말로 너무한다」라는 기분. *cf.* terrific 아주 좋은

아시겠지만, 우리의 신제품은 현재로는 실패했습니다.

As we all know, our latest model has flopped so far.

- flop (사업 등이) 실패하다

많은 이윤을 남기지 못합니다.

We don't make much of a profit.

돈벌이는 거의 없는 거나 같습니다.

There's practically no profit at all in this.

돈벌이가 되지 않는 일뿐입니다.

It's all work that won't bring in any money.

그렇게 많은 돈을 벌지는 못했습니다. — Our sales haven't been so hot.

아주 실망적인 매상 결과이군요. — What depressing sales results!

마찬가지군요. — Same here.

↪ "How are things at your end?"—"Not too good."—"**Same here.**" 「당신쪽 경기는 어때?」「별로 좋지 않아」「이쪽과 마찬가지이군」

## F 예산(코스트) 결산에 대하여 #69

예산을 훨씬 초과했어. — It's way over our budget.

• over ~을 넘어선

싸게 끝냈어. — I got it done fairly cheaply.

• get ~done ~을 끝내다 (= finish)

숫자 장난이라고. — It's just a trick with numbers.

↪ "I reached 250 percent of this month's sales plan."—"**Isn't this just a trick with numbers?**" 「이 달 성적은 계획비 250%달성입니다」「수치 조작이 아닐까?」

겨우 본전이라고. — We just about broke even.

• just about 대체로

• break even (장사, 노름 등에서) 득실이 없게 되다, 비기다

금년은 겨우 본전치기다. — We'll be lucky to break even for the year.

↪ for the year는 「금년도는」. 단, the year는 문맥에 따라서 「내년도」 「작년도」「재작년도」가 될 수 있으므로 주의가 필요.

적자는 내년까지 이어질 겁니다. — The red figure will be carried over to next year.

• red figure 적자 수치 *cf.* be in the red[ink] 적자이다

## G 여러 가지 평가 #69

그것으로 만족하십니까? — Are you happy with it?

그 이름이 떠오르지 않군요. — That name doesn't ring a bell.

↪ not ring a bell 「딱 떠오르지 않는」의 의미. 한국어와 마찬가지로 「짐작이 가지 않는다」라는 경우에도 사용할 수 있다.

그 이름은 느낌이 좋습니다. — That name has a nice ring to it.

↪ have a nice ring to it 「(말 등이) 사람에게 좋은 인상을 준다」의 의미. to it은 없어도 된다.

한 번 더 반전이 필요해. — It needs another twist.

↪ twist 「비틀다」는 한국어와 마찬가지로 동작이나 발상에도 쓸 수 있다.

| | |
|---|---|
| 발상의 전환이 필요해. | You need to get your thinking on a different track. |
| 제 취향에서 본다면 그것은 지나치게 너절하군요. | It's far too ornate for my taste.<br>• ornate 너절너절하다, 별나게 눈에 띠다<br>↬ "Their new offices were really impressive."—"You think so? **It was far too ornate for my taste.**" 「저곳의 새 사무실 굉장했어」「그래? 내가 보기에는 지나치게 촌스럽게 치장했던데」 |
| 회사 특성에 어울리지 않아. | It doesn't fit the character of our company. |
| 새로운 마케팅방침에는 비판적입니다. | I'm down on the new marketing policy.<br>• be down on~ ~에 비판적이다 |
| 약간만 수정하면 문제 없겠네요. | A little touch-up would solve the problem.<br>• touch-up 작은 변경, 수정 |
| 지금 그대로가 좋아요. | It's fine the way it is.<br>• the way it is 있는 그대로<br>↬ "What do you think of the advertisement's wording?"—"It sounds just about right."—"Would you like to add anything?"—"No, **it's fine the way it is.**" 「광고 문구, 어떻습니까?」「좋군요.」「뭔가 첨가할 것은 없습니까?」「아니, 지금 그대로가 좋아요」 |
| 무난한 선택이라고 생각해. | I think it's a safe choice.<br>• a safe choice 무난한 선택, 방침 |
| 엄청난 차이군. | They are as different as night and day.<br>↳「밤과 낮처럼 다르다」, 즉「현격한 차이」. |
| 보면 압니다. | It shows.<br>↳「그것이 나타나 있다」, 즉「보면 알 수 있다」의 의미. |
| 없는 것보다 낫다. | It's better than nothing. |
| 50명에게서 응답이 온 건 좋은 편이다. | Getting 50 responses is still better than average.<br>↳「평균보다 좋다」에서「좋은 편」의 의미. |
| 좋은 공부가 되었습니다. | I learned quite a bit from it.<br>↬ "How was your business trip?"—"**I learned quite a bit from it.**" 「출장은 어땠어?」「상당히 공부가 되었습니다」<br>• learn quite a bit 꽤 많이 배우다 |
| 저에겐 좋은 경험이 될 겁니다. | The experiences will stand me in good stead.<br>= It turned out to be good experience.<br>↳ stand~in good stead 「이번 실패는 신경쓰지 말고 힘을 내라고」「예, 좋은 경험이 되었습니다」. |

# 7 사람을 평가하다

## A 일반적인 평가의 한 마디 #70

그의 배경은 어때?

What's his background?

↳ background 「~의 배경」. 「사람」에 대해서 사용하면 경력 등도 포함해서 어떤 인물인가라는 의미가 된다.

그는 우리 회사의 자랑이야.

He's the pride of our office.

정말로 우리 회사에서 귀중한 존재야.

He's a real asset.

↳ asset 「자산」 「재산」등의 의미. 「귀중한 존재」의 의미로 「사람」에 대해서 사용하는 일도 있다.

그들은 그녀를 높이 평가한다.

They have a high opinion of her.

칭찬받을 만해.

He's every bit as good as they say.

과연 영업부 출신인 만큼 일을 잘 해.

His background in sales is standing him in good stead.

• stand~ in good stead ~에 유리하게 작용하다

그는 대단해.

He's really something special.

제 능력을 과대평가 하지 마십시오.

Don't overestimate my ability.

• overestimate 과대평가하다, 지나치게 좋게 보다
*cf.* underestimate 과소평가하다

제 능력을 과소평가 하지 마십시오.

Don't underestimate my ability.

그의 관리능력을 지나치게 평가하고 있구나.

I think you're overestimating his management abilities.

그의 기량을 보고싶어.

I'd like to see him in action.

↳ see~ in action 실력의 정도를 보다, 솜씨를 구경하다

## B 일을 잘한다[못한다] #70

그는 이 일을 잘해.

He's good at this job.

그녀는 정말로 일을 잘 해.

She really knows her job.
= She can really work!

↳ 「일을 파악하고 있는 사람은 일을 잘한다」라는 표현. job을 place로

대치해서 "She knows her place."라고 하면 「그녀는 자신의 입장을 잘 알고 있다」라는 의미.

그는 정말로 유능한 사람이야.

He really has a lot on the ball.

↪ have a lot on the ball은 야구용어에서 온 어법으로 원래의 의미는 「(투수의) 공의 종류가 많다」이다.

그는 일을 빠르게 처리한다.

He's a fast worker.

그는 실행력이 있어.

He gets things done.

= He's a doer. » doer 행하는 사람, 행위자, 실행가

↪ get things done 「일을 끝내다」가 원래의 뜻. 변해서 「실행력이 있다」의 의미.

↠ "You realize his people skills are zero."—"Maybe so, but **he gets things done.**" 「그가 사람을 부리는 태도가 전혀 되먹지 않았다는 거 자네도 알고 있지?」 「그럴지도 모르겠어, 하지만 그에게는 실행력이 있다고」

그는 장사에 능숙해.

He's good at business.

그는 영업사원들의 중심적인 존재입니다.

He's the mainstay of our sales force.

- the mainstay 지주, 중심적인 존재

그의 성적은 아주 좋습니다.

His record should speak for itself.

- for itself 자신이, 스스로

기회만 주면 그는 틀림없이 일을 완수할 겁니다.

I'm sure he'll come through if we just give him a chance.

- come through 기대에 답하다, 기대한 대로 완수하다

그는 그 일을 할 능력이 없어.

He's not capable of doing the work.

↪ be capable of~ ~할 능력이 있다 (= have an ability of~)

그는 없는 것보다 못한 사람이야.

He's worse than useless.

↪ worse than useless 「사용할 수 없다」의 상투어.

그는 전혀 쓸모 없는 사람이야.

He's a real dud.

↪ dud 원래의 의미는 「불발탄」이고 사람에 대해서는 「도움이 되지 않는 사람」을 뜻함.

그는 형편없는 친구야.

He's a nobody.

- a nobody 무력한 사람, 부족한 사람

그 친구는 항상 방해만 돼.

He's always a drag.

## C 일 잘하는 사람, 다루기 쉬운 봉 #70

| | |
|---|---|
| 그는 일을 잘 해. | He's a real wheeler-dealer.<br>= He's quite a wheeler-dealer.<br>• wheeler-dealer 정치나 장사에 능란한 활동가, 수완가 |
| 그는 상당히 하는데. | He plays a very strong hand.<br>↳「강하게 승부를 하다」라는 표현. |
| 그는 만만찮은 상대야. | He's a formidable opponent.<br>↳「다루기 힘든 적이다」라는 표현. |
| 그는 보통 방법으로는 안 통해. | He's certainly nobody's fool.<br>• be nobody's fool 보통 방법으로는 안 된다 |
| 그런 수는 그에게는 통하지 않아. | That's not going to wash with him.<br>• wash with~ (주장 등이) ~에 받아들여지다 |
| 그는 그렇게 만만하지 않아. | He wasn't born yesterday.<br>↳「어제 태어난 게 아니다」 즉,「아기가 아니다」에서「만만하지 않다」 |
| 그를 가볍게 보지마. | Don't underestimate him.<br>• underestimate 과소평가하다 |
| 그의 속은 알 수가 없어. | He's impossible to read. |
| 그는 일하는 타입이 아니야. | He's not the wheeler-dealer type. |
| 그녀는 빈틈이 없는 변호사의 좋은 봉이야. | She's a sitting duck for their slick lawyer.<br>• a sitting duck 속기 쉬운 사람, 봉 |
| 그는 젊은 여자에게 약하다. | He has a soft spot for young women.<br>• have a soft spot for ~에 만만하다, ~을 좋아해 버리다 |

## D 베테랑이다[신입사원이다] #70

| | |
|---|---|
| 그는 베테랑이야. | He's an old-timer.<br>• an old-timer 베테랑, 고참 |
| 그는 믿을 만해. | He's dependable.<br>= He's a reliable person. = He's trustworthy.<br>↳「믿을 만한 사람이다」라는 의미. |
| 그 사람에게 여러모로 배우고 있습니다. | I've been learning a lot from him. |
| 그는 지금까지 우리들에게 여러 가지로 편의를 봐 주었습니다. | He's done us a lot of good turns in the past.<br>• turn 행위, 하는 짓 |

그는 그 일에 경험부족이야.

He's still too green for that job.

↳ green「경험부족의」「신인의」. 어느 쪽의 의미로 사용하는가는 상황에 따라서 다르다.

아직 신참이라서 혼자서는 일을 못해.

He's still too green to work by himself.

신입사원들은 전혀 일을 못해.

New employees are utterly useless.

그의 업무력이 점점 좋아지고 있어.

Her work is improving by leaps and bounds.

↳ leap도 bound도「도약하는 일」. by leaps and bounds는 바람직한 방향으로의 변화에만 사용된다.

↳ "**Her work is improving by leaps and bounds.**"—"I guess she's what you would call a late bloomer."「그녀의 일하는 모습이 점점 좋아집니다」「틀림없는 소위 대기만성형이군요」» a late bloomer 대기만성형

그가 상당히 두각을 나타내고 있어.

I think he is really working out.

↳ be working out 두각을 나타내다, 물건이 되다

↳ "How's Mr. Kim doing?"—"**I think he is really working out.**"「김씨는 일을 잘해?」「그는 여러 사람 중에서 두각을 나타내고 있어」

마침내 그의 제 실력이 나오고 있어.

He's finally getting into full swing.

• get into full swing 제실력이 나오다, 실력을 발휘하다

= He's really come into his own. » come into one's own 원래의 실력이 나오다

그는 유망한 사람이야.

He's a real up-and-comer.

• up-and-comer 유망한 사람·물건

그녀는 틀림없이 장래성이 있는 사람이야.

She definitely has a lot of promise.

• promise 장래성

그의 장래가 기대되죠?

He's got a great future ahead of him, doesn't he?

그는 출세할 거야.

He'll get ahead in the world.

↳ get ahead in the world 직역하면「세상에서 사람들을 앞서 가다」. in the world는 없어도 좋다. 또,「이 회사에서」라고 할 경우에는 in the world대신에 in this company라고 말하면 된다.

## E 머리가 예리합니다[둔합니다] #71

그녀는 이해가 빨라.

She picks things up fast.

그녀는 머리 회전이 굉장히 빨라.

She is really quick on the uptake.

↳ uptake「이해(력)」, quick on the uptake「머리회전이 빠르다」, on the uptake는 생략할 수 있다.

| | |
|---|---|
| 그는 요령이 좋은 사람이야. | He's a smooth operator.<br>↳ 요령이 좋은 사람이지만 나쁘게 말하면 교활한 사람을 말한다. |
| 그녀는 요령이 좋아. | She's a shrewd one.<br>↳ shrewd 「머리가 좋다」 「실수가 없다」로 부정적인 의미는 없다. |
| 그는 실수가 없는 사람이야. | He really touches all bases.<br>= He's meticulous.<br>↳ touch all the bases직역하면 「모든 (야구의) 베이스에 터치를 하다」, 즉 「실수가 없다」. |
| 그는 요령있게 설명을 해. | His explanations are to the point. |
| 그는 말에 설득력이 있어. | He has quite a persuasive way of talking. |
| 그 친구는 이해력이 부족해. | He just doesn't catch on.<br>• catch on~ 그 자리에서 이해하다 |
| 그에게 주의를 줘도 효과가 없어. | It doesn't do any good to caution him. |

CASE 5

## F 발상과 감각이 날카롭다[둔하다] #71

| | |
|---|---|
| 그녀는 관찰력이 좋아. | She knows just what to shoot for.<br>↳ 「무엇을 표적으로 해야 할지 알고 있다」. |
| 그녀는 판단력이 좋아. | She has a fine eye for quality. |
| 그의 발상은 신선해. | His ideas are unique. |
| 그는 안목이 있어. | He knows what to look for in people.<br>= He has an eye for judging people.<br>= He's a good judge of people. |
| 그는 정확히 문제의 핵심을 뚫고 있어. | He hits the issue right on the mark. |
| 그는 사람을 보는 눈이 없어. | He's a poor judge of character.<br>= He's no judge of people. |

## G 딱부러지지 못하다 #71

| | |
|---|---|
| 그는 자신의 글에 대해서 편집증적인 집착을 갖고 있어. | He's paranoid about his writing.<br>• be paranoid about~ ~에 편집하다 |
| 그는 건성으로 일을 해. | He does work carelessly. |
| 세세한 부분에서는 일이 엉성해. | He's sloppy when it comes to details.<br>• sloppy 단정치 못한, 구질구질한 |

| | |
|---|---|
| | • when it comes to~ ~라면, ~에 가서는 |
| 그는 부주의 해. | He does slipshod work.<br>• slipshod 되는 대로의, 부주의한 |

## H 일에 지독하다[노력가이다] #71

| | |
|---|---|
| 그는 일에 대해서는 아주 정확해. | He's very exacting about work.<br>• exacting 말이 많다, 엄하다 |
| 그는 일 벌레야. | He's a real workaholic.<br>= He works as hard as a workbee. |
| 그는 평탄하게 지금의 지위에 오른 건 아니야. | He didn't get his position in the com-pany by sitting on his hands.<br>• get one's position 지위를 손에 넣다<br>• sit on one's hands 수수방관하고 있다, 아무 것도 하지 않다 |
| 그는 심지가 있어. | He's a man of backbone. |
| 당신은 위기시에 언제나 그를 믿을 수 있어. | You can always count on him to be good in the clutch.<br>• count on~ ~을 의지하다, ~을 의탁하다<br>• in the clutch 위기 시에, 핀치 시에 |
| 보통 신경이 아니다. | He's got more than his share of nerve.<br>↳one's share of~ 「할당분의」에서 「보통 정도의」 의미. |
| 엎어져도 그냥은 일어나지 않는 녀석이다. | He never misses a trick.<br>↳not miss a trick 「(트럼프의) 유력한 카드를 흘려보지 않다」가 원래의 뜻. 변해서 「호기를 놓치지 않다」 「쓰러져도 그냥은 일어나지 않다」 등의 의미를 갖는다. |
| 그는 여유만만해 보였다. | He seemed as cool as a cucumber.<br>• as cool as a cucumber 안정을 되찾고 |
| 그의 겸손한 자세가 마음에 드실 겁니다. | I'm sure you'll like his unassuming approach to things.<br>= I'm sure you'll like his unassertive attitude.<br>↳unassuming은 assuming 「자아도취에 빠지다」의 부정표현으로 「잘난 척하지 않다」 「거드름을 피우지 않다」 「저자세」 등의 의미.<br>↬"Mr Kim's going to be my immediate boss."—"Oh, is that so? **I'm sure you'll like his unassuming approach to things.**" 「김씨가 나의 직속 상사가 될 거래」 「아, 그래, 당신은 그의 공손한 태도가 틀림없이 마음에 들 거야」 |
| 그는 항상 크게 허풍을 떠는 녀석입니다. | He's always blowing his own horn.<br>• blow one's own horn~ 허풍떨다 (= brag) |

## I 상사에 대해서 · 부하에 대해서 #72

그는 사실상의 사장이야.

He's the de facto president.

↳de facto 라틴어로 「사실상의」.

그 사장은 혼자 이것저것 다해.

The boss runs the whole show himself.

• run the show 주도하다

그는 엄한 상사야.

He's a tough man to work for.

↳「일」과 「사람」 등에 대해서 「엄하다」라고 할 경우 severe보다도 tough쪽이 보통 쓰인다.

그는 부하를 잘 다루는 사람이야.

He's good at handling the people under him.

그는 사람 부리는 게 서툴러.

He just doesn't know how to handle people.

그는 사람을 막 부리는 사람이야.

He's a real slave driver.

= He drives the employees hard.

• slave driver 노예감독, 사람을 거칠게 다루는 고용주

그에게 많은 기대를 걸고 있다.

The boss has high expectations for him.

## J 인망이 있다, 한 수 위다 #72

그는 개인적인 매력이 있다.

He has personal magnetism.

↳magnetism 원래의 의미는 「자력」이다. 여기에서 「사람을 끌어들이는 매력」의 비유로 쓰여지고 있다. personal을 붙혀서 「사람의 매력·개성」 「인망」의 뜻.

그는 모두에게 존경받고 있어.

Everybody gives him due respect.

• give~ due respect 당연히 경의를 표하다

그는 사람 다루는 데 절묘해.

He's superb at building people up and tearing them down.

• superb 훌륭한, 뛰어난 (= majestic, splendid)

그는 상사들을 많이 알고 있다.

He has pull upstairs.

↳「영향력」의 의미로 connections가 표준으로 쓰이지만, 속어적인 뉘앙스에서는 pull이 가깝다. have pull은 「영향력이 있다」→「뒤가 있다」「얼굴이 넓다」

= He has connections upstairs. » pull을 사용한 경우와 비교하면 「이용하기 위한」이라는 속어적인 표현은 아니다.

그는 본사 쪽에 발이 넓다.

He has pull back at the head office.

↳「~에 얼굴이 넓다」 대상을 나타낼 때는, "have pull with politicians" 「정치가에게 얼굴이 알려졌다」처럼 말한다.

CASE 5

우리는 그에게 상대가 안 돼.

We don't stand a chance against him.

• stand a chance against~ ~에 대한 가능성이 없다.

자네에게는 머리가 숙여지네.

I have to hand it to you.

• hand it to ~에게 경의를 표하다, 상대방의 승리를 인정하다

그는 한 수 위야.

He has an edge.

• have an edge on~ ~보다 유리하다, 우세하다

그를 앞지를 사람은 없어.

Nobody can outdo him.

• outdo ~를 앞지르다

현재 그들은 막상막하야.

Right now, they're running neck and neck.

= They're nip and tuck at this point.

↳ neck and neck 경마용어로 결승점 앞에서 「머리 차이」로 다투고 있는 상태 여기에서 「접전」을 의미한다.

## K 구체적인 일에 직면한 평가 · 기타 #72

그는 최근에 일을 잘해 왔어.

He's been doing some great work lately.

이번 최근 프로젝트는 그가 잘못 처리했어.

He's done a poor job of finishing up this latest project.

이 프로젝트는 그의 공이야.

He should get the credit for this project.

• get credit for~ ~의 명성을 얻다

거의 이씨의 공이었습니다.

It's was almost all Lee's doing.

= Almost credit goes to Lee.

• be one's doing ~의 공이다

이것은 저의 공이 아닙니다.

I can't take the credit for this.

• take the credit for~ ~의 공을 인정받다

규제를 빠져 나온 그의 능란한 솜씨가 현재의 위기를 불러왔어.

His deft way of getting around rules has led to the present crisis.

• deft 재주 있는, 교묘한

그는 책임을 회피하려고 하고 있어.

He's just trying to pass the buck.

↳ buck은 원래 포카의 용어로 「딜러의 표시」란 의미로 대화체에서는 「책임」의 의미로 쓰여진다.

• pass the buck 책임을 회피하다

대단하지는 않지만, 제가 모두 준비했습니다.

It's no big deal, but I made all the arrangements.

• arrangements 준비, 채비

| | |
|---|---|
| 자네는 요전의 발표에서 많은 점수를 땄어. | You made a lot of points with that presentation. |
| 그에게 커다란 일이 맡겨졌어. | He's been entrusted with a big job. |
| 그는 잘 나가고 있어. | He's really riding high. |
| 그는 징계를 받은 다음 딴 사람이 되었어. | He's become a different person since being reprimanded. |
| 그는 그 회사에서 중요한 역할을 한다. | He plays a crucial role in his company. |
| 그는 자수 성가로 백만장자가 되었다. | He is a self-made millionaire.<br>• be self-made 자수성가하다 |
| 너는 대기만성형이구나. | You're a late bloomer. |
| 그 계획에 대한 전망이 밝은가요, 어두운가요? | Are the projects painting a rosy or gloomy picture?<br>• paint a rosy[gloomy] picture 전망을 밝게[부정적으로] 보다 |

# 8 회사에 대해서 평가하다

## A 신용할 수 있을지? #73

그런 회사 들은 적이 없어. 자네는 있어?

**Never heard of them, have you?**

↳ 회화에서는 표현을 간략하게 하기 위해서 여러 가지 생략이 행해진다. 생략하지 않는 형은 다음과 같다. "I've never heard of them. Have you ever heard of them?"

↳ "**Never heard of them. Have you?**"—"Oh, yes. They're an old well-established company." 「그런 회사 들은 적이 없어. 자네는 있어?」「그래, 역사있는 제대로 된 회사야」

» well-established 안정된, 평가되어진

흥신소에 상대방 신원조사를 의뢰하는 게 좋을 거야.

**We'd better have the credit bureau check their references.**

- reference 신원조회, 신원증명서
- credit bureau 흥신소
- check someone's references 거래처와 구인 응모자의 신원조회를 하다

동아 데이터베이스에 알아보겠습니다.

**I'll check with Dong-A Database.**

## B 신용할 수 있다[업적이 좋다] #73

안심할 수 있는 회사야.

**That's a company you can depend on.**

↳ "We're going to be doing business with Z company."—"Now, **that's a company you can depend on.**" 「Z사와 거래하게 되었습니다.」「그래요, 그곳은 안심할 수 있는 회사입니다」

그 회사는 장래성이 있어.

**That's a company with a good future.**

그 회사는 급성장하고 있어.

**That company is growing fast.**

그곳의 소문은 입을 통해서만 퍼지고 있어.

**Their reputation has spread solely by word of mouth.**

그들의 신 제품이 히트를 쳤어.

**They really hit the jackpot with that new model.**

- hit the jackpot 크게 맞다, 대성공하다

개인용 컴퓨터는 요즘 그들의 달러박스의 상품이 되었어.

**Personal computers have been their cash cow for years.**

↳ cash cow 「돈벌이가 되는 상품과 제품」. 서비스 등에 대해서도 사용할 수 있다.

그들은 운영을 잘해서 큰 돈을 벌었어.

They made the right moves and made out big.

↳ make the right moves 「바르게 움직이다」, 곧 「잘하다」.

• make out big 돈을 많이 벌다

자네는 아무 근심이 없겠어.

You have it made.

↳ have it made 「편안히 살 수 있다」, 아무런 걱정도 없는 상태를 나타낸다. 직역하면 「해냈구나」의 뜻이다.

꿈이었던 새 본사 빌딩공사가 실현되었어.

Their dream of a new head office building came true.

• come true (꿈 등이) 실현하다, (예측 등이) 현실이 되다

그들은 상당히 융통성이 있었어.

They've been awfully accommodating.

• accommodating 융통성이 있는

중개해 준 것으로 그들에게 빚을 진 느낌이야.

Somehow I feel obligated to them for introducing us.

= I feel indebted to them for introducing us.

↳ 「깊은 의리를 느끼고 있다」의 경우에는 somehow 대신에 deeply를 사용한다.

• feel obligated to~ ~에게 감사의 마음을 느끼다

## C 신용할 수 없다[업적이 나쁘다] #73

그들은 이 업계에서는 아직 신참이야.

They're still new guys on the block in this business.

↳ 여기서의 block은 territory (구역)의 의미로 구체적으로 「지역」, 추상적으로 「분야」의 양쪽을 포함한다.

그 회사는 완전히 신용을 잃었어.

That company has completely lost its credibility.

그들이 재기하는 데 몇 주일은 걸릴 것 같다.

It'll take a few weeks for them to get back on their feet.

↳ get back on one's feet 「자신의 발로 서있는 상태로 돌아가다」, 즉 「다시 일어서다」의 뜻. 「회사경영이 재기하다」 「개인이 (병 등으로부터) 육체적으로 회복하다」의 어느 쪽에 대해서도 사용할 수 있다.

그렇게 많이 해고하면 업계에서 체면이 엉망이 될거야.

They'll lose face in the industry if they fire that many people.

• lose face 얼굴이 엉망이 되다, 면목을 잃다

• fire ~을 해고하다 (= dismiss, lay~ off)

그들의 운명은 다 되었어.

Their days are numbered.

↳ 「나머지 시간이 얼마없다」 「한계까지 와 있다」라는 의미이지 「(일 등의) 윤곽이 보이다」 「목표가 보이다」의 의미가 아니므로 주의할 것.

↠ "Why didn't you go with the Elppa hardware?"—"**Scuttlebutt**

**has it their days are numbered."**—"Oh?" 「무엇 때문에 엘파 하드웨어로 안했지?」「소문에 의하면 장래가 뻔하다는 거야」「뭐?」

» go with ~을 고르다, ~으로 하다

» scuttlebutt has it(that) 소문에 따르면~

그들이 도산하는 것은 시간 문제이다.

It's only a matter of time until they go bankrupt.

↪ time 대신에 days를 사용해도 된다.

• go bankrupt 파산하다 (= go out of business = go insolvent)

그들의 도산은 경영진의 실책이 원인이야.

Their bankruptcy was the result of top-management blunders.

↪ blunders는 「잘못」 중에서도 「중대한 잘못」. 「사소한 잘못」은 error이다. 「잘못」의 정도에 관계없이 사용할 수 있는 것은 mistake이다.

그들은 도움이 안 돼.

They're carrying too much excess baggage.

• excess baggage 쓸모 없는 사람

## D 악평의 여러 가지 #73

그들은 경찰과 유착되어 있어.

They have a cozy relationship with the police.

↪ a cozy relationship 「안락하고 편한 관계」에서 「만만한 관계」 「유착」의 의미. have 대신 enjoy를 사용해도 된다.

건설회사는 어디나 현지의 정치가와 한패가 되어 있어.

The construction companies are all in cahoots with the local politicians.

↪ cahoots는 「공모」라는 의미의 속어로 복수형으로 사용되고 있다.

그들은 수 년 동안이나 서로 의지해 왔어.

They've been scratching each other's back for years.

= They're been taking care of each other for years.

↪ 「서로가 등을 긁어주다」에서 「주거니 받거니 하며 나가다」 「서로가 기대다」의 의미. for years는 「수 년 동안이나」.

그 건물은 이미 저당이 잡혀 있어.

Their building is already mortgaged.

## E 일의 평가 · 우열 #74

그들은 아주 세심하게 일을 처리 하죠.

They're very meticulous in their work.

• meticulous 세세한 것까지 마음씨가 미치는

그들은 순식간에 디자인을 끝냈습니다.

They got the design done in no time flat.

↪ flat은 exactly(정확히)의 의미로 여기서는 강조하기 위해 사용. 생략해도 좋다.

• in no time 곧, 즉시 (= soon, immediately)

| | |
|---|---|
| 그들은 엔진 설계에 집중했습니다. | They've added a wrinkle to the engine design.<br>↪wrinkle 원래 의미는 「주름」이지만, 대화체에서는 「연구」의 의미로 사용된다. |
| 말 잘하는 게 그들의 장사 수단입니다. | The gift of gab is their stock-in-trade.<br>• gift of gab 말을 잘하는 것, 달변<br>↪stock-in trade는 「장사에 있어서 갖추어 두어야 할 것」이 원래의 뜻. 변해서 「장사도구」의 의미. |
| 그들은 우리보다 한 수 위야. | They're cut above us.<br>= They're one step ahead of us.<br>• a cut above ~보다 한 수 위 |
| 기술면에서는 그들이 나아. | They have it over us in terms of technology.<br>= They're more than a match for us technically.<br>• have it over ~보다 잘한다<br>*cf.* be more than a match for ~보다 잘 한다 |
| 품질 면에서 말하면 저쪽이 우리의 상대가 안 돼. | They don't hold a candle to us in terms of quality.<br>= They don't hold a stick to us in terms of quality.<br>• in terms of ~의 조정에서 보면, ~면에서는 |
| 경험에 있어서는 그들의 상대가 안 돼. | We're no match for them when it comes to experience.<br>↪be no match for 「~의 대전상대가 아니다」→「~에는 상대가 되지 않는다」. when it comes to의 뒤에는 비교하는 점을 나타내는 어구가 온다. |
| 적으로서 미흡한 점은 없어. | They certainly leave nothing to be desired as an opponent.<br>↪「적으로 이 이상 미흡한 점이 없다」라는 뜻. |
| 어디도 우리 적은 없어. | There's nobody else in the same league with us.<br>• A is not in the same league with B A는 B의 경쟁상대도 안 된다 |
| 그들은 위태로워. | They're skating on thin ice.<br>↪얇은 얼음 위에서 스케이트를 타고 있다는 의미. |
| 그들이 계약을 수행할 수 없다고 생각해? | You think they won't be able to carry out the contract?<br>↪carry out 「실행하다」라는 의미. go through with를 대신 사용해도 된다. |
| 영업부는 대접받을 자격이 충분해. | I think the sales department deserves a pat on the back.<br>• deserve a pat on the back 칭찬을 받을 자격이 있다 |

CASE 5

말하자면 디자인부는 판에 박힌 작업만 하거든.

If you ask me, the design department's really in a rut.

↪ If you ask me 「물어와서 말을 하자면」의 의미로 발언하고 싶을 때의 도입구.

• in a rut 판에 박힌, 활동을 하는

## F 험담 등 #74

그들은 일을 되는 대로 하고 있어.

They're just shooting in the dark.

↪ 「어둠에서 총을 쏘다」에서 「아무렇게 하다」 「목적을 정하지 않고 하다」

그들의 본말이 전도되었어.

They're getting their priorities all wrong.

↪ get one's priorities all wrong 「우선 순위를 전적으로 착각하다」에서 「본말이 전도되다」의 의미.

그들은 권력을 휘두르고 있어.

They're just throwing their weight around.

• throw one's weight around 권위와 권력을 휘두르다

그들은 시간 엄수에 까다롭습니다.

They're really strict about being on time.

• strict 엄격한

그 회사는 까다로운 회사야.

That company is a stickler for detail.

• stickler 말이 많은 사람

그들은 융통성이 없어.

They're really set in their ways.

• be set in one's ways 자신의 방식에 구애받아 바꾸려 하지 않는다

## G 대립 · 감정 등 #74

그들은 뭔가 일을 꾸미고 있는 것 같애.

I think they're up to something.

= I'm afraid they have something going.

= I think they have a hidden agenda.

• be up to something 뭔가 나쁜 일을 기도하다

그들은 우리에게 철저히 타격을 주려하고 있어.

They're out for our blood.

• be out for someone's blood ~을 피가 날 만큼 가격하려한다

그들은 처음부터 우리들의 발을 잡으려들고 있어.

They've been trying to trip us up from the very beginning.

• trip up 발을 잡다

그들은 양다리를 걸치려는 게 분명해.

It's obvious they're trying to play both sides.

• play both sides 양다리 걸치다

그들의 협박은 참 서툴군요.

I'll bet they're just bluffing.

↪ bluff는 원래 카드게임에서 「허세를 부리는 것」을 말하는데, 일상생

활에서는 「서투른 위협」 「허세」의 의미. I'll bet은 「틀림없이 ~다」의 뜻.

↳ "They're threatening to go elsewhere."—"I wouldn't take that seriously. **I'll bet they're just bluffing.**" 「그들은 어딘가 다른 곳과 손을 잡겠다고 위협하고 있습니다」 「나라면 그런 건 진지하게 받아들이지 않아. 틀림없이 서투른 위협에 지나지 않는다고」

» threaten to ~하겠다고 위협하다

간다해도 시간 낭비입니다.

We'll just be wasting our time to go there.

그들의 말은 정당한 근거가 없어.

They don't have a leg to stand on.

↳ 언동 등이 「정당한 근거가 없다」라는 표현.

• have a leg to stand on 합리적이다

돈을 쓰면 그들은 당신이 바라는 대로 해 줄 겁니다.

If you put your money in the right place, they'll do anything you want.

그들의 약점을 우리가 알고 있지.

I have some dirt on them.

= I have something on them.

그들의 약점을 알고 있어.

Now we have them by the short hairs.

↳ 「사람의 약점을 쥐고 있다」 「멋대로 지배하고 있다」라는 의미의 속어적 표현. short hair는 속어로 「음모」.

그들이 추천하는 건 절대로 사지 않겠어.

I wouldn't touch anything they were pushing with a ten-foot pole.

↳ wouldn't touch~ with a ten-foot pole은 「긴 장대를 사용해도~에 접하고 싶지 않다」에서 「~은 아무래도 싫다」.

그들과는 손을 끊고 싶어.

I'd break off relations with them.

청구 방법이 원인이 되어 그들과는 단호히 손을 끊었습니다.

We've made a clean break with them over their billing practices.

그들은 그 프로젝트에서 손을 뗐습니다.

They backed out of the project.

• back out of~ ~에서 물러나다

그들은 확장 계획 규모를 축소하기로 결정했습니다.

They've decided to scale down their expansion plans.

그들은 지금까지 수백 만이나 수리에 투자했습니다.

They've poured millions into repairs so far.

• so far 지금까지

CASE 5

# 9 의욕을 나타내다 · 맡기다

## A 제가 하겠습니다 #75

| | |
|---|---|
| 도전적인 일이군요. | It's challenging work. |
| 중대한 책임이 따르는 일입니다. | It's a big responsibility. |
| 한 번 해 보겠습니다. | I'll give it a try. |
| 저에게 맡겨 주십시오. | Leave it to me. |
| 안심하시고 맡겨 주십시오. | Please set your mind at ease and leave it to me.<br>• set one's mind at ease 편안 마음을 갖다 |
| 제가 처리하겠습니다. | I'll take care of it myself.<br>• take care of~ (일을) 처리하다 |
| 부재중에는 제가 일을 시키겠습니다. | I'll keep them occupied while you're gone.<br>• keep~ occupied ~을 빈손으로 일없이 내버려두지 않다 |
| 다시 한 번만 기회를 주십시오. | Won't you give me just one more chance? |
| 어떻게 해 보겠습니다. | I'll see what I can do.<br>• see 생각하다, 조사하다<br>• what I can 내가 할 수 있는 일, 내가 뭘 할 수 있는가 |

## B 절대로 잘하겠습니다 #75

| | |
|---|---|
| 꼭 그 일은 성공시켜야 돼. | We'll have to make absolutely sure it works. |
| 기대에 어긋나지 않도록 노력하겠습니다. | I'll try not to let you down.<br>• let~down ~을 실망시키다 (= disappoint) |
| 이제부터는 뭐든 확실히 하겠습니다. | I'll be sure to double-check everything from now on.<br>• be sure to~ 틀림없이~하다<br>• from now on 앞으로 |
| 지금이 명예 회복의 기회야. | It's a chance to redeem ourselves.<br>↪ redeem one's honor 형태도 있지만, 약간은 과장되게 들린다. |

| | |
|---|---|
| 이 기회를 놓치고 싶지 않아. | I don't want to miss the boat on this chance.<br>• miss the boat 시대의 흐름에 뒤지다, 좋은 기회를 놓치다 |
| 재도전을 향해서 의욕이 넘친다. | We're game for another try.<br>↳ 이 때 game은 형용사로, 어려움에 대해서 「의욕이 있는」 「힘을 내고 있는」의 의미. |
| 모두 힘을 내고 있어. | Everybody's been hustling. |
| 지금이 우리의 솜씨를 보여줄 기회야. | Here's our chance to show what we can do. |
| 그들에게 조심스럽게 대할 거야. | I'll handle them with kid gloves.<br>↳ handle~ with kid gloves 「상처를 입지 않도록 가죽으로 된 장갑으로 ~을 다루다」에서 「~을 잘 취급하다」의 의미. |
| 제대로 하겠습니다. | I'll pull my own weight. = I'll get it done.<br>• pull one's own weight 역할을 수행하다 |
| 정말이야. | I'm serious.<br>↬ "Don't go off halfcocked."—"**I'm serious.**" 「서두르지 마」 「나는 진심이야」 |
| 뭐든지 준비가 되어 있어. | We'll be ready for anything.<br>• be ready for ~ ~에 대해서 준비가 되어 있다 |
| 지금부터야. | The best is yet to come.<br>↳ 「최고의 때는 아직 오지 않았어」라는 의미. |
| 그냥 지켜보기만 해. | You just wait.<br>↳ 「너는 참견말고 지켜 봐」라는 뜻. |
| 단숨에 해치웁시다. | Let's buckle down and finish it up at one go.<br>• buckle down (일에) 본격적으로 착수하다<br>• at one go 일거에 |
| 준비없이 참가합시다. | Let's just go in cold.<br>• go in (시합에) 참가하다<br>• cold 준비 없이 |
| 될대로 되라지. | I don't give a damn.<br>• not give damn 아무래도 좋다 |
| 당장 뒤진 걸 만회할 수 있어. | I can quickly make up the time we lost.<br>• make up[for] the time 뒤진 것을 만회하다 (= catch up) |
| 걱정하지 마세요. | Don't worry.<br>↬ "Can you manage it?"—"**Don't worry.**" 「할 수 있어?」 「걱정하지 마」 |

CASE 5

## C 자, 착수합시다 #75

자, 시작합시다.

Let's get on with it.

- get on with~ ~에 착수하다

↪ "I have the contract right here."—"Good. **Let's get on with it.**"—"Well need someone to witness the signing." 「계약서를 가져왔습니다」「그럼, 시작합시다」「누군가 입회해 줄 사람이 필요합니다」

» have~ right here ~은 손안에 있다

» witness the signing 계약에 입회하다

그 일에 착수할까요?

Let's get to it, shall we?

지금 당장 착수할 것입니다.

I'll get to work on it right now.

= I'll get right on it.

- get to work on~ ~의 일에 착수하다

일을 끝내버립시다.

Let's get it over with.

= Let's get it out of the way. » out of the way 정리하여, 방해가 되지 않는

= Let's finish it up.

- get it over with (일을) 처리해 버리다

↪ "We're almost finished. **Let's get it over with.**"—"That's fine with me." 「거의 끝났어, 끝내버리자」「좋아」

당장 다시 하겠습니다.

I'll do it over right away.

단숨에 끝내버리죠.

I'll polish it off in one sitting.

- polish off 일 같은 것을 빨리빨리 끝내다

↪ in one sitting 「앉은 채로 일어나지 않고」에서 「단숨에」라는 뜻.

최선을 다하겠습니다.

I'll give it my best shot.

= I'll give it my best.

= I'll do my best.

= I'll do everything I can.

기대에 어긋나지 않도록 최선을 다하겠습니다.

I'll do my best not to let you down.

## D 마지막까지 분발하지요 #75

이 일을 완수하겠습니다.

We'll see the job through.

- see through (일 등을) 마지막까지 해내다

끝까지 해내는 것을 보여드리겠습니다.

I'll show them I have the backbone to see it through.

- backbone 기력
- see it through 끝까지 해내다

여하튼 그것을 끝냈습니다.

I'll get it done somehow.
• get~ done ~을 해 내다

끝까지 해 내겠습니다.

We're going the route.
= We're decide to stick it out.
↪go the route 「모든 여정을 가다」에서 「마지막까지 해 내다」의 의미. 「곤란한 일이지만, 힘을 내서 해 나가자」라는 결의의 말로서도 자주 사용된다.

저는 중간에 포기를 하는 사람이 아닙니다.

I can't leave off halfway through.

약속은 끝까지 꼭 지킬 생각입니다.

We fully intend to follow through on our promise.
• follow through on~ ~을 마지막까지 관철하다

CASE 5

## E 함께 합시다 #76

급한 일이라면 도와 드리지요.

I can help if it's something urgent.

사정이 허락하는 한 돕겠습니다.

I plan to help as much as circumstances will allow.
• as much as ~하는 한[만큼]

힘을 합하면 할 수 있어.

If we join forces, we can do it.

끝까지 같이 하겠습니다.

We're with you all the way.
= We're on your side all the way.
↪all the way 「계속」의 의미.

## F (이런 식으로) 최선을 다하겠습니다 #76

좋은 아이디어를 생각해 보겠습니다.

I'll come up with some ideas.
• come up with 생각해 내다

그 건은 아침에 제일 먼저 조치해 놓겠습니다.

I'll follow up on it first thing in the morning.
• follow up on ~의 건에 대해서 조치하다

흔해 빠진 하드웨어 업체는 되고 싶지 않습니다.

We don't want to be just another hardware manufacturer.
• just another 흔해 빠진

제 돈으로 지불하겠습니다.

I'll pay for it out of my own pocket.
= I'll pay for it myself.
↪pay out of one's own pocket 글자 그대로 「자신의 주머니에서 돈을 꺼내서 지불하다」. 일을 하는 데 있어서 접대 비용을 자신이 지불하는 경우에 사용한다.

## G 조건부로 하겠습니다 #76

인선은 본인이 자유롭게 결정했으면 하는데요.

I'd like to have a free hand in picking the people involved.

- a free hand 판단과 재량의 자유

제가 결정을 내리는 일이라면 맡겠습니다.

I'll accept if I get to call the shots.

- get to ~할 수 있는 상황이 되다
- call the shots 미리 말하다, 결정을 내리다

이번만은 제 방식으로 할 수 있습니까?

Can I have it my way this time?

- have~ one's way ~을 생각대로 하다

## H 아아, 의욕이 없다 #76

보장할 수는 없습니다.

I can't guarantee it.

이번 일로 책임질 생각은 없습니다.

I'm not going to take the rap for this.

- take the rap 남이 범한 죄를 뒤집어 쓰다, 책임을 지다

저보고 어떻게 하란 말입니까?

What do you expect me to do?

아이디어가 고갈되었어.

I ran out of ideas.

당장은 조용히 일하고 싶어.

I'd like to play the role of a silent partner for now.

↪ silent partner 「말참견을 하지 않는 파트너」가 원래의 뜻. 비즈니스 세계에서만 쓰이고 「자신의 외부에 내놓을 돈만을 내놓는 스폰서」의 의미.

- play the role of~ ~의 역을 수행하다

↬ "I'm reluctant to play an active role. **I'd like to play the role of a silent partner for now.**"—"I have no problems if that's the way you want it." 「지금은 표면적으로 움직이는 것은 마음이 내키지 않아. 당장은 흑자를 내는 데 철저를 기하고 싶어」 「만약에 그렇게 하고 싶다면 나는 상관하지 않겠어」 » be reluctant to ~하는 건 마음이 내키지 않다

기대에 부응하지 못한 것 같습니다.

I'm afraid I didn't live up to your expectation.

- live up to (기대 등에) 부응하다

그에게는 우리가 필요한 기술이 없지?

He doesn't have what it takes, does he?

- what it takes 필요한 능력, 의욕

## | 당신에게 일임하겠어 #76

모두 자네 몫이야.

It's all yours.

↳ 직역「모두 너의 것이다」에서「자네에게 맡긴다」.

좋아, 그럼 자네로 결정하지.

OK, you're our man, then.

- be our man 우리들의 기대를 이루워 줄 사람이다

↳ "You think you'd be interested in the position?"—"I'm willing to take a crack at it."—"**OK, you're our man then.**"「그 포지션을 맡을 생각이 있는가?」「기꺼이 도전하겠습니다」「좋아, 그럼, 자네로 하지」 » take a crack at~ ~에 도전하다

자네 판단에 맡기겠어.

I'm leaving everything to your judgement.

당신이 판단할 일이죠.

It's your call.

- be one's call ~의 결단 여하에 의한다

자네의 자유 재량에 맡기지.

I'll give you a free hand.

그 건은 부하직원에게 맡길 생각입니다.

I'll leave it to one of my people.

- leave A to B A를 B에게 맡기다

CASE 5

## 10 꾸짖다 · 격려하다 · 신경쓰다

### A 반성합시다 #77

| | |
|---|---|
| 호되게 꾸지람을 들었습니다. | I was really raked over the coals<br>• rake~ over the coals ~을 꾸짖다 |
| 상사에게 야단을 맞았습니다. | I was really chewed out by my boss. |
| 잘못 투성이야. | It's riddled with errors.<br>• be riddled with~ (나쁜 것으로) 가득 찼다 |
| 어째서 그런 식으로 해서 문제를 일으켰지? | Why did you pull the rug out from under me that way?<br>• pull the rug out from under ~의 발을 걸다 |
| 더 이상 상대를 선동하는 짓은 하지마. | Don't egg them on anymore now.<br>• egg on 꼬드기다, 선동하다 |
| 예상보다 크게 벗어났습니다. | They missed by a mile.<br>↪miss by a mile 「일마일이나 과녁이 벗어나다」, 즉 「과녁이 크게 벗어나는 일」.<br>↪"I have to admit our projections were a little off."—"A little? Come on now. **They missed by a mile.**" 「우리의 예측이 약간은 벗어난 걸 인정해야 합니다」 「조금? 무슨 얘기야, 크게 벗어났어」 |
| 모두 반성하지 않으면 안 돼. | We all have to do some soul-searching.<br>• soul-searching 반성 |
| 확정된 것이 하나도 없는데 도대체 모두가 무엇 때문에 그렇게까지 설비를 앞질러 구입한 것입니까? | Why on earth did you jump the gun on buying all that equipment before anything was finalized.<br>↪jump the gun 스포츠용어로 「플라잉을 하다」에서 「미리 달리다」 「시기상조의 일을 하다」. |

### B 빨리 해야 돼! #77

| | |
|---|---|
| 빨리 일에 착수해. | Just get to work. |
| 조금 더 서둘러 해줘. | Do it with a little more hustle. |
| 능률을 올릴 수 없겠어? | Isn't there any way to improve efficiency? |

그들에게 추월 당하지마.
Don't let them get ahead of us.

무슨 일이 있어도 경쟁사의 기선을 제압해야 돼.
We have to beat our competition to the punch.
↳beat~ to the punch 「~에 선제 펀치를 먹이다」에서 「~의 기선을 제압하다」의 뜻.

장난은 그만하고 일을 시작해.
Stop fooling around and get down to work.

## C 긴장하고 일하자 #77

너는 일을 하는 데 진지함이 부족해.
You're not serious enough about this work.

일하는 상태가 해이해 지고 있어.
Your performance is getting sloppy.

너 틀림없이 긴장감이 없어졌구나.
You must be getting soft.
↳get soft는 「(정신적 · 육체적으로) 긴장감이 없어지다」의 뜻으로 부정적인 이미지.
↳» "Boy, these long days are getting me down."—"**You must me getting soft.** Years ago you could go 48 hours without sleep." 「이 봐, 연일 피곤하니까 정말로 지치겠네」 「해이해졌구나. 예전에는 48시간 자지 않고 할 수 있었는데」 » long day 여러 가지로 피곤한 날, 고통스런 날

이제 너의 마음가짐에 대해 생각해 볼 때야.
It's time you thought about putting your house in order.
↳put one's house in order 「자신의 집을 제대로 정돈하다」, 곧 「마음가짐을 다시 굳게 하다」 「정신을 가다듬다」

멍청하게 있지 말라고.
We can't afford to let our guard down.
↳「가드를 내리고 있을 여유는 없다」라는 스포츠에서 온 말.
= We can't afford to take it easy.

장난스런 태도로는 일을 할 수 없다구.
This job can't be handled in a half-serious manner.

상대를 만만히 보지 말라구.
I wouldn't sell them short.
↳sell~ short 「~을 깔보다」 「~을 만만하게 보다」. I wouldn't는 「~하지 않는 편이 좋다」라는 조언.

마지막까지 경계를 늦추지 마.
Keep your guard up all the way.
= Play your cards close to the chest.

실패할 여유가 없어.
There's no room for failure.

어떤 하찮은 잘못도 용서할 수 없다.
We can't afford to make any goofs.
↳goof 「바보같은 잘못」 「쓸데없는 잘못」이라는 뉘앙스. 「실수를 하다」라는 동사로서 사용하는 일도 있다.

• can't afford to~ ~할 수 없다

어떠한 실수도 용납할 수 없어.

We can't afford any slip-ups whatsoever.
• slip-up 약간의 잘못
• whatsoever 약간의 ~도

신중을 기해서 행동해야 해.

You're expected to be circumspect in your behavior.
• circumspect 신중한

이번에 실패하면 끝장이야.

If you make a mistake here, it's all over.

이것이 팔리지 않으면 파산이야.

If this doesn't sell, we'll be out of business.

궁지에 처해 있어.

We'll be in a fix.
↳ "If we can't come up with $10,000 by payday, **we'll be in a fix.**"—"We've been doing everything we can to collect payment." 「월급날까지 만달러가 준비 안되면 궁지에 몰리게 돼」 「돈을 모으는 데 가능한 조치는 취하고 있어.」
» come up with 돈을 조달하다
= We'll be up the creek. » 원래의 뜻은 「개천에 빠져서 움직일 수 없게 되다」. 그 밖에 be in a jam과 be in a bind 등도 같은 의미.

## D 일의 방식에 대해서 #77

뭔가 조치를 취하는 게 좋겠어.

You'd better take action on it.
= You'd better do something about it.

역효과가 나게 될 거야.

It'll be counterproductive.

세세한 일로 문제를 복잡하게 말자구.

Don't muddy the water with details.
↳ muddy water 「물을 진흙으로 탁하게 하다」에서 「사태를 알기 어렵게 하다」

살얼음 위를 걷지 마.

Don't skate on thin ice.
↳ 「얇은 얼음 위에서 스케이트를 타다」에서 위태로운 상황을 나타낸다.

잠잠해질 때까지 눈에 띄는 행동은 안 하는 편이 좋아.

You'd better keep a low profile until this thing blows over.
↳ keep a low profile 「자세를 움츠리고 있는 채로」가 원래의 의미. 여기서 「눈에 띄지 않게 하다」의 뜻.
• blow over (바람과 소동 같은 것이) 잠잠해지다

그런 방식으로는 상처를 남기게 돼.

Doing it that way will leave scars.
↳ scar 여기서는 「마음의 상처」 「응어리」.

예행 연습 없이 본격적으로 들어가면 우리가 불리할 거야.

If we go in cold, we'll be at a big disadvantage.

• go in cold 갑자기 본격적으로 시작하다

무엇 때문에 그렇게 감추는 거야?

Why do we have to be so secretive?

↪ secretive는 secret(비밀)에서 온 형용사로 「소근거리는」.

↪ "Please don't tell anyone about this."—"**Why do we have to be so secretive?**" 「이 일은 누구에게도 말하지 말어」 「무엇 때문에 그렇게 감추지 않으면 안 되는 거야」

흔해 빠진 제안으로는 통하지 않아.

They won't be satisfied with any ordinary proposal.

숨은 뜻을 파악해야 해.

You have to read between the lines.

↪ 주로 문서에 대해서 말하지만 담화의 내용 등에 대해서도 비유적으로 사용된다.

젊은이의 의견을 들어주는 것도 필요해.

We need to take into account the opinions of young people, too.

• take into account 고려하다 (= consider)

시대는 변했어.

Times have changed.

CASE 5

## E 힘냅시다 #78

이번에는 최선을 다 해주기 바래.

I want you to give it all you've got this time.

↪ give it all one's got 「열심히 하다」 「최선을 다하다」. have got은 have만으로도 괜찮다.

최선을 다해 열심히 해서 이 프로젝트를 성공시킵시다.

Let's all put our shoulders to the wheel and make this project a success.

• put one's shoulder to the wheel 열심히 하다

판매실적을 올리도록 좀더 노력해줘야 되겠어.

I want you to try a little harder to improve your sales record.

잘 해 봅시다.

Let's not miss the boat on this one.

• miss the boat 뒤지다

죽든 살든 해 보자.

Sink or swim, I'll try it anyway.

↪ sink or swim 부사적으로 사용해서 「흥하건 망하건」으로 결정을 내릴 때의 표현으로 사용한다.

지금 새삼 물러서려는 건 아니지.

You're not going to backpedal now, are you?

↪ pedal 자전거의 「페달」. 옛날 페달과 차륜이 직결되어 있어 페달을 뒤로 저으면 브레이크가 걸리거나 후퇴하거나 하는 것에서 유래.

방법은 아직 얼마든지 있다.

We should still have any number of moves open to us.

일에는 몇 가지의 방법이 있지 않은가?

↪ 이 때 move는 「방법」 「수단」.

There are many ways of skinning a cat.

↪ skin 동사로 「~의 껍질을 벗기다」.

이쪽에는 비장의 카드가 있다.

We have an ace in the hole.

모든 게 당신 공이야.

You get credit for everything.

= All of this will go on your record.

↪ credit 「공을 넓게 인정받는 일」, get credit 「실적이 되다」라는 의미. 개인의 「실적」에 대해서 넓게 사용되고 있다. 「회사의 실적」인 경우는 achievement, record 등이 사용된다.

↬ "They came to terms just this morning."—"Great. **You get credit for everything.**" 「그들이 조건을 받아들이기로 했습니다」 「좋아, 모든 게 자네 공이 커」

지금이 출세할 절호의 기회야.

It's your big chance to move up in the world.

• move up 승진하다 (= be promoted), 출세하다

내일은 중요한 날이야.

Tomorrow is a big day.

• a big day 중요한 날

오늘 그들에게 약간의 격려의 말을 전했다.

I gave them a little pep talk this morning.

↪ pep 「원기」 「활기」의 의미. a pep talk는 「격려」에서 「격」까지 커버한다.

## F 신경을 쓰다 · 위로하다 #78

방법이 없어요.

It can't be helped.

↪ 체념을 나타내는 표현. 「자신은 어떻게 할 수도 없다」라는 것이라면 "I can't help it."이라고 한다.

↬ "This fax machine is so slow."—"**It can't be helped.** It's an old model." 「이 fax 늦는군」 「방법이 없어. 구형이라서 그래.」

문제가 생겨도 어쩔 수 없어.

We're bound to get into trouble.

• be bound to 어떻게든 ~을 해버리다, ~하는 것도 어쩔 수 없다

흔하게 있는 일이야.

That's typical.

↪ "That's typical for him." 「그 녀석에게는 자주 있는 일이다」처럼 for를 사용해서 사람의 버릇과 성격에 관해서도 「어쩔 수 없다」라는 기분으로 사용된다. 자주 지각하는 사람에 대해서 「비난」의 기분을 담은 때는 "It's typical of you(to be late)." 「아주 상습적으로 늦는구먼」 이라는 형태를 취한다.

자네의 노력은 깊이 사겠네.

I'll give you credit for trying.

• give A credit for B A의 B를 평가하다

타당한 변명거리를 댈 수 있어.

I'll make up some believable excuse.

• make up an excuse 변명거리를 만들다

과거 일은 잊자.

Why don't we let bygones be bygones?
= Let's forget it.
= That's water under the bridge.
↳ bygones「과거의 일」「과거의 일은 과거의 일로 하다」에서「없었던 것으로 하다」의 의미. 제안으로 하는 경우가 많다.

자네도 그동안에 핵심을 찾아낼 수 있을 거야.

You'll learn the ropes in time.
↳ rope은 대화체에서는 the ropes로「특수한 요점」「전문적인 요령」이라는 의미를 나타낸다.

시간이 지나면 익숙해 질 거야.

You get used to it with time.
↳ get used to~「~에 익숙해 지다」
• get used to~ ~에 익숙해 지다 (= be accustomed to)
• with time 시간이 지남에 따라, 이윽고 (= over time = as time goes(passed by))

제가 그들에게 대신 말해 드리지요.

I'll put in a good word for you with them.

그 경우에 그의 체면을 세워 주었으면 좋겠습니다.

In that case, I'd like you to help him save face.
• save one's face 체면을 유지하다

자비 부담으로 한 게 아니겠지요?

I hope it didn't come out of your pocket.

누구를 보내서 도와 드릴까요?

Would you like us to send someone to help you out?
↳ **"Would you like us to send someone to help you out?"**— "No thanks. We have more than enough help."「사람을 보내서 도와 줄까?」「고마워, 그렇지만, 일손은 충분해」

누군가 도와 줄 사람이 있을 지도 몰라.

There may be someone available to help you.

CASE 5

# 11 할 수 있다 · 할 수 없다 · 어렵다

## A 간단합니다 #79

혼자 할 수 있겠어?

**Can you manage?**

↳ 무거운 짐을 갖고 있는 사람에게는 "Can you manage? May I help you?" 「괜찮겠어요? 도와 드릴까요?」라고 말한다.

식은 죽 먹기다.

**It's a cinch.**

= It's a piece of cake.

- a cinch 매우 간단한 일

그 봐, 간단하지.

**Here, look. There's nothing to it.**

↳ 실제로 해 보이고 「봐, 간단하지」라고 나타내는 경우에 자주 사용한다.

문제 없어.

**No sweat.**

= Don't worry.

↳ sweat는 「땀을 흘리는 것 같은 중노동」 「힘이 드는 일」 「좋다」의 뜻.

의외로 쉽구나.

**It's much easier than you think.**

- than you think 생각하고 있던 이상

↳ "Here, try it yourself. **It's much easier than you think.**"—"It doesn't look all that easy." 「혼자 해 봐. 생각보다 쉬워」 「그렇게 쉽게는 보이지 않는데」

## B 간단해 보이지만 어렵다 #79

말은 쉽지.

**That's easier said than done.**

= That's easy for you to say.

↳ "Finish it up by tomorrow."—"Well, **that's easier said than done.**" 「내일까지 끝내 줘」 「그래, 말은 쉽지」

자신의 일이 아니니까 쉽게 말하지.

**That's easy to say when you're on the outside looking in.**

- be on the outside looking in (외부자로서) 냉정하게 판단할 수 있는 입장에 서 있다

## C 어렵습니다, 무리입니다 #79

그것은 상당히 어렵군요.

**That'll take some doing.**

= It's no easy job.

↳ "Could you have it for us by Friday?"—"Friday! Wow, **that'll**

**take some doing.**" 「금요일까지 완성해 줄 수 없습니까?」「금요일이요? 상당히 어려울 것 같군요」

말로 표현하기 어렵네요.

It's really hard to put into words.

너무 성가시군요.

That's too much trouble.

약간의 잡무가 될 것입니다.

It'll be a bit of a chore.

↪chore 원래 「허드렛일」「잡무」를 나타낸다.

그것을 고객들에게 납득시키는 것은 무척 어렵습니다.

It's hell trying to convince customers of that.

- It's hell ...ing ~하는 것은 힘들다
- convince A of B A에게 B를 납득시키다

불가능합니다.

Forget it

= It's impossible.

무리한 주문이군요.

That's a tall order.

↪tall 「과장된」「믿을 수 없는」의 의미. 실현 불가능한, 혹은 실현이 어려운 주문과 요구에 대해서 말한다.

하루아침에는 무리죠.

That can't be done overnight.

- overnight 하룻밤 사이에

기대하는 건 무리입니다.

What do you expect?

↪「핸섬한 부자는 없습니까」라든지 「월급이 배가 되지 않는가」라든지 터무니없는 기대를 하고 있는 사람을 향해서 하는 표현.

↠"I wish they would give us a large pay check."—"**What do you expect from such a small company?**" 「좀더 월급이 오르지 않을까?」「이런 조그만 회사에 기대하는 건 무리야」

그런 큰 돈을 긁어 모으는 건 무리야.

We'll never be able to scrape together that much.

↪scrape together ~을 긁어 모으다

터무니없는 요구를 하고 있구나.

You're asking for blood.

↪ask for blood 「피를 요구하다」에서 「무리한 요구를 하다」의 의미.

↠"You have to give us a better price."—"You're asking for blood." 「좀더 싸게 해 주십시오」「무리한 요구를 하네요」 » a better price 보다 싼 값으로

꿈같은 일이야.

That's almost a dream within a dream.

처음부터 그의 짐이 무거워.

He was in over his head from the start.

- be in over one's head 능력 이상으로 하고 있다, 짐이 너무 무겁다

신입사원에게는 너무 무거운 책임이지 않니?

Isn't this a pretty heavy responsibility for a new person?

CASE 5

| | |
|---|---|
| 혼자서는 해 낼 수 없어. | I can't handle all this work on my own. |
| 내 능력 밖의 일인 것 같다. | I'm afraid it's more than I can manage. |

## D 알다[모르다] #79

| | |
|---|---|
| 조금은 알 것 같습니다. | I almost understand.<br>↪ almost「~에 부족하다」「조금 더 있으면~」의 뉘앙스이므로「조금 있으면 알 것 같다(하지만 아직은 모른다)」의 의미. |
| 겨우 그의 의도를 알았어. | I finally got his point.<br>= I finally understood his position. » position에는「지위」이외에도「입장」「주장」등의 의미가 있다. |
| 그것에 대해 잘 알고 있어. | I'm on to it now.<br>• be on to ~을 잘 알고 있다 |
| 전혀 모르겠어. | I don't understand a thing.<br>= It's all Greek to me. »「마치 희랍어이다」에서「횡설수설」의 의미.<br>↪ 글자 그대로는「뭐 하나 이해되지 않는다」「횡설수설하다」라는 의미. |
| 솔직히 말해 전혀 모르겠어. | To be honest with you, I don't have the faintest.<br>↪ to be honest with you는「솔직히 말해서」「실은」, with you는 생략할 수 있다. 또 honest 대신에 frank를 사용해도 좋다. not have the faintest(idea) = not have the vaguest(idea)는「전혀 모른다」faintest뒤에 idea 등이 생략되고 있다. |
| 중국에서의 비즈니스는 전혀 모르겠어. | We don't know the first thing about business in China.<br>• not know the first thing about ~의 기초도 모른다 |
| 내리기 어려운 판단이야. | That's a hard decision to make. |
| 전혀 마음에 집히는 것이 없어. | I don't have a clue.<br>• clue (일, 사건의)단서, 실마리 |
| 그들이 무엇을 노리고 있는지 뭐라 말할 수 없어. | It's hard to say what they're after.<br>↪ be after「노리다」의 의미.「물건」만이 아니라「조건」등을 요구하는 경우에도 사용한다. |

# 12 자신감 · 취향

## A 자신 있습니다 #80

| | |
|---|---|
| 그는 숫자에 강합니다. | He's good with numbers.<br>• be good with[at] ~에 뛰어나다, 능숙하다 |
| 그는 컴퓨터에 밝습니다. | He's good with computers. |
| 그는 업계 사정에 밝습니다. | He's familiar with all phases of this business. |
| 그는 이곳 미디어 사정에 실로 정통합니다. | He's very well-informed as to media matters here.<br>= He knows a lot about media matters here.<br>• well-informed 정보를 충분히 얻고 있다, 정보통이다<br>• as to 「~에 관해서」 |
| 그 게 그가 자신있어 하는 거야. | It's his niche.<br>• one's niche 사람에 있어서 가장 좋은 장소[포지션] |
| 이것은 우리의 자신있는 분야입니다. | We're on our own turf now.<br>↳ turf 「잔디」. one's turf는 비즈니스에서 「자신 있는 분야」 「영업담당 지역」 등의 의미. |
| 흥정하는 데는 자신있습니다. | Horse trading is his forte.<br>↳ be one's forte는 「~의 가장 자신만만한」의 의미. |
| 이런 종류의 일은 우리가 전문입니다. | A job like this is right up our alley.<br>↳ be right up one's alley 정말로 자신 있어하는 분야다 |
| 오랫동안 그것이 우리의 주요상품 중 하나였습니다. | It's been one of our main drawing cards for years.<br>• a drawing card 인기상품, 인기물 |
| 고생스럽지 않습니다. | I don't let it bother me.<br>= It doesn't bother me.<br>↳ 「괜찮습니다」라는 뜻 |
| 너라면 틀림없이 잘 해 낼 거야. | I bet you can swing it.<br>• swing it 잘 해 내다 |

CASE 5

## B 자신이 없습니다 #80

경리 일은 잘 못합니다.

I'm bad at accounting.
- accounting 회계, 경리, 계산
- accounting department 회계과(경리과) (= book-keeping department)

숫자에 약합니다.

He's not very good at arithmetic.
- arithmetic 산수
- be not good at ~에 약하다, 못하다 (= be poor at)

컴퓨터 따위는 적성에 맞지 않습니다.

I'm allergic to things like computers.
↪be allergic to 「~에 알레르기가 있다」에서 「전혀 적성에 맞지 않다」 「몹시 싫어하다」라는 의미.
- things like ~같은 것

컴퓨터는 전혀 모릅니다.

I don't know the first thing about computers.

컴퓨터는 거의 모릅니다.

I know next to nothing about computers.
- know next to nothing about ~에 대해서는 거의 모르는 것이나 마찬가지다

인터넷을 잘 못합니다.

The internet is not my bag.
- be not one's bag 자신이 없다

저는 자신을 P.R하는 데 서툽니다.

I'm not very good at promoting myself.

영업 일은 그의 적성에 맞지 않습니다.

Sales work doesn't agree with him.
= He's not cut out for sales work.
- be cut out for ~에 적합하다

기계치야.

I'm hopeless with machines.

그 일을 할 만큼의 능력이 없어.

He doesn't have what it takes to do the job.
- what it take to ~하는 데 필요한 만큼의 역량

## C 적합하다 · 않다 #80

그녀야말로 이 일에 적임자야.

She's cut out for this job.
↪"I really feel **she's cut out for this job.**"—"Well, I have a slightly different opinion on that." 「그녀야말로 이 일에 적합하다고 생각해요」 「그래, 나는 좀 다른 의견인데」
- cut out for the job 그 일에 적합하다

전체적으로 봐서 그가 적임자라고 생각합니다.

All in all, I feel he's the best choice.
↪all in all 「대체적으로」 「대략적으로 말하면」. 말머리에 사용하는 게 보통이다.

그가 너에게 제격이야.

He's the man you want.

= He's your type.

= He's your Mr.Right.

↪ 여성의 경우에는 man대신에 person을 사용한다.

그녀는 비서로는 안성맞춤이야.

She's the perfect secretary.

다리로 하는 일은 제가 적격인데요.

I think I can handle the legwork part of it.

- legwork 다리를 사용하는 일, 밖을 도는 일

컴퓨터란 말을 듣고 곧장 자네 이름이 떠올랐어.

Your name came to my mind as soon as computers were mentioned.

↪ come to one's mind 「머리에 떠오르다」라는 의미이고, 주어에는 「이름」「상표」「제목」 등이 온다.

나라면 윌리엄에게 그것을 시켰을 거야.

I'd give Williams a crack at it.

- give A a crack at B A에게 B의 기회를 주다, A에게 B를 해보게 하다

이런 종류의 일은 그에게는 적당하지 않아.

This line of work is not right for him.

그는 돈 관리를 잘 못해.

He's just not cut out to manage money.

↪ be cut out to는 「~을 하는 데 적합하다」. manage money는 「돈을 취급하다」라는 의미. "He's just not cut out for managing money." 라고 해도 마찬가지.

CASE 5

13

# 트러블 그 외에

## A 곤란하다! 힘들다! #81

무슨 문제라도 있나요?

Is something wrong?

↪ "This report of yours."—"**Is something wrong?**"—"Well, most of what you say here is inconsistent with the figures."
「자네의 보고서말인데」「뭐가 잘못되었나요?」「그래, 여기서 말하는 것과 숫자가 상당히 틀려」

그것보다 더 심각합니다.

That's putting it mildly.

↪「그건 사태를 소극적으로 말하고 있다」에서 「그런 이야기가 아니다(사태는 더욱 심각하다)」의 의미.

제 예감이 적중했습니다.

My hunch was right on target.

- hunch 예감, 육감

이렇게 될 것으로 생각했습니다.

I could see it coming.

- see it coming 그렇게 되는 것이 보인다

생존 경쟁이 치열해.

It's dog-eat-dog out there.

- dog-eat-dog 먹느냐 먹히느냐 (= cut-throat-competition)

실제로는 별일 아니었습니다.

It was nothing to write home about actually.

↪ be nothing to write home about는 직역하면 「집으로 적어서 보낼 정도는 아니다」로 고향을 떠난 군인들의 상황에서 생긴 표현. 「중요하지는 않다」가 원래의 의미지만, 「그다지 좋지 않다」의 의미로도 쓰인다.

극히 빙산의 일각입니다.

It's only the tip of the iceberg.

- the tip of the iceberg 빙산의 일각

난처하군.

What a problem!

우리는 지금 어려운 상황이야.

We're all in hot water now.

- be in hot water 어려운 상황에 있다

그것이 문제야.

That's the trouble.

문제가 계속 생기고 있어.

Problems are popping up one after another.

- pop up 나타나다
- one after another 차례로, 연속적으로

계속 문제가 터졌어.

It's just been one problem after another.

| | |
|---|---|
| 어처구니없는 상황이 되어버렸어. | This has turned out to be a real bummer.<br>• a bummer 실패, 바람직하지 않은 결과 |
| 악순환이야. | It's a vicious cycle.<br>• vicious cycle of poverty 빈곤의 악순환 |
| 악순환에 빠졌습니다. | We're caught in a vicious cycle. |

## B 트러블의 여러 가지 #81

| | |
|---|---|
| 이 제품은 불량품이야. | These products are defective.<br>• defective 결함이 있는, 불량품의 |
| 10개중 8개는 불량품이야. | Eight out of 10 were bad.<br>• A out of B B중의 A |
| 1개월의 일이 물거품으로 되겠어. | There goes a month's work down the drain.<br>• go down the drain 물거품이 되다<br>↪ "I'm afraid all of the data is lost."—"Oh, God! **There goes a month's work down the drain.**" 「자료가 모두 사라진 것 같애」 「뭐라고! 한 달 동안의 일이 물거품이 된다고」 |
| 그것은 분명히 계약 위반이야. | That's a clear breach of contract. |
| 거래처와 문제가 있다며? | You're having trouble with your client? |
| 그들은 아주 화를 내고 있어. | They're up in arms.<br>• be up in arms 격노하다 (= get upset) |
| 틀림없이 상대는 기분이 나쁠 거야. | I'll bet they're really ticked off.<br>• I'll bet 틀림없이~일 것이다<br>• be ticked off 화내고 있다 |
| 문제는 거절을 받아들이지 않는 사람이라는 거야. | The trouble is he won't take no for an answer.<br>↪ The trouble is는 「난처하게도 ~다」. won't take no for an answer는 「거절하는 답장은 접수하려고 하지 않는다」의 의미. |
| 그들에게 약점을 잡혔어. | They've got something on us.<br>↪ 「~에 대해서 (불리해지는 것 같은) 정보를 갖다」의 의미. |
| 그들에게 갑작스럽게 공격을 당했어. | They caught us off guard.<br>↪ 권투의 「가드를 내렸을 때를 포착하다」에서 「불의의 한 방을 먹이다」의 의미. |
| 그들에게 한 방 먹었어. | They pulled a fast one.<br>• pull a fast one 한 방을 먹이다 |
| 그의 보고서는 다른 설명과 상반되고 | His report doesn't jibe with other accounts |

있었습니다.

of what happened.

- jibe with 일치하다

그것은 유언비어야.

It was a false rumor.

- false rumor 유언비어 (= malicious rumor)

그들에게서 아직 아무 소식이 없습니다.

There's still no word from them.

노조는 우리와의 행동을 같이 하길 거절해 왔습니다.

The union has refused to play ball with us.

↳ play ball은 「구기를 하다」가 원래의 의미지만, 구기는 혼자서 할 수 없는 것 으로해서 변해서 「협력하다」라는 의미로 쓰여지고 있다.

제 삼자를 통해서 하는 거래라 기분이 나쁘군요.

That soured us on doing business through a go-between.

= We have had enough of doing business through a go-between.

- sour A or B B에 대해서 A의 기분을 나쁘게 하다
- do business with~ ~와 거래하다

이 신경전 때문에 모두가 지쳐있어.

This war of nerves is getting everybody down.

- war of nerves 신경전, 괴롭힘
- get~ down ~을 타격을 주다

빚때문에 꼼짝할 수 없어.

We're in hock up to our neck.

↳ in hock은 「빚을 내서」, up to one's neck은 「곤란할 정도」의 의미. neck를 ears로 해도 마찬가지.

그것은 사는냐, 죽느냐의 문제야.

It's a matter of sink or swim.

= We either sink or we swim.

손실은 기정 사실이야.

The loss is an established fact already.

↳ established fact는 「널리 승인된 사실」의 의미. 논의를 할 때 자신의 주장 등에 도움이되는 표현.

## C 어째서 이렇게 된 것이지? #82

어째서 그런 상황이 일어났지?

How did it happen?

어째서 기획이 누설되었을까 궁금해.

I wonder how this plan leaked out.

문제의 근본적인 원인을 찾아야 해.

We have to get to the bottom of the problem.

- the bottom of ~의 근원, 근본

착오가 있었어.

There was a slip-up.

- slip-up 착오

주의를 충분히 기울이지 않았습니다.

I wasn't paying proper attention.

• pay attention (to)~ ~에 주의를 기울이다

어떻게 하다보니 그 보고서를 상세히 보지 못했습니다.

I accidentally overlooked the report.

• accidentally 우연히, 우발적으로
• overlook 간과하다, 대충보다

상사에게 제대로 보고하지 않아서 혼이 났습니다.

I'm now catching it for not keeping the boss informed.

• catch it for ~의 일로 혼나다

뭐든 멋대로 결재를 해서 이렇게 되었어.

That's what you get for rubberstamping everything.

↪ rubber-stamp는 「고무로 만든 도장」이며 동사로 사용하면 「제대로 조사도 안하고 도장을 찍다」의 의미.

가장 걸리는 건 청구절차입니다.

The main bottleneck is the billing procedure.

↪ bottleneck 「장애」 「걸리는 것」. neck만으로는 「장애」라는 의미는 없으므로 주의.

무리하게 해서 실수를 했어.

We just overplayed our hand.

↪ overplay one's hand는 「덤비다, 실수하다」의 의미. 이 때 one's hand는 「(트럼프게임에서의 자신의 카드」 즉, 「무리하게 패를 쓰다가 지다」의 의미.

성급한 결정을 해서 이렇게 되었어.

That's what you get when you make hasty decisions.

• make hasty decisions 앞지른 결정을 하다 (=jump into conclusion)

경험이 풍부하다는 상대의 입발림에 넘어갔어.

We fell for their line on how experienced they were.

↪ line 「대사」. fall for someone's line 「남의 말에 반해버리다」의 원래 뜻에서 「감언이설에 넘어가다」 「걸려들다」.

이번 작전은 역효과가 났어.

The trick backfired this time.

= Our strategy boomeranged on us this time. »
boomerang on ~에 있어 역효과가 나다, 일부러 화근거리를 만들다

↪ trick 「작전」. backfire는 「역효과가 되다」. backfired on us라고 해도 좋다.

우리의 판단이 빗나갔어.

Our projections were way off.

• be way off 길을 벗어나다

자네는 항상 너무 낙관적으로 생각해.

You always judge situations too optimistically.

달리 방법이 없었어.

I had no choice.

CASE 5

어쩔 수 없는 상황이야.

The situation is beyond my control.

↳「저의 힘으로는 어쩔 수 없는 상황이다」라는 의미.

조만간에 일어날 일이었습니다.

It had to happen sooner or later.

- sooner or later 조만간에

## D 누구 때문이지? #82

도대체 누가 비밀을 누설한거야?

Who let the cat out of the bag anyway?

↳let the cat out of the bag「비밀을 누설하다」의 뜻. 돼지 대신에 고양이를 주머니에 넣어서 팔려고 했지만, 고양이가 속에서 뛰어 나와서 계획이 탄로나버렸다.

우리 탓은 아니야.

It's not our fault.

- be one's fault ~의 탓이다

전적으로 저쪽의 탓이야.

They're entirely at fault.

- be at fault 잘못한 책임이 있다

그것은 그가 독단으로 한 것이야.

He did it on his own.

- on one's own 독단적으로 (= on one's own authority, dogmatically)

그럼, 자네, 그가 관계되었다고 생각하는구먼.

So, you think he's mixed up in it.

- be mixed up in~ ~관계하다, 관련되다 (= be mixed oneself up in~)

우리가 책임져야 해.

We'll have to answer for it.

- answer for~ ~의 책임을 지다

이 것은 분명히 개인의 책임문제야.

This is a clear case of personal liability.

↳「이 경우는 분명히 회사책임입니다」이라면, "This is a clear case of corporate liability."가 된다.

책임자를 불러.

Call the manager!

강경한 태도를 취해야 해.

We should take a hard line.

= We should talk tough. ↳talk 대신에 get를 사용해도 좋다.

- a hard line 강경노선

↳"Why not give them the benefit of the doubt this once?"—"I say **we should take a hard line** on this violation."「이번만 상대를 봐주면 어떨까?」「저는 이 위반에는 엄한 태도를 취해야 한다고 생각합니다」» give someone the benefit of the doubt ~에 유리하게 생각하다 » this once 이번 한 번만은

## E 손 쓸 방법은 없는가? #83

해결할 방법을 생각해 보자.
Let's think about how we should handle it.

뭔가 조급히 손을 쓰지 않으면 안 돼.
Something has to be done soon.

생산이 늦어지는데 손 쓸 방법이 없겠어?
Can't anything be done about the delay in production?

어떻게 하면 극복할 수 있을까?
How do we get around it?
- get around ~을 회피하다, ~을 극복하다

처음부터 다시 하는 게 나아.
We'd be better off doing it from scratch.
- be better off ~ ing ~ 하는 게 낫다 (= had better + 동사원형)
- from scratch 처음부터 (= from the beginning)

CASE 5

## F 방책을 강구하다 #83

원점에 돌아가 처음부터 다시 하는 게 상책이다.
It would be best to just go back and start over.
- start over 처음부터 다시하다

우리끼리 얘긴데 이 소동에는 관계않는 게 좋아.
Just between us, we should stay out of this mess.
↪just는 없어도 된다. us 대신에 you and me도 된다.

최악의 경우를 생각해 보자.
Let's think about the worst-case scenario.

최악의 경우 벌금을 지불하면 끝날 일이야.
At worst, all we have to do is pay a fine.
- all one has to do is~ ~만 하면 된다

손해를 어떻게 메꿀 생각인지 모르겠어.
I wonder how he intends to make up for this loss.
- make up 대처하다, 해결하다

그들의 미술품은 전부 경매에 붙였졌어.
All of their artwork will be put on the block.
= All of their artwork will go on the block.
↪block은 auction block(경매대)

헐값으로 경합상대에게 뭐든 팔아버렸어.
We sold everything off to a competitor for peanuts.
- for peanuts 헐값으로

## G 공공연하게 하다[하지 않다] #83

그들에게 알리지 않을 수 없었어.
We can't get around telling them.
= There's no way to get around telling them.

↳ "We're gonna have to tell them." 보다도 「가능하다면 피하고 싶다」라는 뉘앙스가 강하다.

이 이상 숨길 수 없다고 생각해.

I don't think we can keep this under wraps much longer.

- keep~ under wraps ~을 숨겨두다

이번 실수는 감출 수 없다고 생각해.

I don't think we can cover up the mistake this time.

문제가 너무 커서 감출 수 없다고 생각해.

This is too big to just sweep under the rug.

- sweep~ under the rug 냄새나는 것에 뚜껑을 덮다, 잘못을 숨기다

만약 그 일이 밖에 드러나면 큰일이야.

There will be hell to pay if that's ever brought out in the open.

- bring out~ in the open ~을 밖에 내놓다

사태가 호전될 때까지 혼자만 알고 있는 게 최선책이라고 생각했습니다.

I thought it would be best to keep it to myself until things improved.

- keep~ to oneself ~을 마음에 담아두다

상대는 입막음 돈을 요구해 오고 있는 것입니다.

They demand hush money or else.

↳ hush 원래의 의미는 「조용하게 하다」. or else는 그렇게 하지 않으면 「큰일이 난다」라는 위협.

- hush money (정치가들, 사업거래의) 입막음 돈

↬ "What are they after anyway?"—"**They demand hush money or else.** They generally start coming around shareholders' meeting time." 「녀석들은 도대체 무엇을 노리고 있는 거지?」「비밀을 지킨 대가를 요구해 오고 있는 거야. 주주총회 시기가 되면 언제나 나타나」 » be after ~을 노리다

## H 이야기를 끝내다, 사과하다 #83

틀림없이 뭔가 결말이 날거야.

I'm sure something could be worked out.

- work out 해결하다 (= solve = resolve)

이같은 복잡한 문제는 그리 간단히 될게 아니야.

Something as complex as this is never easy.

진심으로 사과하면 될거야.

A sincere apology will do.

- will do 일을 끝내다

우리쪽에서 관계 회복을 시도해야 하지 않을까?

Shouldn't we be trying to mend fences?

- mend fences 관계를 회복하다, 화해하다

그들을 진정시킬 수 없겠어?

See if you can't get them to calm down a bit.

해결될 때까지 기다리는 게 최고야.

It would be best to wait until things settle down.

= Our best bet is to sit tight until this blows over.

» bet 「방침」. sit tight 「단단히 앉다」가 원래의 의미로 「눈에 띄는 움직임을 하지 않고 조용히 시기를 기다리다」라는 의미. blow over는 「(폭풍우가) 조용해지다」

↪ until things settle down 「일이 해결될 때까지」. settle대신에 simmer, cool, die를 사용해도 된다.

이제 용서하고 없었던 것으로 하자.

Let's forgive and forget.

↪ 「용서하고 잊어버리다」에서 「없었던 것으로 하다」.

## I 법에 호소하자 #84

변호사에게 상담해 보면 어떨까?

I'd suggest you see a lawyer.

↪ I'd suggest(that) 「~하는 편이 좋다」라는 상대에게 권할 때에 사용하는 표현. I suggest의 형태도 있다. suggest대신에 recommend를 사용하면 「명령」하는 것이 되므로 주의.

유사시에는 언제라도 변호사에게 맡길 수 있어.

If things come to a head, we can always call in the lawyers.

• call in 불러들이다

언제라도 그들을 고소할 수 있어.

We can always take them to court.

↪ take~ to court 「법정에 데리고 가다」에서 「고소하다」.

이번 계약을 위반하면 고소할 거야.

If they break the contract this time, we'll sue.

가능하면 원만하게 수습하고 싶어.

I'd like to do it with as few waves as possible.

↪ 「가능하면 풍파를 일으키지 않고」라는 의미.

우리들의 충고는 법정 밖에서 해결하는 것입니다.

Our advice is to shoot for an out-of-court settlement.

↪ out-of-court settlement 「법정 밖의 해결」, 즉 「화해」의 의미. 소송 전, 재판 중에 어느 쪽에서도 사용할 수 있다.

• shoot for ~을 노리다

결국 법정 밖에서 결말을 보기로 했습니다.

We decided to settle out of court in the end.

• settle out of court 법정 밖에서 해결하다
• in the end 결국 (= finally)

## G 아아, 손 쓸 도리가 없다 #84

손 쓸 도리가 없다.

We can't touch him.

↬ "We can't let him get away with this."—"**We can't touch**

CASE 5

him." 「그를 이대로 놓칠 수는 없어」 「하지만 손을 쓸 도리가 없습니다」

저도 손을 쓸 도리가 없군요.

There's not much I can do.

이 일은 그렇게 단순하지 않습니다.

The situation's not quite that simple.

계란으로 바위치기야.

It'll be a drop in the bucket.

↳ 물통 속에 물 한 방울 넣어도 아무 영향이 없는 것에서 「계란으로 바위치기」의 뜻.

• a drop in the bucket 계란으로 바위치기 (= a drop in the ocean)

양쪽을 다 기쁘게 할 순 없어.

If you please one, you can't please the other.

다만 사태를 악화시킬 뿐이야.

It'll only make a bad situation worse.

↳ 「나쁜 상황을 보다 악화시키다」에서 「사태를 악화시킬 뿐이다」라는 의미로 쓰임.

역효과가 날 수도 있습니다.

That could prove counterproductive.

= That could do more harm than good. » harm 해

↳» "Do you think I should go and apologize personally?"— "**That could prove counterproductive.** I mean it might make the problem bigger than it already is." 「내 스스로 사과하러 가야 할까요?」 「역효과가 되지 않겠어? 지금 이상으로 일을 크게 만들도 몰라」 » I mean~ 내가 하고 싶은 말은 ~다

불난 집에 부채질 하지 말자.

Let's not add fuel to the flames.

↳ flames대신 flame과 fire가 와도 된다.

상사에게 상의해도 소용이 없습니다.

I don't see any point in talking to the boss.

그 문제는 해결되었어.

The affair's now settled.

##  Practical Dialogues • 활용대화 •

1

A When did you place the order for the item?
B I sent the order by fax last night.

A 그 품목의 주문서를 언제 보냈지?
B 어제 밤 팩스로 주문서를 보냈습니다.

2

A The management and the labor compromised with a 10% pay raise.
B Yeah, they've been in strike for about a week.

A 노사가 10%의 급여 인상으로 타협을 보았어.
B 그래, 그들은 약 한 주동안 파업을 해 왔지.

3

A I see no prospect of our economic recovery.
B I don't think so. It has been picking up in recent months.

A 경제 회복의 전망이 보이지 않아.
B 그렇지 않아. 최근 몇 달 동안 회복되고 있어.

4

A I don't know how to deal with delinquent accounts.
B We've got to collect the money by all means.

A 미수금 계좌를 어떻게 처리해야 될지 모르겠어.
B 꼭 그 돈을 받아야 해.

5

A Did you hear our competition went bankrupt last month?

B Yeah, I heard the company has been in the red for several years.

A 우리 경쟁 회사가 지난 달 파산했다는 소식 들었니?

B 그래, 듣기로는 몇 년 동안 적자를 냈었다고 해.

6

A Excuse me. I'm here for consultation. I'd like to invest in something.

B Please have a seat. I'll show you to an investment counselor.

A 실례합니다. 상담 좀 하러 왔습니다. 투자를 하고 싶은데요.

B 앉으십시오. 제가 투자 상담가를 소개해 드리겠습니다.

7

A What happened to the order? It hasn't arrived yet.

B I'll make it instead. The man who places orders called in sick this morning.

A 주문품 어떻게 되었지? 아직까지 도착하지 않았어.

B 제가 대신 주문하겠습니다. 주문 담당자가 오늘 아침 아파서 출근을 못한다는 전화가 왔었습니다.

More Expressions & Review #86

## ② Key Expressions • 핵심표현 •

The negotiations broke down again.
≫ 교섭(협상)이 또 다시 결렬되었어.

Who made the order for the item?
≫ 그 품목을 누가 주문했지?

The economy has not recovered from recession yet.
≫ 경기는 아직 회복되지 않았어.

How long does it take for delivery?
≫ 납기일이 언제죠?

Sales are down again this month.
≫ 매출이 이 달에 또 떨어졌어.

We already have three months' advance orders.
≫ 이미 3개 월분의 주문이 있습니다.

You did a great job.
≫ 일을 참 잘 했어.

Is it possible to ship by the end of this month?
≫ 이 달 말까지는 선적할 수 있습니까?

We'd like to ask you to pay in cash.
≫ 지불은 현금으로 해 주십시오.

Don't forget to attach the receipt for entertainment
≫ 접대 시에는 꼭 영수증을 첨부해 주십시오.

How do you evaluate his work performance?
≫ 그의 업무 수행을 어떻게 평가하십니까?

I'm afraid your performance is lower than expected.
≫ 당신의 업무 수행은 기대에 못 미치는 군요

Our company's going to open a homepage next month.
≫ 우리 회사는 다음 달에 홈페이지를 개설할 예정입니다.

## Column 2 그대로 사용할 수 있는 이메일 타이틀

### 교제 메일

| | |
|---|---|
| 안녕하세요 | Greetings! |
| | Hello! |
| 안녕하세요 | How are you? |
| | How are you doing? |
| 근황보고 | The latest. |
| 결혼했습니다 | Married |
| | Marrying |
| 출산했습니다 | I' m a Mother now! |
| 크리스마스 축하해 | Merry Christmas! |
| 신년 축하해 | Happy New Year! |
| 생일 축하해 | Happy Birthday! |
| 병문안 | Get Well |
| 고마워 | Thank You |
| 미안해 | Sorry |
| 출장갑니다 | Out of Town |
| 다녀오세요 | Have a Nice Trip! |
| 돌아 왔습니다 | I' m back! |
| 어서 오세요 | Welcome back! |
| 파티 초대 | Party Invitation. |
| 골프시합초청 | Invitation to Golf Competition |
| 권하는 답장(출석) | Will Attend |
| 주소변경 | Address Change |

### 비즈니스 메일

| | |
|---|---|
| 긴급! | Urgent |
| 중요! | Important |
| 면회희망 | Would Like to See You |
| 면회시간 변경의 부탁 | Request for Change of Appointment Time |
| 소개 부탁 | Request for Introduction |
| 협조 부탁 | Requesting help |
| 강연 부탁 | Invitation to Speak. |
| 허가 요청 | Request for Permission |
| 귀사 방문 건 | Our Visit |
| 공장 견학 신청 | Request for Plant Tour |
| 도미 건 | U.S.A Visit |
| 여행 상품의뢰 | Request for Travel Arrangement help |
| 호텔예약의뢰 | Assistance with Hotel Arrangements |
| 출장예정변경 건 | Itinerary Change |
| 회의 요점 | Meeting Summary |
| 출장보고 | Business Trip Report |
| 경과보고 | Current Status |
| 영업보고서 | Sales Report |
| 10월 매상 건 | October Sales |
| 내일 의제 변경 건 | Changes to Tomorrow's Agenda |
| 상담 후 확인 | Meeting Follow up |
| 피드백 | Feedback |
| 세미나 참가확인 | Seminar Reminder |
| 정보제공부탁 | Request for Information |
| 의뢰 건 | Replying to Request for help |

| | |
|---|---|
| 요청자료 건 | Materials You Requested |
| 초고 송부 건 | Draft Sent |
| 취재신청 | Request for Interview |
| 제품문의 | Inquiry about Product #117 |
| 견적의뢰 | Quotation Wanted |
| 견적서 | Quotation |
| 견적 수령중 | Receipt of Estimate |
| 가격변경 건 | Price Change |
| 수주 확인 | Order Confirmation |
| 발송 통지 | Shipment Notification |
| 납기문의 | When Will Order Arrive? |
| 납기지연 건 | Delivery Delay |
| 불량품 수령 건 | Defective Items Received |
| 지불건(재촉) | Payment Reminder |
| 청구서 재발행 부탁 | Request to Reissue Invoice |
| 담당자 변경 | New Contact |
| 전근 | Transfer |
| 문의 방법 | How to Finds Us |
| 이전 | Relocation |
| 영업시간 문의 | Inquiry about Business Hours |
| 모집 문의 | Inquiry about Your Application |

CASE 6

# 의견과 상담이 있을 때

# 1 의견을 촉구하다

## A 어떻게 생각합니까? #87

| | |
|---|---|
| 내 말 좀 들어봐. | Look.<br>↳ "Why not just stay and finish it up today?"—"**Look,** can't it wait until tomorrow?" 「남아서 오늘 중으로 끝내요」「내일까지 하면 안돼요?」 |
| 어 때? | How do you like it?<br>↳ "How do you like my new car?"라는 것처럼 물건을 자랑스럽게 보여 줄 경우에 사용한다. 「새 사장 어때?」라면 "How do you like the new president?" |
| 어떻게 생각해? | What do you say? = What'd you think? |
| 그 계획을 어떻게 생각해? | What do you think of the plan? |
| 어떻게 잘 되었어? | How do you think it went over?<br>• go over 잘 나가다, 호응이 좋다<br>↳ "**How do you think it went over?**"—"Boy, you were really in top form. You had their attention all the way." 「잘 되었어?」「정말로 아주 좋았어, 모두 당신에게 줄곧 빠져 있었어」 |
| 의견을 말씀해주십시오. | Let me hear what you think.<br>= Please tell us your opinion. |
| 이 문제에 어떻게 접근할 것인가에 대해서 자네의 생각을 듣고 싶네. | I'd like to get your thoughts on how to approach this problem. |
| 이 건에 대해서 의견은 없습니까? | Do you have anything to say on the subject? = Do you have any comments about this? |
| 뭔가 하고 싶은 말이 있습니까? | What's on your mind? |
| 생각하는 바를 알고 싶군요. | Let me know what's on your mind. |
| 좋아요! | Shoot!<br>↳ 「좋습니다」「자, 말해 주십시오」라고 상대의 의견을 촉구하는 표현. |
| 솔직한 의견을 말씀해 주시겠습니까? | Would you give me your frank opinion?<br>= Please be frank. |
| 자네의 솔직한 생각을 이야기 해봐. | Tell me frankly what you think. |

| | |
|---|---|
| 숨기지 말고 말해 봐. | Don't hold back.<br>• hold back 숨기다, (감정을) 억제하다 |
| 무엇을 주저하니? | What are you holding back for?<br>= Why don't you talk turkey?<br>↳ "Shall I let you in on something good?"—"Come on, **what are you holding back for?**" 「좋은 걸 가르쳐 줄까?」「뭐야, 거드름피우지 말고 말해」 » let~ in on …에 ~을 털어 놓다 |
| 애태우지 말고 말해 줘. | Don't keep me dangling.<br>• Keep~ dangling 사람을 애태우게 하다 |
| 빙빙 돌리지 말고 본론을 이야기해 봐. | Quit beating around the bush and get to the point.<br>↳ beat around the bush 「숲 주변에서 북을 치다」가 원래의 의미. 즉, 「핵심에 접근하지 않다」. |
| 숨기지 말고 뭐든지 말해 봐. | Don't hold anything back. |
| 뭘 말하고 싶은 거야? | What are you driving at?<br>= What are you trying to say?<br>• drive at 의도하다, 말하려 하다 |
| 털어 놓고 말해 봐. | Give it to me straight. |

## B 구체적으로 묻다[파고 들다] #87

| | |
|---|---|
| 왜 그래? | What's up?<br>↳ 「무엇이 일어나고 있는가?」라고 일의 상황을 질문하거나 「어째서?」라고 이유를 묻는 표현. |
| 어땠어? | How did it go?<br>↳ 일의 상황을 묻는 표현. |
| 좀더 자세하게 말해 주지 않겠습니까? | Could you please be more specific?<br>• be specific 구체적으로[자세하게] 말하다 |
| 그럼, 이제부터 어떻게 하지? | What now?<br>↳ 다음의 행동을 묻는 표현. |
| 어떻게 하라는 것이야? | What do you suggest we do? |
| 무슨 뜻이야? | What do you mean? |

CASE 6

## C 그렇게 생각지 않습니까? #87

| | |
|---|---|
| 그렇게 생각지 않습니까? | Don't you think so? |
| 당신도 그리 생각하지요? | You agree with me, don't you? |
| 이 생각에 찬성인가요? 반대입니까? | Do you approve or disapprove of the idea? |
| 자네는 어느 쪽이지? | Whose side are you on?<br>• on someone's side ~의 편으로 |
| ,나도 그래. | Ditto.<br>↬ "I hate you."— "**Ditto.**" 「난 네가 싫어」「나도 네가 싫어」 |
| 정말 그래. (지당한 말씀!) | You're telling me.<br>= You said it. = Tell me about it! |

## 2 의견을 말하다 · 상담에 나서다

### A 할 말이 있는데요 #88

| | |
|---|---|
| 잠시 시간 있어요? | Do you have a minute?<br>= Could I bother you for a second? |
| 얘기 좀 하고 싶은데요. | I'd like to speak to you about something. |
| 제안이 하나 있는데요. | We have a proposition for you.<br>↳ 상담과 제안 등을 할 때의 표현. |
| 이 문제에 대해 상담할 수 있을까요? | Can I talk this over with you? |
| 장소를 옮겨서 이야기 하실까요? | Shall we go someplace and talk? |
| 제 의견을 말씀 드리겠습니다. | Let me give you my side of the story on it.<br>↳ side of the story 「이야기의 국면」, 소유격을 붙이면 「~의 주장」. |
| 자네에게 한 마디 하고 싶은 말이 있어. | I have a bone to pick with you.<br>• have a bone to pick with ~이라고 결말을 지우지 않으면 안될 어려움이 있다 |

### B 의견을 꺼내다 #88

| | |
|---|---|
| 제 생각으로는, | To my mind, ... = In my opinion, ... |
| 제가 보는 바로는, | As far as I can see, ... = As far as I'm concerned, ...<br>• as far as = as long as ~하는 한 |
| 말씀드리자면, | If you ask me, ...<br>↳ 말하기 거북한 것과 원래 말해서는 안 될 것을 말할 때의 표현. |
| 한 두 마디 할까합니다. | Let me tell you a thing or two, ...<br>↳ 불만과 의견을 말할 때의 표현. |
| 제 의견을 한 마디로 말하자면, | My opinion in a nutshell is that ...<br>= To put in a nutshell, ... = In a word, ...<br>↳ in a nutshell 「나무 열매의 껍질 안에(들어가는 것처럼)」에서 「간결하게」 「한 마디로 말하면」. |
| 주의해서 들으시오. | Mark my words.<br>↳ Mark any words 「내가 하는 말을 주의해서 들으십시오」로 예상 |

CASE 6

등을 말할 때에 상대의 주의를 환기시키기 위해서 사용하는 표현. "You mark my words." 라고도 말한다.

↪ "**Mark my words.** These results will come home to roost."—"We'll just have to live with It." 「말해 두겠는데, 이 빚은 반드시 돌아온다고」 「그 때는 그 때고」 » come home to roost 나한테 돌아오다 » live with ~에 견디다

명심하시오.

Remember, ...

↪ 「생각해 내십시오」 「잘 들으시오」라고 상대에게 주의를 자신을 향해서 다짐을 할 때 사용한다.

그뿐만이 아니야.

Wait until you hear this.

↪ 「이 것(다음 말)을 들을 때까지 기다리시오」에서 「그 것(지금까지 말한 것)만은 아닙니다」의 의미.

그뿐이야.

That's all.

↪ "What's up?"—"I just choked up. **That's all.**" 「어떻게 된거야?」 「흥분했을 뿐이야, 그 뿐이라고」

분명히 말해서,

Not to mince matters, ... = My point is, ...

↪ mince matters 「돌려서 말하다」. 원래라면 「염려해서 말해야 할 것을 분명히 말할 때」의 표현.

실례일지도 모르지만,

Pardon me, but ...

말하고 싶지 않지만,

I hate to tell you this, but ...

배은망덕한 것처럼 들릴지도 모르지만,

It may sound ungrateful, but ...

↪ ungrateful은 은혜를 모르는 타인을 비판할 경우와 무언가를 거절하는 경우의 말.

끈덕진 것 같지만,

At the risk of repeating myself, ...

엄밀히 말하자면,

Strictly speaking, ...

잘 생각해 보면,

When you get right down to it, ...
= When you really think about it, ...

↪ get down to it~ 「본론으로 들어가다」. right은 강조부사.

제 경험으로는,

In my experience, ...

↪ 자신의 경험에 비추어 의견을 말할 때의 말.

저의 취향에 대해서 말하자면,

For my taste, ...

개인적으로 말하자면,

Speaking for myself, ...

결론적으로 말하자면,

To come right to the point, ...

이것은 다른 이야기지만,

This is getting off the point, but, ...

# 3 여러 가지 대응

## A 되묻다[확인하다] #89

| | |
|---|---|
| 잘 알아듣지 못했습니다. | I didn't hear you very well. |
| 다시 한 번 말씀해 주시겠습니까? | I beg your pardon? |
| 무엇을 말씀하시는지 모르겠습니다. | I don't quite follow you.<br>= I don't quite understand what you're saying.<br>• follow (사람의 이야기 등을) 이해하다 |
| 아무래도 잘 모르겠어. | I don't get it.<br>• get 이해하다 (= understand = figure out = make out) |
| 어떻게 그런 말을 할 수 있지? | How can you say that? |

## B 역시 #89

| | |
|---|---|
| 역시 그렇군. | Just as I thought. |
| 자 봐, 내가 말한 대로지. | See, I told you.<br>↳ "You see, I told you." 라고도 말한다.<br>↬ "He's really come into his own."—"**See, I told you.** He just needed a little time." 「그는 제 실력을 나타내기 시작했어」「봐, 내가 말한 대로지. 그에게는 약간 시간이 필요했었을 뿐이라고」 |
| 그럴 거라 생각했어. | I thought that would be the case.<br>= That was to be expected.<br>↳ 직역은 「그것은 당연히 예기되어져 있던 일이었다」 이 때 case 「실정」「실태」 |
| 아마 그럴 것으로 생각했습니다. | I half expected that. |
| 별로 놀랍지 않은데. | I wouldn't be surprised.<br>= It doesn't surprised me. |

## C 제 실력이 나오지 않다 #89

| | |
|---|---|
| 미처 알지 못했어. | I guess I didn't notice that. |
| 금시초문인데. | That's news to me. |

아니, 들은 적이 없어.

= That's the first I've heard of it.

- be news to ~에 있어 금시초문이다

↳ "Did you hear another competitor is going bankrupt?"—"No, **that's news to me.**" 「또 한 군데 경쟁사가 도산할 것 같다는 애기 들었어?」「아니, 금시 초문인데」

No, can't say that I have.

↳ can't say는 "I can't say"의 생략형으로 「들은 적이 있어?」의 답장이므로 heard of them도 생략된 형태.

↳ "Have you ever heard of Bark Associates?"—"**No, can't say that I have.**" 「바크 어소시에이트라고 들은 적이 있어?」「아니, 별로 들은 일이 없는데」

그런 건 누구라도 알고 있어.

Tell me something I don't know.

↳ 「모르는 것을 가르쳐 줘」에서 「그런 것은 누구라도 알고 있다구」의 의미로 쓰여지고 있다.

귀에 못이 박힐 정도로 들었어.

I'm sick of hearing about it.

= I'm tired of hearing about it. » 약간 의미가 약하다.

= I'm sick and tired of hearing about it. » 의미가 강하다.

잘 알고 있습니다.

I'm perfectly aware of that.

## D 별 일 없습니다 #89

걱정마.

Don't worry.

↳ 「걱정하지 말고」「좋습니다」의 의미.

별 일 없어.

Nothing much.

↳ "Fill me in on what went on at the meeting."—"Oh, **nothing much.**" 「회의는 어땠는지 알려줘」「뭐, 별일 없었어」

별로 대단한 일 아니야.

It's no big deal.

- a big deal 대단한 일

별로 대단하지 않아.

That shouldn't pose a problem.

- pose a problem 문제를 일으키다

과장하지마.

Don't exaggerate.

- exaggerate 과장해서 말하다, 생각하다

중요한 것은 그 게 아니야.

That's not the point.

- the point 중요한 점, 요점

그 일에는 전혀 신경을 쓰지 않고 있어.

I'm not losing any sleep over it.

- not lose any sleep over ~을 조금도 신경을 쓰지 않다

긍정적인 의미로 이야기로 했어.

I meant it in a positive way.

자네를 비난하는 것은 아니야. I'm not blaming you or anything.

## E 반응의 여러 가지 #90

아픈 곳을 찌르는군요. You hit a nerve there.
• hit a nerve 신경에 거슬리다 (= hit home)

좌우지간 그의 주장은 그 거야. Anyway, that's his story.

그의 주장을 마지막까지 들어보지 않을래? Let's hear him out.
• hear out ~의 주장을 끝까지 듣다

거기까지 생각하지 않았어. I haven't really thought that far.

자네에게 맡기겠네. I'd like to leave that up to you.
• up to ~의 책임

나만 믿어. You can count on me.
• count on ~을 의지하다

이야기를 딴 곳으로 돌리지 마. Don't change the subject.
= Don't dodge the subject. » dodge ~을 피하다, ~을 회피하다
= Don't go off on a tangent.
↪ 직역은 「화제를 바꾸지 마」의 의미.

나만 알고 있을게. It won't get beyond me.
= It's just between us.
• not get beyond ~이상으로 나돌지 않는다 (= keep it to oneself)

어쩔 수 없었어. I had no choice.
• have no choice 선택의 여지가 없다 (= have no alternative)

그렇게 생각해 주면 좋겠어. I would hope you feel that way.

정말이야. This is serious.
↪ "Don't fool around, please. **This is serious.**"—"Sorry, but I only meant to be funny." 「장난하지 마, 심각한 이야기니까」 「미안, 잠깐 농담을 했을 뿐이라고」
• serious 심각한, 진지한

정말이야. I mean it. = I'm serious.
↪ "Remember to inform them of the change."—"Yeah, OK."—"**I mean it.** Don't forget to tell them this time." 「그들에게 변경을 정확하게 알려」 「아아, 알았어」 「진심으로 말하는 거야, 이번에는 잊지말고 전해」 » inform A of B A에게 B에 대해서 알리다

정말입니까? Do you really mean it?

| | |
|---|---|
| 지금 날 놀리고 있습니까? | **Are you pulling my leg?**<br>↳ "I really like it."—"**Are you pulling my leg?**"—"No, seriously. I'm happy with what you've been doing." 「정말로 좋아」「놀리고 있는 겁니까?」「무슨 얘기야, 진심이라고 자네가 하고 있는 일이 마음에 든다구」<br>• pull one's leg 농담하다, 놀리다 (= joke) |
| 농담이겠지. | **You have to be joking.**<br>↳ "Monday? **You have to be joking.**"—"That's what they're demanding." 「월요일까지? 농담이겠지」「그 게 저쪽의 요구라고」 |
| 정말이야? | **You can't be serious.**<br>↳ 직역은 「당신이 진지할 리가 없다」.<br>↳ "I'll start lining up the necessary support."—"Why do that? Let's go it alone this time around?"—"**You can't be serious.**" 「슬슬 필요한 지원의 상대를 물색하려고 해」「어째서? 이번만은 자력으로 하자구」「정말이야?」<br>» line up ~을 갖추다, ~의 짐작을 하다<br>» this time around 이번만큼은 |
| 확실합니까? | **Are you sure about that?** |
| 어째서 그렇게 말할 수 있어? | **What makes you say that?**<br>= Why do you say so?<br>↳ 직역은 「무엇이 당신에게 그렇게 말하게 하는가」.<br>↳ "I think they'll see it our way."—"**What makes you say that?**"—"That operation's been bleeding for years." 「저쪽은 우리들의 제안에 응할 것으로 생각한다」「어째서 그렇게 말할 수 있지?」「그 사업은 몇 년 동안이나 적자가 계속되고 있어」<br>» see it someone's way ~에 동감하다, ~의 제안에 호응하다<br>» bleed 적자를 내다 (= be in the red) |
| 그런 쓸데없는 점을 논의하는 것은 아무 의미도 없어. | **It's pointless to argue over something so trivial.** |
| 다시, 또 해야 돼! | **Here we go again!**<br>↳ 예상한 대로 일어난 불쾌한 일에 대해서 「역시, 또」「아아, 역시」라는 경우에 사용한다. again은 생략할 수 있다.<br>↳ "We're going to have a cash crunch at the end of this month."—"**Here we go again.**" 「이 달은 자금 면에 있어서 어려운 상태가 될 것 같애」「또 그렇네요」<br>» a cash crunch 현금부족상태 |
| 항상 그래. | **That's always the case.**<br>• the case 실정, 실태 |
| 자네가 모르는 것처럼, | **As if you didn't know,** |
| 어디 보자. | **Let me see.** |

왜?

What for?
= Why?
= How come?
↳ for는 「목적」을 나타낸다.
↳ "They want a copy of your alien registration."—"**What for?**"
「그들은 자네의 외국인 등록증의 복사를 요구하고 있다」 「무엇 때문에?」

내가 하는 말을 이해 못하는군.

You're missing my point.
• point 논점

우리끼리 얘긴데...

Between you and me, ...
= Between the two of us, ...

아무리 뭐라해도 오늘 날씨는 좋아.

The weather is nice today, to say the least.

더 말해 뭐해?

What's left to say?

더 이상 뭘 어쩌란 말야?

What more can I do?

틀림없어.

Without a doubt.

CASE 6

# 4 찬성하다

## A 그래 그 거야! #91

대찬성입니다.

I'm all for it.

↳ *cf. opp.* I'm not for it at all. 반대합니다 (= I'm against it.)

전적으로 동감이야.

I agree completely.

= I can't agree with you more.

정말로 그렇다고.

That sure is true.

↳ "That is true."에 강조부사 sure가 삽입된 것.

확실해.

That's for sure.

↳ "I understand business philosophies have undergone quite a change here."—"**That's for sure.** Concepts like lifetime employment are things of the past in business circles." 「이 나라의 비즈니스관은 크게 변해 가는 것 같습니다」 「확실히 그렇습니다. 종신고용과 같은 사고방식은 비즈니스 세계에서는 이미 과거의 것이 되었으니까」

말한 그대로야.

It's exactly as you say.

바로 그 거야.

Right on.

↳ "You are right on target"을 생략한 표현. on target은 「과녁을 쏘다」, 상대의 제안과 일의 결과가 「예상대로다」 「타당한 선이다」라는 경우에 사용한다.

바로 맞았어.

Exactly.

↳ 최근에는 yes 대신에 가볍게 쓰여지는 일도 많다.

정말로 그래.

I'll say.

↳ 상대의 의견에 동감인 것을 나타내는 표현.

↳ "Boy, that was a close call."—"**I'll say.**" 「아, 위태로운 순간이었어」 「정말」

정말로 그렇다고.

You can say that again.

= You can say that twice.

= I totally agree with you.

물론이야.

You bet!

= You betcha. = Of course.

↳ 「그대로이다」라는 식으로 상대의 의견에 찬성하거나 긍정할 때에 사용하는 표현.

↪ "Is that the straight scoop?"—"**You bet!**" 「확실한 이야기야?」「물론이지!」 » straight 불순물이 없는 » scoop 국자; 특종

지당한 말씀이죠.

That goes without saying.

↪ 「말 할 필요도 없다」라는 의미.

확실합니다.

I'm sure of it.

틀림없어.

I'm positive.

↪ "Are you sure this is the right place?"—"**I'm positive.**" 「장소는 여기가 분명해?」「틀림없어」

물론이지.

Sure thing.

↪ 상대의 제안에 흔쾌히 찬성하는 표현. Sure만으로 써도 좋다.

↪ "Why don't we have a drink?"—"**Sure thing.**" 「한 잔 안 하겠어?」「좋지」

좋고말고.

No problem.

↪ "You'll have to pay a 10 percent finder's fee."—"**No problem.** I think it's well worth it."—"I thought you'd see it that way." 「1할의 소개료를 지불해야 합니다」「아니, 좋습니다. 충분히 그럴 가치가 있다고 생각하니까」「납득하실 걸로 생각하고 있었습니다」

» be well worth ~에 충분히 가치가 있다

» see it that way 그렇게 받아들이다

필요하다면 맹세해도 좋아.

If things come to a head, I'll even swear to it.

↪ "Will you stand by what you just said if it becomes an issue?"—"Sure, what I said is for the record. **If things come to a head, I'll even swear to it.**" 「지금 말씀하신 게 문제가 된다고 해도 철회하지 않습니까?」「물론, 공식적으로 말한 것입니다. 무슨 일이 생기면 맹세해도 좋습니다」

## B 찬성입니다[동감입니다] #91

찬성입니다.

I agree with you.

= I'm in favor of you.

동감입니다.

I'm with you.

= I agree. = My feelings exactly.

= I feel the same way as you.

당신의 생각에 동감입니다.

We go along with your ideas.

↪ go along with 「~에 동조하다」. with의 다음에는 「사람」 또는 「일」이 올 수 있다.

그 점에서는 동감입니다.

I'm with you there.

• there 그 점에서는

그에게 다시 한 번 기회를 주는 것에 찬성입니다.

I'm for giving him another chance.

- be for 찬성이다
- be against ~에 반대이다

기본적으로는 찬성입니다.

I'm for the basic idea.

↪ "Well, what do you say?"—"**I'm for the basic idea.** It's just the cost. I don't think we can swing it at this time." 「자, 어떻습니까?」「기본적으로는 찬성입니다. 단지 비용이 좀 걸리는군요. 아무래도 이 시기에는 자금을 조달하기엔 무리라고 생각합니다」

» It's just the~ 단지~이 아무래도, 문제는 ~뿐이다

» swing it (자금조달을) 잘 하다

» at this time 이 시기, 현재의 시기

이론적으로는 그렇죠.

In theory, yes.

- in theory 논리상으로는, 원칙으로는

↪ "I thought you had a free-enterprise system here."—"**In theory, yes.** But actually the bureaucrats have the market rigged." 「한국은 자유경제체제라고 생각했는데」「원칙은 그래, 그러나 실제로는 관료가 시장을 조종하고 있지」

» have~ rigged ~을 조종하다

좋습니다.

Fair enough. = That suits me fine.

↪ 제안에 대해서 「괜찮습니다」「좋지요」라고 찬성할 때의 표현.

↪ "Let's split the bill this time."—"**Fair enough.**" 「이번은 각자 지불로 하자고」「좋습니다」

괜찮습니다.

Fine with me.

↪ 찬성할 때의 표현.「(자신은) 형편이 좋다」에서 「상관없다」라는 의미.

↪ "What do you say we get down to brass tacks?"—"**Fine with me.**" 「슬슬 본론에 들어 가지 않겠습니까?」「좋습니다」

아, 이제 알겠습니다.

I get the picture.

- get the picture 상황을 이해하다

그 일에 대해서는 아무런 문제가 없습니다.

We have no problems with that.

기본적인 생각에는 별로 문제가 없습니다.

I have no problem with the basic idea.

당신이 간다면 우리도 기꺼이 가겠습니다.

We're willing to go if you go.

↪ be willing to는 「기꺼이~하다」라는 의미지만, 실제는 「~하더라도 상관없다」라는 소극적인 뉘앙스가 있다.

문제가 없는 것 같습니다.

It looks all right to me.

↪ 「나에게는 좋겠끔 생각된다」에서 「문제가 없는 것 같다」와 찬성의 의사와 승인을 나타내는 말.

유감이지만 그래.

I'm afraid so.

이의없어.

I can't argue with that.

## C 타당하다, 무리가 아니다 #92

| | |
|---|---|
| 지당하죠. | That makes sense.<br>• make sense 도리에 합치되다, 당연하다 |
| 그녀가 그렇게 말하는 것도 일리가 있어. | What she says sounds reasonable to me. |
| 무리도 아니야. | That's not surprising. |
| 당신 말에 일리가 있다. | You have a point there. |
| 자네의 말에도 일리가 있다고 인정하지 않을 수 없어. | I have to admit there's something to what you say.<br>• there's something to ~에도 일리가 있다 |
| 그가 화를 냈던 것도 당연해. | No wonder he got upset.<br>↳ It's no wonder that(~라는 것도 무리는 아니다)가 제대로 된 형태이지만, 회화에서는 흔히 It's가 생략된다.<br>• get upset 화를 내다 |

## D 그래. 그럴지도 몰라 #92

| | |
|---|---|
| 그럴지도 몰라. | That may be true.<br>= It's possible. |
| 아마도 자네 말이 옳을 것이야. | Maybe you're right.<br>= You're probably right. |
| 그런 것 같애. | So it seems.<br>↳ 약간 의미가 있는 것처럼 「그런 것 같아」라는 어투로 사용되는 일이 많다. 보통 「그런 것 같아」라고 할 때는 "Yes, that's right."라고 하는 게 자연스럽다.<br>↳ "I wonder if he had a fight with his wife."—"**So it seems.**" 「그 사람, 부인과 싸우기라도 했나」 「그런 모양이야」 |
| 그렇지 않은가 싶어. | I'm pretty sure.<br>• pretty 상당히 |
| 그게 좋을지도 몰라. | That might be wise.<br>↳ 상대의 의견이 현명해서 효과가 있다고 생각되는 경우의 표현. |
| 충분히 있을 수 있어. | That could very well be.<br>• that could be 있을 수 있다 |
| 있을 수 있는 이야기야. | It seems quite plausible.<br>• plausible 지당한 것 같은 |
| 좋은데. | Sounds good to me. |

• sound ~처럼 생각된다

맞았어.

That's about it.

↳상대의 예상에 대해서 「대체로 맞았다」고 하는 표현.

어때, 저 것 좋지 않아?

Oh, what the hell.

↳"What the hell."은 「저 어때」 「그 게 어때서」라는 방임하는 태도를 나타낸다.

해도 별로 손해 보는 것은 없어.

There's no harm being done.

어쩔 수 없지요.

I guess it's inevitable.

= I guess it's unavoidable.

↳unavoidable보다 보편적인 표현.

알았어, 자네가 그리 말하니.

OK, if you say so.

그런 견해도 있을 수 있겠지.

I never looked at it that way before.

↳「그렇게 본 적은 없었다」에서 「그런 견해도 있는 거겠지」라는 의미로 「과연」이라고 상대의 의견에 납득했을 때의 표현.

그렇다 할 수 있지.

That's one way of putting it.

그래, 그게 좋을지도 몰라.

Hmm, that's an idea.

내 말이 그 말이야.

That's what I say.

= You took the words right out of my mouth.

= You read my mind.

= I couldn't have said it better.

우리는 뜻이 잘 맞아.

He speaks our language.

= We're speaking the same language.

사람들은 그 영화에 열렬히 공감했어요.

People identified strongly with that movie.

• identify with~ ~와 공감하다

# 5 반대하다

## A 반대입니다[그렇게 생각하지 않습니다] #93

| | |
|---|---|
| 그렇게는 생각 안 해. | I don't think so. |
| 그렇게는 생각지 않는데. | I don't see it that way.<br>• see it that way 그런 식으로 여겨진다, 그 견해와 같은 의견이다 |
| 찬성할 수 없습니다. | I don't agree with you. = I can't go along with it. |
| 그 점에서 찬성할 수 없어. | I can't go along with you on that point. |
| 나는 다른 의견이야. | I have a different opinion. |
| 그 계획에는 반대야. | I'm opposed to the plan.<br>• be opposed to~ ~에 반대하다 |
| 나는 처음부터 그 안에는 반대 입장이었어. | I've been against the idea from the word go.<br>↪이 go는 "Ready, set, go!" 「준비, 땅」에서의 go와 동일한 의미로 사용된다. from the beginning과 from the very start 등을 대신 사용해도 좋다. |
| 자네가 틀렸어. | I think you're wrong.<br>↪앞에 I'm sorry, but을 붙여서 부드럽게 하면 좋다. |
| 자네 생각이 빗나갔어. | You're way off the mark. |
| 네가 잘못 안 거야. | You were all wet. |

## B 절대 반대입니다 #93

| | |
|---|---|
| 반대입니다. | I'm not for it at all. |
| 절대 반대야. | I'm dead against it.<br>↪be against 「~에 반대이다」. 강조에는 dead를 사용한다. |
| 자네와는 전혀 다른 의견이야. | I can't disagree with you more.<br>↪「이 이상 의견이 엇갈리는 일은 할 수 없다」에서 「정반대다」 「전혀 다른 의견이다」라는 의미. |
| 아무래도 그 방식에는 동의 할 수 없어. | I just can't agree with that way of doing it. |

틀렸어, 틀렸어.

## Nothing doing.

↪ 상대의 의견과 요망을 단호하게 거절하는 표현.

↬ "How about rounding it off to an even million?"—"**Nothing doing.** $1,075,000 is the best we can do." 「이쯤에서 100만불로 합의보는 게 어때?」「안 됩니다. 107만 5000불이 최종 선입니다」

» round off ~을 끊기 좋은 수로 하다

» the best we can do 최선의 방법

절대 그렇지 않아.

## Not on your life.

= Not a chance. » 「절대로 안 돼」라든가 「터무니 없는」이라는 뉘앙스로 사용한다.

= No way. » 의뢰 · 제안 등에 「절대 반대다」「절대 안 된다」「절대로 있을 수 없다」라고 하는 경우. 또 싸움 등으로 서로 의기를 부릴 때에 「그렇게 할 줄 알아」라는 의미도 사용한다.

↬ "Are you going to give them another chance?"—"**Not on your life.**" 「그들을 보고 또 놓치는 것입니까?」「천만에」

설마 그럴리가!

## My foot!

↪ 상대의 말을 놀람과 동시에 부정하는 표현. 「설마(그럴 리는 없다)」「그런 말도 안 되는」 등.

↬ "He said you authorized it."—"**My foot!**" 「자네가 허가했다고 말하고 있어」「설마」

절대로 안 돼.

## Over my dead body!

↪ 「나의 시신을 타고 넘어」가 원래의 의미로 「내가 살아 있는 동안은 ~은 하지 않을 것이다」「내가 활동하는 동안에는 ~시키지 않겠다」. 강한 거절의 의사를 나타내고 제안을 단호하게 거절할 때 사용한다.

↬ "He wants to upgrade the computer again."—"**Over my dead body.**" 「그가 또 컴퓨터를 업그레이드 하고 싶대」「절대로 안 돼」

조금도 그렇지 않아!

## Hardly!

↪ 칭찬을 받거나, 부러워하거나 할 때에 「좋은 일같은 거 없어」라고 대답하는 말.

↬ "Lucky you!"—"Hardly" 「너 운이 좋구나」「아니야, 조금도 좋지 않아」

그럴 리가 없어.

## That's impossible.

= That's out of the question.

그런 날이 오겠어?

## That'll be the day. = When does the hell freez?

↪ 「그리되면 놀라겠는데, (하지만 있을 수 없어)」라는 표현. the day는 「행운의 날」「기적이 일어나는 날」.

↬ "I wouldn't be surprised if the Won went back up to 150."—"Oh, yeah. **That'll be the day.**" 「1달러 당 150원이 된다고 해도 놀라지 않는다구」「그래, 그러면 좋지.」

사실무근이야.

## There's no truth in that at all.

## C 의문이군요 #93

그렇다고만은 할 수 없어.

I don't think that's altogether true.

그건 의문이야.

I have my doubts about that.

마음에 안 드는데.

I don't like it. = I don't get it.

↳ 원래 의미는 「마음에 안 드는군」.

↳ "The manager resigned because of the screwup."—"**I don't like it.** He shouldn't be made to take the rap for everything." 「부장은 무심코 한 실수로 사직했어」 「납득이 안 가. 모두의 허물을 뒤집어쓰면 안 되는데」

» screwup 실수, 무심한 실책

» take the rap 죄를 뒤집어 쓰다

이해할 수 없어.

It doesn't make sense.

↳ 「어째서 이렇게 되는지 잘 모른다」라는 기분의 말.

• make sense 이해가다, 이해하다

그것은 몰라.

I don't know about that.

그럴까 몰라.

I wonder.

↳ 상대의 의견 등에 대해서 납득이 되지 않는 의문이 있을 때에 사용한다.

그만 해 둬.

Come on now.

= Give me a break. » 「용서해 줘」 「농담이 심해요」 등의 의미.

↳ Come on(now).는 쓰이는 상황에 따라서 「자, 빨리」 「힘 내」 「적당히 하지」 「자, 갑시다」 등 여러 가지 의미가 된다.

↳ "That would shave our profit margin to zero. We'd be giving it to you at cost."—"**Come on now.** You expect us to believe that." 「그럼, 우리는 밑지는 장사예요. 원가로 드리는 겁니다」 「그만하세요. 그런 말을 믿을 걸로 생각하세요」

» shave A to B A를 B까지 깍다 » at cost 원가로

그런 말을 하다니!

Listen to you talk!

이 친구 말 좀 들어봐.

Just listen to this guy!

↳ 빈정거리는 뉘앙스로 쓰인다.

아직 의문점이 많아.

I still have my doubts.

↳ 분명히 반대할 수 없지만 적극적으로 찬성할 수 없을 때 편리한 표현.

## D 역시 #93

해도 소용없겠어.

I don't see any point in it.

= It's not worth it. » 「할만한 가치가 없다」라는 뜻.

↳ 「해도 소용없다」라는 체념을 나타냄. "I don't see any point in talking to the boss." 「상사에게 상담을 해도 소용없다」라는 의미.

그것은 무용지물이야.

It's a white elephant.

↪ 「하얀 코끼리」는 매우 돈과 시간이 드는 것에서 「겉모양만 그럴 듯한 것」 「시간이 걸리는 주체스러운 일」.

오히려 성가신 일이야.

That's an unwanted favor.

## E 터무니없다[무리다] #94

그럴리가 없는데[안 될 것 같은데].

I doubt it.

- doubt it 그렇지 않다고 생각하다, 실현 가능성이 없다고 생각하다

↪ "Do you think you can get him to playball?"—"**I doubt it.**" 「그가 협력하게 할 수 있어?」 「안 될 것 같습니다」 » playball 협력하다

좀 지나쳐.

I think that's going a little too far.

= Aren't we going a little too far?

- go too far 지나치게 말하다[행동하다]
- carry one's joke too far 농담을 지나치게 하다

이해할 수가 없군요.

It's beyond our comprehension.

- comprehension 이해(도)

미친 짓이야.

That's crazy.

## F 오해입니다 #94

모두 오해입니다.

You've got it all wrong.

- get ~ wrong ~을 오해하다

그런 뜻은 아닙니다.

I don't mean it that way.

↪ 자신의 의도를 오해받았을 경우 사용한다.

그런 생각으로 말한 게 아닙니다.

That's not what I meant.

= That's wasn't my intention.

그럴 생각은 전혀 없습니다.

That's certainly not my intention.

## G 이야기가 다릅니다 #94

그건 이야기가 다른데요.

That's another story.

그건 또 다른 문제야.

That's a different matter.

그것은 전혀 다른 이야기야.

That's a horse of a different color now.

- be a horse of a different color 전혀 다른 이야기다

과잉반응이야.

Stop overreacting
↪ 이 어투는 상대의 과장된 반응에 대한 것. 직역은 「과잉반응을 보이지 마」.

그처럼 굉장하지는 않습니다.

I don't think it's all that great.

그건 너무 흔한 거야.

It's just too run-of-the-mill.
• run-of-the-mill 보통의, 평범한

꼭 해야 되나요?

Do I have to?
↪ 마음에 내키지 않는 일을 제안·지시 받았을 때에 「(하고 싶지 않지만) 하지 않으면 안됩니까」라고 묻는 표현.

반대상황이 될 수도 있지 않습니까?

It could go the other way, too.
• go the other way 반대상황이 되다

옳게 보이지 않아.

It doesn't look right.

당신이 부당하다고 생각합니다.

I think you're way out of line.
• be out of line 부당하다, 터무니없다
↪ way는 강조부사로 「매우」.

이제 당신이 알아서 처리해.

OK, it's your funeral.
↪ funeral의 일반적인 의미는 「장례식」이지만, 이 경우는 「처리해야 할 일」을 의미한다. "be one's funeral"은 「~의 책임이다」에서 「(내가) 알 바가 아니다」.

무슨 상관이야?

Who cares?
↪ 「누가 신경을 쓰겠어(아무도 신경을 쓰지 않는다)」에서 「그런 일은 아무래도 좋지 않은가」의 뜻.

자네의 희망 사항에 불과해.

That's just wishful thinking on your part.
= That's what you call wishful thinking.
• wishful 현실이라기 보다 희망적 발상에 의거한

옛날을 생각하면 그렇게 말하기 쉬워.

That's easy to say in retrospect.
• in retrospect 뒤돌아보면

이야기가 완전히 다르지 않았습니까?

What you're saying here amounts to a complete flip-flop.
↪ flip은 「공중회전」으로 flip-flop은 「공중돌기」처럼 「갑자기 변화하는 일」을 나타낸다. 이야기하는 사람에 있어서는 나쁜 방향으로 변화를 나타내는 일이 많다.
• amount to ~이 되다
↪ **"What you're saying here amounts to a complete flip-flop."**—"What makes you say that?"—"Well, yesterday you said it was possible, today it's impossible." 「그러면 이야기가 다

르지 않습니까?」「어째서 그렇게 말씀하십니까?」「어제는 가능하다고 말해 놓고 오늘은 불가능하다니요」

## 반론을 끄집어 내는 문구 #94

말을 바꾸는 것 같습니다만,

I don't mean to contradict you, but ...

↳ 상대가 윗사람인 경우에 사용한다.

그것도 좋지만.

That's all well and good, but ...

↳ 상대의 의견을 인정하고서 반대의견을 제출할 때에 사용하는 말.

그렇기는 커녕,

Quite the contrary, ...

그 점에 있어서는 자네 말도 일리가 있지만,

You have a point there, but ...

- have a point 일리 있다

의견대립이 많았어.

We've had a lot of disagreement.

= No agreement was reached.

- have a lot of disagreement 의견대립이 많다

# 6 보류하다 · 얼버무리다

## A 모르겠습니다 #95

| | |
|---|---|
| 모르겠는데. | Search me.<br>↳「나를 잘 보라고 (답은 발견할 수 없으니까)」에서 「모르겠는데」라는 의미. |
| 잘 모르겠습니다. | I'm not really sure. |
| 아무래도 잘 모르겠는데요. | I can't figure it out.<br>• figure out 알다, 이해하다 |
| 전혀 모르겠어. | I'm not completely sure. |
| 아직까지 모르겠어. | I'm still in the dark.<br>↳ 어둠 속에 있으므로 모른다. |
| 자네가 그 내막을 알지. | You're in the know. |
| 하지만 혹시나 몰라. | But you never know.<br>↳ 그 때가 되면 「될 수도 있다」 라는 뉘앙스. |
| 그 경위에 대해서는 잘 모르겠습니다. | I'm not up on the background.<br>↳ up에는 「잘 알고」 「정통해」라는 의미가 있다. not up on은 「~의 사정을 잘 모른다」 「~에 대해서 인식부족이다」의 의미. |
| 요점은 알았습니다. | I think I got the gist of it.<br>• the gist 요점 |

## B 뭐라 할 수 없습니다 #95

| | |
|---|---|
| 아무도 모르죠. | Who knows?<br>↳「누구도 모른다」에서 「그런 거 모른다」 「글쎄요」의 의미.<br>↳ "Do you think this will affect the deal?"—"**Who knows?**" 「이걸로 거래에 영향이 생길 것으로 생각해?」 「그건 아무도 모르죠」 |
| 그건 뭐라 할 수 없어요. | That's anybody's guess.<br>↳ 원뜻은 「누구도 모른다고」 의견을 구했지만, 판단을 할 수 없을 경우 등에 편리한 표현. "It's anybody's guess."라고도 한다.<br>↳ "How long before things turn around?"—"**That's anybody's guess.**" 「사태가 좋아질 때까지 얼마쯤 걸릴까?」 「뭐라 할 수 없는데.」 |

CASE 6

말하기 곤란한데요.

It's hard to say.

↳ "Do you think we scored?"—"**It's hard to say.**"—"The vibes seemed positive enough." 「잘 되었다고 생각하나요?」「뭐라 할 수 없습니다」「반응은 매우 좋았던 모양입니다」

그것에 대해서는 뭐라고 할 수 없어.

That I can't say.

• I can't say 뭐라 할 수 없다

↳ "Is he any good with people?"—"**That I can't say.**" 「그는 사람을 부릴 줄 아나?」「그것에 대해서는 뭐라할 수 없습니다」

» be good with~ ~을 잘 다루다

현재로서는 뭐라 말할 수 없어.

At this point I really can't say.

• at this point 현재 시점에서는

저로서도 뭐라 말할 수 없는데요.

I'm really not in any position to comment.

그것 참 어려운 문제군.

That's a really ticklish question.

• ticklish 어려운, 간지러운

아직까지 일촉즉발의 상태야.

It's still touch-and-go.

• touch-and-go 일촉즉발의, 극한상태

↳ "Is the strike on or off?"—"**It's still touch-and-go.**" 「파업은 결행입니까? 중지입니까?」「아직 일촉즉발의 상태입니다.」

이것은 마찬가지야.

I'd say it's six of one and half dozen of the other in this case.

↳ six of one and half dozen of the other 「한 쪽은 6이고 다른 한 쪽은 12의 절반」에서 「같은 것」

마찬가지야.

Same difference.

↳ 「아무 차이도 없는 것」을 나타내는 말.

자네의 뜻(주장)이 무엇인지 알았어.

I see your point now.

↳ point는 상대 의견의 요점을 이해하는 일. 찬성도 반대도 아니고 참고로 들어 준다는 정도의 표현.

상상에 맡기겠습니다.

I'll leave that to your imagination.

• leave ~ (up) to one's imagination ~를 상상에 맡기다

시간과 장소에 따라 다릅니다.

It all depends.

= It depends.

= That depends on the time and the circumstances.

어느 쪽이라도 좋습니다.

Whichever you like.

↳ 상대의 선택에 맡길 때의 표현.

↳ "Which would you like, Chinese food or Japanese food?"—"**Whichever you like.**" 「중국요리와 일본요리 어느 쪽을 좋아하십니까?」「어느 쪽이나 좋아요」

좋으실 대로 하세요.

Suit yourself.

↳ 자기 마음대로 하려는 사람에 대해서 사용한다.

↬ "I wonder if it would be all right to duck out early."—"**Suit yourself.**" 「자리를 떠도 괜찮겠습니까?」「좋으실 대로 하세요」

» duck out early 중간에 자리를 떠나다

## C 응, 그… #95

그렇기도 하고 아니기도 해.

Well, yes and no.

↬ "You've been late three mornings in a row. Is there some problem or something!"—"**Well, yes and no.**" 「벌써 이것으로 삼일 계속 지각이야, 고민이라도 있는 거야?」「그렇기도 하고, 아니기도 해.」

말문이 막히게 하는구먼.

It simply leaves you at a loss for words.

유도작전을 쓰지마.

You're not going to trick me with a loaded remark like that.

↳ 「덫에 걸리는 것 같은 함축성이 있는 말로 속이려 하지 마」라는 표현.

곰곰히 생각해 보죠.

Let me think it over.

= Let me give that some thought. » give ~ some thought ~을 검토하다

= Could you give me a little time to consider it?

• think ~ over ~을 곰곰히 생각하다

좀더 검토해 보지요.

Let's give it a little more thought.

• give ~ a thought ~를 생각하다 (= give a thought to ~)

냉정하게 결정을 내려야 됩니다.

We have to make a levelheaded decision.

= We have to make a decision once for all.

↳ 이때 level은 「수평으로 치우침이 없는 것」을 의미한다. 여기서 levelheaded는 「냉정한」「공평한」의 의미.

당장은 좀 그렇군요.

Not offhand.

↳ offhand 즉석에서, 지금 당장은

↬ "Do you have any place in mind?"—"**Not offhand**, but I'll ask around." 「어딘가 장소 마음에 둔 곳이라도 있어?」「당장은 좀…하지만 여기 저기 물색해 보지」 » ask around 묻고 돌아다니다

CASE 6

# 7 맞장구의 여러 가지

## A 그래서? #96

자, 계속해 봐.

**Go on.**
= Keep on.
↪ 말을 계속하도록 촉구하는 표현.

그래서, 계속해 봐.

**I'm listening.**
↪「듣고 있습니다」에서 「그래서?」로 상대에게 이야기를 계속할 것을 촉구하는 표현.

그게 어찌 됐는데?

**What about it?**
↪ "About that meeting this evening."—"**What about it?**" 「오늘 밤 상담 건인데」「그게 어찌 됐는데?」

그래서 뭐라고 했어?

**Well, what's the word?**
= Well, what did he say?
↪ "**Well, what's the word?**"—"He said it's probably all right." 「그래서, 뭐라고 했지?」「아마 괜찮을 거라고 말했습니다」

## B 과연 #96

알았어.

**I see.**
↪「알았습니다」「그렇군요」「과연」이라는 식으로 맞장구를 칠 때의 표현.

과연 그래.

**I see what you mean.**
↪ see what someone means 「~을 말하고 싶은 걸 알다」에서 「과연」.
↪ "How do you think it?"—"Hmm, **I see what you mean.** It's light as a feather but still has a substantial feel."—"That's because it's made of titanium." 「어때?」「응, 과연 날개처럼 가볍지만 질감은 있다고」「그거야 티타니늄으로 만들어졌기 때문이지」

맞아, 생각대로야.

**That figures.**
↪「과연」「역시」 등을 나타내는 맞장구의 표현.
↪ "Your tie goes really well with your shirt."—"Thanks I got it from my wife for my birthday."—"**That figures.**" 「그 넥타이는 정말로 셔츠와 어울리는데」「고마워, 생일날 처에게 받았어」「그랬군」

상상이 갑니다.

**I can imagine.**
↪「상상하고도 남음이 있습니다」고 장단을 맞추는 표현. "I can well imagine."이라고도 말한다.

= That's pretty obvious. » obvious「명백한」의 의미.

↪ "Let me tell you, it took some major surgery."—"**I can imagine.**"「말해 두겠는데 대수술이 필요했습니다」「그렇겠지요」» 회화는 비유적인 내용.

물론.

Sure, sure.

↪ 상대의 말에 납득했을 때의 표현. 비꼬는 경우에도 사용한다.

그 말대로라면 좋겠어.

I hope you're right.

= I hope so. = I certainly hope so.

↪ "I think you did quite well."—"**I hope you're right.**"「잘 했다고 생각해」「그랬으면 좋겠는데」

## C 정말? #96

정말?

Really?

예를 들면?

Like what?

↪「어떤 것이지?」가 원래의 의미.「어떤?」「예를 들면?」

↪ "There are a lot of advantages to membership."—"**Like what?**"「회원에게는 많은 특전이 있습니다」「예를 들면 어떤 겁니까?」

## D 이어주는 말의 여러 가지 #96

화제를 바꿉시다.

Let's change the subject.

다른 이야기입니다만,

Not to change the subject, but...

= On another matter now...

= This is change the subject, but...

↪ 화제를 바꿀 때의 표현.「(자신에게 상황이 나쁘다고 해서) 화제를 돌릴 생각은 아니지만」 거절의 뉘앙스도 포함된 표현.

그런데,

By the way, ...

= Incidentally, ...

↪ 화제를 전환할 때 쓰는 표현

그것은 그렇다치고,

Apart from that, ...

= Aside from that, ...

농담은 이 정도로 하고,

All kidding aside, ...

= Joking aside, ...

↪ 본론으로 들어갈 때와 돌아올 때의 표현.

그리 말하니,

Now that you mention it, ...

= That reminds me, ...

↪ now that you mention it「당신이 그런 이야기를 했었으므로」가

CASE 6

원래의 뜻으로 「그리 말하니」 「그렇게 말을 하니까 말인데」라는 의미. 하나의 화제로부터 자신이 바라는 화제로 흐름을 전환시킬 때 같은 경우에 편리한 표현.

| | |
|---|---|
| 이야기 도중에 미안합니다만, | I'm sorry to break up the conversation, but ... |
| 그렇다고 해도. | Even so, ...<br>= Just the same, ...<br>= Granting that, ... |
| 우선은, ... | Just for now, ... |
| 현실적으로 이야기 하자면, ... | Realistically speaking, ... |
| 우선, ... | First of all, ... |
| 개인적인 의견이지만, ... | Personally, ... |
| 내가 하고 싶은 말은, ... | All I'm saying is ...<br>↳「제가 말하고 있는 모든 건」 즉 「제가 하고 싶은 이야기는」 |
| 실로 답하기 곤란합니다만, ... | That's really hard to say, ...<br>↳ "How are this month's sales?"—"**That's really hard to say.**" 「이 달 매상고는 어떻게 되었지?」 「실로 답하기 곤란한데요」 » sale이 복수가 되면 주로 「매출」 「매상」의 뜻이 된다 |
| 묻기는 좀 뭐하지만, ... | I'm sorry to have to ask, but...<br>= I hate to ask you, but...<br>= Can you...? |
| 이렇게 말하면 안됐지만, ... | I hate to say this, but...<br>↳ 말하기 거북하지만 말하지 않을 수 없을 때에 말하는 표현. |
| 결국에는, ... | After all, ...<br>= With all...<br>= For all...<br>↳ after all은 글머리에 사용하면 「그렇기는 해도」 「결국」 등의 의미가 된다. 논의에서 유·무를 말하게 하지 않고 설득하는 경우 등에 사용되고 있다. |
| 다 이해합니다만, | With respect, sir, I think you're quite wrong.<br>↳ 점잖게 동의하지 않음을 나타낼 때. |

## More Expressions & Review

#97

### 1 Practical Dialogues • 활용대화 •

1

A What do you think about my idea?
B That's good. I can't agree with you more.

A 제 아이디어 어떻습니까?
B 좋아, 전적으로 찬성하네.

2

A Please give me your frank opinion about this project.
B To be frank with you, we'd better hold this project until the end of this month.

A 이 프로젝트에 대한 당신의 솔직한 견해를 듣고 싶군요.
B 솔직히 말씀드려서, 이 프로젝트를 이 달 말까지 보류하는 편이 좋겠습니다.

3

A I'd like to buy some stock here, but I know nothing about it.
Could you help me?
B Please have a seat.
Our investment counselor will be with you in a moment.

A 여기서 주식을 사고 싶은데요, 하지만 주식에 대해서 전혀 아는 바 없습니다. 좀 도와 주시겠습니까?
B 앉으십시오. 곧 우리 측 투자 상담가가 나올 겁니다.

4

A Tell me what you think about my plan.
B I hate to say this, but I can't go along with you on that point.

A 내 계획에 대한 자네의 의견을 말해 보게.
B 말씀 드리기는 뭐하지만, 그 점에 있어서 저는 반대합니다.

5

A What would you say the most serious problem we're facing?
B As far as I'm concerned, we lack strong leadership.

A 우리 회사가 직면하고 있는 가장 심각한 문제가 무엇이라고 생각하시죠?
B 제가 보기에는 강력한 리더십(지도력)이 부족합니다.

## 2 Key Expressions • 핵심표현 •

- I think I have met you before.
  ≫ 전에 한 번 뵌 것 같습니다.

- Why don't you introduce yourself to each other?
  ≫ 서로 인사하시죠?

- Thank you so much for making time for me.
  ≫ 시간을 내주셔서 감사합니다.

- Nice talking you.
  ≫ 이야기 즐거웠습니다.

- I had a great time with you.
  ≫ 즐거운 시간이었습니다.

- I have to say goodbye now.
  = It's time to go.
  = I must be going now.
  = I'd better go now.
  ≫ 지금 가봐야 되겠군요.

- Next time you come to Korea, please be sure to come to my house.
  ≫ 다음 한국에 오실 때는 꼭 우리 집에 오십시오.

- See you later.
  = Catch you later.
  = I'll see you later.
  = See you again.
  ≫ 나중에 다시 봐.

- Thanks for inviting me.
  ≫ 초대해 주셔서 감사합니다.

- Thanks for coming.
  ≫ 와주셔서 감사합니다.

- Could you find the house easily?
  ≫ 집을 쉽게 찾으셨습니까?

- It was a nice meal. I enjoyed it very much.
  ≫ 멋진 식사였습니다. 아주 맛있게 먹었습니다

You're welcome. It's my pleasure.

≫ 원 천만에, 제가 즐거운 걸요.

Could you come to my house for dinner tonight?

≫ 오늘밤 우리 집에서 저녁식사 하시겠습니까?

I'm sorry, but I have a previous engagement tonight.

≫ 죄송합니다만, 오늘밤 선약이 있습니다.

What a coincidence!

≫ 정말 우연이로군!

It's been a long time.
= I haven't seen you for a long time.
= I haven't seen you for ages.
= I haven't seen you in ages.
= Long time, no see!

≫ 참 오랜만이군요.

I met him by chance yesterday.
= I ran into him yesterday.
= I came across him yesterday.

≫ 어제 그를 우연히 만났다.

You haven't changed a bit.

≫ 하나도 변하지 않았군요.

I'd like to make an appointment with you tomorrow at 10 a.m.

≫ 내일 오전 10시에 만났으면 합니다.

Sorry, but I can't make it.

≫ 미안하지만, 약속을 할 수 없겠군요.

Do you promise?

≫ 약속하시죠?

Please come this way.

≫ 이쪽으로 오시죠.

Could you wait for a minute?

≫ 잠깐만 기다려 주시겠어요?

## INDUSTRY

In the ordinary business of life, industry can do anything which genius can do, and very many things which it cannot.

*일생의 일상사에서, 근면은 재능이 할 수 있는 것이라면 무엇이든 할 수 있고, 재능이 할 수 없는 것도 아주 많이 할 수 있다.*

*... Henry Ward Beecher*

Sloth makes all things difficult, but industry all things easy.

*게으름은 만사를 어렵게 하며 근면은 만사를 용이하게 한다.*

CASE 7

# 기분을 100% 전하는 감정표현

# 1 기분이 좋다

## A 기쁘다! #99

| | |
|---|---|
| 흥분 돼! | I'm thrilled. = Terrific!<br>↳ "I'm happy."에 비교해서 "I'm thrilled."는 동경하던 그와 같이 여행할 수 있다든지, 뭔가 기쁨에 사무치는 느낌을 표현한다. |
| 이보다 더 좋을 수는 없어. | Things couldn't be better.<br>↳ 「상황이 이 이상 좋은 것은 있을 수 없다」에서 「최고입니다」. |
| 그건 행복한 고민이구나. | That's a nice problem to have. |
| 이거 갖고 싶었어. | This is just what I wanted.<br>↳ 선물을 받았을 때 사용한다. |
| 운이 좋았어. | I got lucky. |
| 잘 풀리는 해야. | It's my luck year. |
| 미운 말을 안 해야 된다는 것을 알지. | You sure know how to make a person feel good. |
| 그렇게 나와야지. | Now you're talking.<br>↳ 상대방의 기분이 좋음을 칭찬하는 표현.<br>= This is the way to go. » 서비스 등이 잘 되어서 기쁘다는 기분.<br>= That's like music to my ears. » 기쁜 이야기. 환영해야 할 이야기를 들었을 때의 표현. |
| 우리가 해냈어. | We got it.<br>↳ "**We got it.**"— "No, kidding Great!" 「해 냈다고!」 「정말, 굉장하군」 |
| 말로는 표현할 수 없을 정도로 감격했습니다. | Words can't express how excited I feel. |
| 왜 그렇게 기분이 좋지? | Why are you in such a good mood? |

## B 두근 두근·울렁울렁·상쾌 #99

| | |
|---|---|
| 가슴이 두근거려요. | My heart's racing.<br>= My heart's throbbing. » throb 두근거리다 |
| 정말로 신나는군요. | I'm really excited. |

| | |
|---|---|
| 좋은 시간 보냈습니다. | I had a great time. |
| 가슴이 후련해. | It was such a relief.<br>• relief 안심, 안도의 한숨 |
| 그들에겐 당연한 것이야. | It serves them right.<br>• serves someone right ~에 있어서 당연한 보답이다 |

## C 만족 #99

| | |
|---|---|
| 앞으로 문제가 없을 것이다. | Now we won't have any trouble. |
| 그럼, 그렇게 되어야지. | OK, that should do it.<br>• do it 잘 나가다 |
| 이리 잘 나갈 줄은 생각지도 않았어. | I never thought we'd pull it off.<br>• pull off ~을 잘 해치우다 |
| 그것이 굉장히 인기가 있었다고 생각해. | I think it went over really well.<br>↪ go over well은 「인기가 있다」 「호평을 얻다」. well은 생략해도 좋다. |
| 끝이 좋으면 모두 좋은 것이야. | All's well that ends well. |
| 타이밍이 참 좋아. | What great timing! |
| 그리 나쁘지 않군. | That's not too bad.<br>↪ 「지나치게 나쁘지 않다」에서 「그다지 나쁘지 않다」 「비교적 좋다」. |

## D 안심했습니다[살았습니다] #99

| | |
|---|---|
| 그걸 듣고 안심했어. | I was relieved to hear it.<br>= It's a relief to hear that. |
| 굉장한 소식인데. | That's wonderful news. |
| 조금은 안심이 되는군. | At least it makes me feel better. |
| 새로 태어난 것 같애. | It made me feel like a new man. |
| 살았다. | What a break!<br>↪ 이 경우의 a break는 「행운」. |
| 정말로 그 사람이 위급한 상황을 도와 주었어. | Boy, he really saved the day.<br>• save the day 막판에 승리하다, 급한 상황을 도와 주다 |

# 2 불쾌 · 불안 · 분노

## A 최악이다 #100

| | |
|---|---|
| 역겨워. | That's disgusting.<br>= How awful!<br>↳ 상당히 기분을 해치는 것에 대해서 사용한다. |
| 최악이군[더 나쁠 수 없어]. | Couldn't be worse.<br>= The pits! » the pits는 「최악의 상태 · 사람」 등을 나타내는 속어.<br>• Couldn't be 이 이상 없을 정도~다<br>↳ "How are things at your end?"—"**Couldn't be worse.**" 「댁의 경기는 어떻습니까?」 「최악이지요」 » at one's end ~의 쪽에서는 |
| 안 돼. | No way.<br>↳ 무리를 말하는 상대 등에 대해서 자주 사용한다. |
| 마음이 내키지 않아. | Somehow I can't get excited about it. |
| 너같은 녀석은 참을 수 없어. | I can't stand you. |
| 정말 기분 잡치는군. | It's absolutely revolting!<br>↳ revolting 기분을 상하게 하는 것 같은 |

## B 화가 난다 #100

| | |
|---|---|
| 빌어먹을! | Dammit! |
| 화가 치미는 걸. | It really burns me up.<br>= I'm teed off. » be teed off 지겹다<br>• burn up 다 태워버리다, 버럭버럭 화나게 하다 (= blow up) |
| 그 여자는 정말 날 화나게 하는 걸. | She really gets to me.<br>= She really makes me mad. |
| 그는 불쾌한 녀석이야. | He's obnoxious. |
| 너무 안 됐어. | It's too bad about what happened. |
| 더 이상 참을 수 없어. | I lost my temper.<br>= I ran out of patience. » run out of~ ~을 떨어지게 하다, ~을 없애다<br>• lose one's temper 화내다, 노발대발하다 |

(= be tricked = see red = hit the ceiling)

| | |
|---|---|
| 그가 무엇인가에 화 난것 같아. | **He seems to be upset about something.** |
| 화나는 이유는... | **What gets me is...** |
| 집어치워! | **Cut it out.**<br>= Stop it.<br>↪ 화가 담긴 거절, 금지의 말투. |
| 그만 둬! | **Oh, come on.**<br>= Oh, come off it now.<br>= Get off my back.<br>↪ "Oh, come on now."라고도 말한다. 「적당히 하라구」라는 식으로 상대의 발언과 태도에 대해서 항의하는 경우에 사용한다. come on은 그 밖에 「그런 식이다」 등 상대를 격려할 때에도 사용한다. |
| 참아. 그만 해. | **Give me a break.**<br>↪ 친구 간의 대화에서 「그만 해」라는 식으로 사용한다. |
| 무슨 말하는 거야. | **Don't give me that!**<br>= Dream on.<br>↪ 「꿈이라도 꿔」라는 말투. |
| 그런 말도 안되는 소리 하지 마. | **Don't be ridiculous.**<br>= Heavens, no. |
| 농담은 그만 해. | **Are you kidding?**<br>= No kidding!<br>= You've got to be kidding.<br>= Are you pulling my legs? |
| 거짓말이라고 해 줘. | **Tell me this isn't true.** |
| 이런 상황에 가만히 있을 수 있어? | **How can I keep quiet about this?**<br>• keep quiet 평정을 유지하다 (= keep cool) |
| 말도 안되는 녀석이야. | **He's shameless.** |
| 뻔뻔한 놈이야. | **He's got a lot of nerve.**<br>= He's got a lot of gall. » gall 뻔뻔스러움 |
| 뻔뻔함에도 정도가 있지. | **There ought to be a limit to their gall.** |
| 잘도 그렇게 뻔뻔스런 말을 하는군. | **He's got a lot of nerve talking like that.** |
| 그 친구 어떻게 그렇게 둔할 수 있어! | **How can he be so insensitive!**<br>↪ 「어째서 그렇게 둔하게 있을 수 있지」라는 표현. |

CASE 7

## C 용서 못해! #100

| | |
|---|---|
| 무례하기 짝이 없구나. | How rude!<br>↪ "Say, how old are you?"—"My, **how rude!**" 「이봐, 당신 몇 살이지?」「이런 버릇없는」 |
| 그런 개인적 이야길 묻다니 버릇없는 놈이야. | How rude of him to ask such a personal question! |
| 저 태도가 어때? | How do you like that attitude? |
| 그의 태도는 참을 수 없어. | I can't put up with his attitude.<br>• put up with~ 참다 (= endure = tolerate = stand) |
| 그 녀석 어떻게 되먹은 놈이지. | Just who does he think he is? |
| 변명의 여지가 없어. | That's inexcusable.<br>• inexcusable 변명을 할 수 없는 |
| 그와 같이 말하면 용서 못해, | I can't forgive him for talking like that. |
| 참 버릇없는 말투구나! | What a thing to say! |
| 너무 노골적으로 말해서는 안 돼. | You don't have to be so candid about it.<br>• candid (상대방의 기분을 상하게 할 정도로) 솔직한 |
| 사람을 깔보는 것도 정도껏 해야지. | Stop making me out to be a fool!<br>= Don't look down on me! |
| 아무리 그래도 예의란 게 있어. | There is such a thing as courtesy.<br>↪ be such a thing as로 강조되고 있다. is를 강하게 말한다. |
| 마음대로 해. | Suit yourself. |

## D 또야? 적당히 하라고 #100

| | |
|---|---|
| 또야? | Not again!<br>↪ 실패와 성가신 청탁이 반복될 때에 말한다. 윗 사람에 대해서는 사용하지 않는다. |
| 또 시작이군. | Here we go again.<br>= Here they go again.<br>↪ 자랑거리나 싸움 등이 반복될 때 사용한다. 「저런, 저런」이라는 기분.<br>↪ "Oh, no, **here we go again.**"—"Well, don't let it get to you." 「아, 또 시작했군」「그리 상심하지 말라고」 |
| 적당히 해[그만 해]. | That's about enough!<br>= I've had enough of you! |

| | |
|---|---|
| 농담도 정도가 있지. | Even joking has its limits. |
| 자네의 변덕스런 행동에 질려버렸어. | I've had enough of your whimsical behavior.<br>• whimsical 변덕쟁이, 기발한 |
| 저 녀석의 유별난 아이디어는 이제 질색이야. | I've had enough of his off-the-wall ideas.<br>• off-the-wall 유별난 |
| 이 일에 짜증이 나. | I'm really getting fed up with this.<br>• be fed up with 진저리를 내고 있다 (= be sick and tired of) |
| 이제 이것에는 넌더리가 나. | I'm getting fed up with this. |
| 당신에게 질렸어. | You are such a pain.<br>↪ pain은 원래 「고통」이나 「아픔」을 의미하지만, 「성가신 일」이란 의미도 있다. |
| 그 녀석 참 문제야. | He's a real problem. |
| 솔직히 정도를 벗어나가고 있어. | Frankly, I think they're way out of line.<br>• be way out of line 정도를 벗어나다 |

## E 내버려 줘요 #101

| | |
|---|---|
| 성가시게 굴지마. | Don't bother me!<br>= Don't get on my nerve.<br>• bother 괴롭히다, 성가시게 굴다 |
| 나 혼자 있게 해 줘. | Leave me alone.<br>= Please don't bother me.<br>↪ 개인적인 일에 간섭을 하는 사람에게 "It's none of your business. Leave me alone.(상관없잖아, 내버려 줘.)"이라고 한다. |
| 참견마. | None of your business.<br>= Mind your own business.<br>= You just wait!<br>= Keep your nose out of my business.<br>= Stay out of my business. |
| 쓸데없는 일은 하지 말라고 했지. | I didn't ask for that favor.<br>↪ 직역하면, 「그런 거 부탁 안 했어」. |
| 딴 사람 일에 참견마. | Don't meddle in other people's affairs.<br>• meddle in ~에 참견하다 |
| 주제넘은 짓은 하지 마. | Don't stick your nose in my business.<br>• business 용건, 사항 |

| | |
|---|---|
| 간섭하지 말았으면 좋겠어. | I don't want you to interfere.<br>= Don't put your fingers in my pie. |
| 말참견하지 마. | I don't want to hear a peep out of you.<br>↪ peep 「한마디」「자네의 말은 듣고싶지 않다」에서 「말참견하지 않았으면 한다」 |
| 일일이 말하지 않아도 알고 있어. | You don't have to bug me about every little thing.<br>• bug 성가시게 해서 고민스럽게 함 |
| 달갑지 않은 호의인데. | It's an unwelcome favor. |
| 꺼져! | Get lost! |
| 그렇게 흥분할 일이 아니야. | It isn't anything to get excited about. |
| 나는 누가 뭐라고 해도 신경쓰지 않아. | I couldn't care less what people are saying.<br>• couldn't care less~ ~에 전혀 구애받지 않다 |

## F 곤란하게 하지 마 #101

| | |
|---|---|
| 곤란하게 하지 마. | Don't give me a hard time.<br>↪ 끈질긴 사람을 향해서 「그렇게 까다롭게 굴지마」. |
| 내 입장이 되어 봐. | Put yourself in my shoes.<br>= Be in my shoes. |
| 사람의 마음은 모르는 법이야. | You don't understand how a person feels. |
| 그만 말해! | Don't say it!<br>↪ "Say, haven't you put on a little weight recently?"—"**Don't say it.**" 「저, 최근에 살찌지 않았어?」「거기까지」 |
| 불쾌하게 들리는 걸. | It sounds offensive.<br>↪ "**It sounds offensive.**"—"You're just reading too much into him." 「비꼬는 말처럼 들리는군」「지나친 생각이야」 » read too much into~ ~에 대해서 지나치게 탐독하다 |
| 그렇게 심술궂게 말할 필요가 없는데. | You don't have to be so catty.<br>• catty (주로 여성에 대해서) 심술궂은 |
| 부당해. | It's unreasonable. |
| 너 오해하고 있어. | You're barking up the wrong tree.<br>↪ 「다른 나무를 향해서 짖고 있다」에서 「완전히 착각을 하고 있다」「오판을 하고 있다」. |

내 잘못이 아니야.

It's not my fault.

- fault 책임, 과실

듣기 거북한 말은 하지 마.

Stop trying to give me a bad name.

- give ~ a bad name ~를 욕먹이다, 욕되게 하다, ~를 망신시키다

나한테 함부로 대하지 마.

Don't take it out on me.

- take it out on 사람들에게 막 덤벼들다

자네 덕분에 한 시간이나 꾸중을 들었어.

Thanks to you, I was on the carpet for an hour. = Thanks to you, I was raked over the coals for an hour.

↪ be on the carpet 「호되게 꾸중을 듣다」라는 의미. 「융단이 깔린 상사의 방에 호출되다」에서 생긴 표현.

녀석 때문에 터무니없는 경우를 당했다.

He landed us in one big mess.

- land ~ in one big mess ~에게 어려움을 겪게 하다

어쩔 수 없이 단념하라는 거야?

You mean we have to grin and bear it?

↪ grin and bear it 「웃으면서 참는다」에서 「쓴웃음을 짓다」 「억울하지만 어쩔 수 없이 단념하다」.

CASE 7

## G 불쾌, 여러 가지 #101

정말로 지겨워.

It's really frustrating.
= It's really irritating.
= Don't be so dense.

↪ dense 「둔한」의 의미에서 「보고 있을 수 없다」라고 하는 표현.

재촉하지 마.

Don't rush me.

마음 졸이게 하지 마.

Don't keep me on pins and needles.

- on pins and needles 초조한

너 참 냉정하구나.

How cold can you get?

서먹서먹하게 대하지 마.

You're treating me like a stranger.
= Why so standoffish? » standoffish 떨어져 있는, 서먹서먹한, 쌀쌀맞은

항상 남에게 부탁하는구나.

You're always expecting other people to help you.

지금 새삼 약속을 철회한다니 안 돼.

You can't go back on your commitment now.

- go back on (약속 등을) 철회하다, 깨뜨리다

싸움을 걸 생각이야?

Are you looking for a fight?

그만둘게.

I quit!

↳ 어린애들이 노는 장면에서 쓰는 일도 있다.

나한테 빚이 한 가지 있다는 걸 잊지 마.

Just remember, you owe me one.

일과 나, 어느 쪽이 중요해?

Which is more important, your work or me?

## H 괴롭구나 #102

너무나 치욕적이야.

How utterly humiliating!

그것 참 애처롭구나.

That's pathetic.

괴로워.

I can't face it.

↳ 직면한 상황과 사실에 대해 참을 수 없는 감정을 표현할 때 사용한다.

↳ "**I can't face it.**"—"You have to face it whether you like it or not." 「괴로워」 「좋든 싫든 참아야지」

이제는 참을 수 없어.

It's killing me.

↳ 괴로워 견딜 수 없을 경우에 사용한다. 또, 갑갑해서 참을 수 없을 경우에는 "It's so boring, it's killing me."라고 말할 수 있다.

자네가 그런 말을 한다니 슬프군.

It makes me sad to hear you say that.

미칠 것 같애.

It's driving me crazy.

↳ 「미쳐 버릴 것 같다」인 정도로 큰일이라는 상태.

창피한 일이야.

That's a shame.

골치가 아파.

It gives me a headache.

= It's a real headache.

그 문제에 대해 고민 중이야.

It's got me tearing my hair out.

↳ tear one's hair out 「머리를 쥐어 뜯다」, 즉 「고민하다, 고심하다」.

고민하면 끝이 없어.

There's never an end to worry.

우울해.

It's depressing.

= I'm feeling depressed.

= I'm down.

= I really have the blues today.

너무 우울해.

How depressing!

## I 난처한데 #102

난처하게 되었어.

I'm in a fix.
= I'm in trouble.
= I'm in a jeopardy.

정말로 난처해.

Boy, I'm really up the creek now.
• up the creek 곤란한(손을 들었다라는 의미)

어찌 해야 좋을지 모르겠어.

I feel really stuck.
↳ stuck 「곤란케 하다」라는 의미로 stick의 과거분사.

그는 매우 곤경에 처해 있어.

He's at his wit's end.
• be at one's wit's end 매우 곤란해 하다

아까운 경비다.

That's a big hit.
= This expense comes as a blow. » blow 타격
• be a big hit 아까운 금액이다
↳ "There's going to be another assessment. Each unit will be assessed $5,000 for repairs to the sea wall."—"**That's big hit.**" 「또 분담금을 내지 않으면 안 되는 모양이야. 제방 수리를 위해서 한 집 당 5,000달러가 부과된다는 모양이야」「그거 아깝구나」

경제적으로 곤란해.

I'm in trouble financially.
• be in trouble 곤경에 처하다

일자리를 구하는 데 어려움이 있어.

I'm having a hard time trying to find a job.

곤란한 입장에 처해 있어.

I'm in a touch spot.
= I'm in deep water.
↳ 「행동을 일으키는 일이 어려운 경우」 혹은 「기분상의 고통스러운 상황」에서 쓰여진다. touch대신에 tight를 사용해도 된다.

## J 제 실력이 나오지 않는다 #102

머리가 어딘지, 꼬리가 어딘지 도통 이해하지 못하겠어.

I can't make heads or tails of it.
↳ 「동전의 앞 뒤 구별을 하지 못하다」에서 「이유를 알 수 없다」

상태가 엉망이야.

It really threw me off.
↳ 서툰 농담과 장소에 어울리지 않는 행동에 힘이 빠져 버리는 것.
= It really throws you off your beat. » off one's beat 「상태가 엉망이 되다」. 이 때 you는 일반 사람을 의미.

머리가 터질 것 같애.

My brains are about to give out.
• give out (연료가) 다 떨어지다, (힘이) 다하다
• be about to 막 ~하려 하다

CASE 7

## K 귀찮다[지쳤다] #102

참 귀찮군!

It's such a pain!

= That's too much trouble.

= What a drag! » drag 질질 끄는 일

↪ 리포트와 휴일출근 등 귀찮은 것. 마음이 내키지 않는 일에 사용하는 표현. 사람에 대해서는 "You're such a pain.(성가신 사람이군.)"

의욕이 없다.

I can't work up any enthusiasm.

파티는 재미없었어.

The party was boring.

• boring 지겨운

지쳤다.

I'm beat.

= I'm exhausted.

= I'm burned out.

= I'm worn out.

= I'm bushed.

= I'm in a run-down condition.

• be beat 아주 지치다

# 3 놀람·흥분·감동

## A 놀라다! #103

| | |
|---|---|
| 세상에나. | Oh, god. |
| 깜짝 놀랐어. | What a surprise! |
| 그거 놀라운데. | That's a shocker.<br>• shocker 사람을 놀라게 하는 이야기 |
| 그 소식에 참 놀랐어. | That news really surprised me. |
| 가슴이 덜컹했어. | My heart skipped a beat. |
| 그의 죽음은 정말로 충격이었어. | His death really came as a shock. |
| 심장이 멈추는 듯했어. | I thought my heart would stop. |
| 뜻밖의 일이야. | The news hit like a bolt out of the blue.<br>↳a bolt out of the blue 「마른 하늘에 벼락」→「예기치 못한 사태」(= suddenly). |
| 생각도 못했어. | I never would have thought it. |
| 뜻밖의 반전이 일어났어. | Things have taken an unexpected turn. |

## B 설마, 믿을 수 없다 #103

| | |
|---|---|
| 믿어지지 않아. | I can't believe it. |
| 설마? | You're kidding?<br>= No kidding!<br>• kid 농담을 하다, 조롱하다<br>↳"The head office has already OK'd the deal?"—"**You're kidding?**" 「본사가 그 거래의 승인을 이미 냈다는데」 「설마?」 |
| 거짓말이지? | That can't be true! |
| 농담이겠지. | You've got to be kidding.<br>↳have got to be kidding 「농담에 지나지 않는다」 「설마」라는 느낌을 내포한 표현. |

CASE 7

| | |
|---|---|
| 도저히 믿을 수가 없어. | I couldn't believe my ears.<br>= I could hardly believe my ears[eyes]. |
| 드디어 해 냈어! | Wow! |
| 굉장해. | Great!<br>↪「굉장하다」「훌륭하다」라는 감탄적인 표현. |
| 굉장해. | That's amazing. |
| 굉장했어. | It was fantastic!<br>↪ "Fantastic!"은 "Great!"와 마찬가지로 박력이 있을 때의「굉장해!」에서「멋지다!」까지 폭넓게 사용할 수 있다. |

## C 감동[감탄]하다 #103

| | |
|---|---|
| 정말로 감동했어. | It's really got to me.<br>= I'm really impressed<br>= I'm so touched.<br>↪「마음 속 깊이까지 닿다」라는 의미로 get to me라고 한다. get to me (감동하다) 이 외에도 "She really got to me this time.(그녀에게 이 번만큼은 화가 났다)"처럼「화가 치밀다」의 의미로도 사용한다. |
| 어떻게 알았어? | How did you know? |
| 첨단을 달리는군! | Talk about the cutting edge!<br>• cutting edge 최첨단의 (= state-of-the-art = hip) |
| 그는 대단한 사람이야. | He's really something.<br>• be really something 대단한 것이다 |
| 정말로 충격이 세구나. | It's amazing how he can take it.<br>↪ can take it「견딜 수 있다」. 이 때 it은「외압」「스트레스」등을 나타낸다. |
| 그의 열성에 감동했습니다. | I was caught up by his enthusiasm. |
| 그의 일편단심같은 열성[헌신]에 감명받았습니다. | I was inspired by his single-minded dedication. |

## D 질렸다! #103

| | |
|---|---|
| 정말로 깜짝 놀랐어. | I'm truly flabbergasted.<br>• flabbergast 깜짝 놀라게 하다 |
| 그의 무례함에는 질려버렸어. | I couldn't believe his bad manners. |

| | |
|---|---|
| 어처구니없는 놈이야. | I don't know what I'm going to do with you. |
| 어처구니 없어 말이 안 나와. | I was absolutely dumbfounded.<br>= I'm speechless with amazement.<br>= I'm simply amazes me.<br>• dumbfound 말을 할 수 없을 만큼 놀라게 하다 |
| 깜짝 놀랐어. | I was taken aback.<br>= I can't get over it!<br>↳ aback 「돛이 거꾸로 된」이라는 범선의 용어로부터 옴. |
| 그것을 보고 열린 입이 닫혀지지 않아. | It left us all standing there with our mouths hanging open. |
| 믿지 못하겠어. | I don't believe it.<br>↳ 「정말로 무얼 생각하고 있는 건지」의 어안이 없을 때하는 표현. |
| 그는 배짱이 좋아. | He has a lot of spunk.<br>• spunk 용기, 기력 |
| 자네 정말로 용기가 있는데. | You're certainly brave.<br>=You sure have nerve. » have nerve 배짱이 있다, 대담하다 |
| 어떻게 자네가 형편이 될런지 모르겠군. | I don't see how you can afford it, |
| 정말 열받네! | That burns me up! |
| 놀라 기절하겠군! | It blows my mind! |
| 그 소설을 읽고 목이 메었다. | I felt a lump in my throat at the novel. |
| 배짱 한 번 좋군! | What nerve! |

CASE 7

# 4 후회 · 질투 · 수치

## A 초조하다! #104

그건 안 좋아.
That's bad.

오, 맙소사!
Oh, my god!
↪위태롭거나 좋지 않다는 의미.

마음만 졸이고 있었어.
I've just been burning up nervous energy worrying about it.

초조하게 발표를 기다리고 있었습니다.
We're on pins and needles waiting for the announcement.
↪「핀과 바늘 위에 있는 것 같아 안절부절하는 것」에서 「조마조마하다」 「초조해 하다」.

아슬아슬했었다.
That was a close call.
↪a close call의 원래의 뜻은 「(시합 등의) 아슬아슬한 판정」에서 「위험한 상태에서 살아나다」 「위기일발」 (= narrow escape).
↪"Boy, **that was a close call.**"—"I'll say." 「정말로 위험했어」 「정말이야」

야, 정말로 위기일발이었어.
Wow, that's what you call a close call.

식은 땀이 났어.
I broke out in a cold sweat.

## B 큰일났다 #104

오, 큰일났어!
Oh, no!

실패했어.
I messed up.
↪위태롭거나 좋지 않다는 의미.

실패한 거 같아.
I guess I dropped the ball.
• drop the ball 실패하다

제 기억이 틀렸군요.
I remembered incorrectly.

보는 것보다는 훨씬 듣기가 낫군.
It sounds a lot better than it looked.

그를 비난거리로 한 것은 잘못이었어.
Making him the butt of a joke was a mistake.
↪butt 「조소와 비난의 대상」이라는 의미.

↳ "**Making him the butt of a joke was a mistake.**"—"But I was only kidding."—"You should be more careful about who you make the butt of joke." 「그를 비난의 대상으로 한 건 잘못이었다고」 「그냥 약간 놀리는 건데」 「누구를 대상으로 할 지 좀 생각해 보라고」

| | |
|---|---|
| 좋은 기회를 놓쳤어. | We let a real good chance go by.<br>• go by 지나가다 (= pass by) |
| 폭로되었어? | I've been found out. |

## C 후회하고 있습니다[반성하고 있습니다] #104

| | |
|---|---|
| 부주의한 실수였습니다. | It was a careless slip. |
| 양심의 가책이 되는데. | I feel so guilty. |
| 약간 양심이 찔립니다. | I feel a little guilty about it. |
| 뒷맛이 씁쓸합니다. | It left us with a bad taste in our mouth.<br>• leave~ with a bad taste in one's mouth 뒷맛이 나쁘다 |
| 그만 딴 생각을 했습니다. | I simply got carried away.<br>= I was preoccupied.<br>↳ 딴 생각을 해서 미안하다는 뜻에 주로 쓰임.<br>• get carried away 몰입하다, 스스로를 잊다 |
| 좀 딴 생각에 정신을 판 것 같군요. | I guess I got a little carried away. |
| 그녀에게 너무 지나치게 말했어. | I may have been a little too harsh with her.<br>• harsh 냉엄한, 잔혹한 |
| 모두에게 폐를 끼쳤어. | I caused a lot of trouble to everyone. |
| 좀 더 영어를 공부해 두었으면 좋았을걸. | I wish I had studied a little more English. |

## D 재수가 없다 #104

| | |
|---|---|
| 정말 재수가 없어. | I sure am unlucky.<br>= Just my lotten luck. |
| 오늘은 재수가 없는 날이야. | Today isn't my day.<br>= This just isn't my day.<br>• one's day 행운, 전성기 |
| 오늘은 정말 재수가 없어. | I'm having a really bad day.<br>↳「하는 일 모두가 잘 되지 않음」이라는 표현. |

| | |
|---|---|
| 저 녀석 오늘 운이 되게 좋군. | Today is his day. |
| 예상이 거의 빗나갔어. | It's hardly what I expected. |
| 이리 되리라고는 생각지도 못했어. | I never dreamed things would turn out like this.<br>• turn out 입증되다 (= prove) |
| 너무나 운이 좋지 않아. | I got the short end of the stick.<br>• get the short end of the stick 불리한 입장에 서다 |
| 어째서 나는 매번 운이 안 따라줄까? | How come I always get the short end of the stick?<br>= Why is it I always get the short end of the stick?<br>• how come 왜, 어째서 (= why) |

## E 아아[감탄, 투덜거림] #104

| | |
|---|---|
| 하루가 헛수고가 되었다. | A whole day wasted.<br>↳ That was a whole day wasted.「하루내내 몽땅 허비한 날이었다」의 생략형. |
| 말도 안 되는 하루다. | Boy, what a day!<br>↳ boy는 놀람, 감탄, 이상함, 낙담 등을 나타내는 감탄사. "boy oh boy"라고 강조 표현이 되면 낙담을 나타내는 일이 많다.<br>↳ "**Boy, what a day!** He did it again!"—"Just forget it. We can do nothing about it."「뭐 이런 날이 있어. 녀석이 또 일을 저질렀어」「신경 쓰지마, 우리들은 어떻게 할 수 없으니까 말이야」 |
| 물거품이다. | All that work for nothing.<br>• for nothing 헛된 일 |
| 정말로 의욕이 없군. | It's really demotivating.<br>• be demotivating 의욕을 잃게 하다 |
| 석연치 않다. | I find it hard to swallow.<br>↳「이해하는 게 어렵다」라는 표현. |
| 추월 당했어! | They beat us to it!<br>• beat A to B A를 뽑아내서 B에게 닿게 하다 |
| 감이 둔해졌다. | My intuition's gotten dull. |
| 솜씨가 떨어졌다. | I must really be slipping.<br>↳ be slipping「(정상에서) 추락하다」에서「솜씨가 떨어지다」. |
| 나도 이제 나이가 나이라. | I'm getting on in years.<br>↳ 단순히 old 라고 표현하기보다「겸허」「경시」「농담」등의 뉘앙스. |

| | |
|---|---|
| 서로 나이에는 당할 수 없다. | Neither of us can fight getting older, can we? |
| 피차 나이를 먹고 싶지 않다. | Neither of us wants to get any older, do we? |
| 불공평하다. | It's so unfair. |
| 노는 시간이 좀 필요하다. | I wish I had a little time for fun. |
| 현실은 이상과는 거리가 멀다. | The reality is far from the ideal.<br>• be far from ~와 거리가 멀다 |
| 인생은 힘들어! | What a world! |
| 말세라고. | What is this world coming to?<br>↳「뭐 이런 세상이 되었지」라는 표현. |
| 옛날의 좋은 시절은 다시 오지 않는다. | The good old days are gone forever. |
| 저런, 저런. | Good grief.<br>= Another day, another dollar. » 일이 제대로 풀리지 않을 때의 감탄의 표현.<br>↳ 놀람과 슬픔 등을 간직하고 「질렸다」라는 의미. |
| 아깝구나. | What a waste! |
| 뭔가 좋은 일은 없어? | Isn't there something better? |

## F 창피하다 #105

| | |
|---|---|
| 창피하다. | How embarrassing! |
| 구멍이라도 있으면 들어가고 싶다. | I feel like crawling into a hole somewhere. |
| 대할 면목이 없습니다. | I don't know how I can face everyone. |
| 나도 내가 싫어. | I feel ashamed of myself. |
| 내 자신이 싫어진다. | I'm thoroughly disgusted with myself. |
| 떳떳하지 못하다. | I felt out of place.<br>• feel[be] out of place 장소에 어울리지 않다 |
| 정말로 수치스런 일이다. | Boy, talk about having egg on your face.<br>↳ have egg on one's face는 「달걀요리의 먹던 찌꺼기를 얼굴에 붙이고 있다」가 원래의 의미로, 변해서 「수치를 들어내다」를 뜻함. |
| 굉장히 긴장했다. | I was so tense. |

CASE 7

↪ tense대신에 nervous도 자주 쓰인다.

나 흥분했어.

I choked up.

창피한 줄 알아야지.

Shame on you.
= What a shame!

얼굴이 붉어졌어.

Look who's blushing.
↪ 놀리는 표현.

## G 방법이 없다[체념합니다] #105

어쩔 수 없어요. 무리입니다.

Let's face it. It's impossible.
↪ face는 동사로 「지시하다」. it은 막연하게 상황을 나타내는 표현으로 이 경우는 「현실」정도의 의미.

어쩔 수 없었다.

I had no choice.
= There's no choice.

지난 일은 도리가 없다.

It's no use crying over spilt milk.
↪ 「엎질러진 우유를 놓고 울어도 소용없다」라는 뜻.

어쩔 수 없어서 하는 것이야.

I'm doing this because I have to.

나에게는 무리야.

It's far beyond my ability.

어차피 틀렸다.

I don't stand a chance.
• stand a chance 가능성이 있다

이럴 것으로 생각하고 있었다.

I expected as much.
↪ "The dress-code announcement seems to have fallen on deaf ears."—"**I expected as much.**" 「복장규정의 통고가 아무래도 무시되고 있는 모양이군」 「이럴 줄은 알았어」

이럴 걸로 생각했었다.

That's what I was afraid of.

그게 일어 날 것 같은 예감이 들었다.

I had a hunch it would happen.
• have a hunch ~의 예감이 들다 (= have a gut feeling~ = My gut feeling is~ = My gut fells me~ = have a feeling~)

## H 좋아·부럽다 #105

(운이) 좋구나.

Lucky you!
= You really lucked out. » luck out 운이 따르다

부럽다.

I envy you.

| | |
|---|---|
| 부러워 어쩔 줄 모르겠다. | I'm green with envy.<br>↳ green은 원망과 질투로 얼굴이 창백해지는 일. |
| 젊음이 부럽다. | I envy his youth. |
| 대기업이 좋아. | I envy those big companies. |
| 악운에 강한 녀석이다. | Talk about the luck of the devil.<br>= He has led a charmed life. » charmed 마법에 걸리다, 마력으로 지켰졌다<br>• the luck of the devil 악운, 왜 이다지도 운이 나쁜지? |
| 닮고 싶은 것이다. | I'd sure like to take his place.<br>= What I wouldn't give to be in his shoes! » 「그의 입장에 서 준다면 무엇을 주어도 좋다」라는 표현.<br>↳ "I'd hate to take his place." 「그의 입장이 아니라서 다행이다」 |
| 사치스런 고민이다. | I'd be more than happy to have a problem like that.<br>↳ 사치스런 고민을 하는 상대에게 「내게 그 문제를 갖고 있다면 더 없는 행복이다」라는 표현. |
| 자네답군. | That's just like you.<br>= That's typical of you.<br>↳ "That's just like you."는 반드시 나쁜 의미만이 아니고 「과연 그래」라는 것처럼 좋은 의미로 사용하는 일도 있다. |
| 질투하지 말라고. | Don't be jealous. |



## 조마조마해[불안해] #105

| | |
|---|---|
| 마음이 조마조마한데. | That's bit disheartening.<br>• disheartening 자신을 상실케 하다 |
| 나쁜 예감이 든다. | I've got a hunch it's going to be something unpleasant.<br>• hunch 예감 |
| 전망이 어두워. | The future looks pretty grim.<br>= Things don't look too encouraging. |
| 앞으로 일이 짐작이 간다. | I shudder to think about what lies ahead.<br>• shudder 몸을 떠는 일 |
| 무슨 일이 일어날지 걱정되는군. | I hate to think what'll happen later.<br>= I hate to think how it's going to turn out. |
| 처음부터 불길하다. | This is an inauspicious start. |

• inauspicious 불길한, 재수 없는

이 일로 도대체 어떻게 되는 거야?

Where will this all lead?

• lead 이끌다, 안내하다

좀더 보람 있는 일을 찾아야 하겠어.

I should find something more rewarding to do.

새로운 생활에 불안을 느껴.

I feel uneasy about my new life here.

# 5 동정 · 배려 · 격려

## A 왜 그래? #106

| | |
|---|---|
| 괜찮습니까? | Are you OK? |
| 오늘 무슨 일 있었어? | What happened to you today? |
| 우울한 얼굴을 하고 왜 그래? | Why are you looking so gloomy?<br>• gloomy 우울한 |
| 뭔가 고민이라도 있어? | What seems to be bothering you? |
| 침울해 보이는 구나. | You look depressed.<br>= Why are you so moody?<br>↳「침울해 하는 것같아」라고 신경을 쓰는 표현. 자신이 침울해서 기분이 좋지 않은 때는 "I feel depressed."라고 한다. |
| 뭘 그렇게 초조해 하지? | What's making you so irritable? |
| 최근에 그는 우울하게 보여. | He seems depressed lately.<br>↳ "**He seems depressed lately.**"—"He's been like that for quite some time." 「그는 최근에 우울해 하는 모양이야」「계속 그런 상태였어」 |
| 모두 걱정하고 있었어. | We've all been concerned about you. |
| 걱정이 되서 그렇게 말하는 거야. | I'm only saying so because I'm worried about you. |
| 그냥 지켜 볼 수 없었습니다. | I just couldn't stand by and watch.<br>• stand by 대기하다, 관망하다 |
| 도와 드릴까요? | Can I help you?<br>= Can I give you a hand?<br>• give ~ a hand = lend ~ a hand ~를 도와 주다 (= help) |
| 뭔가 제가 도움이 될 일이 있습니까? | Can I be of any help to you?<br>= Can I give you a hand somehow? » somehow는「다소간」의 의미. |
| 나만 믿어. | You can count on me.<br>↳ count on~「~을 물건 수에 넣다」에서「~을 의지하다」. |

CASE 7

| | |
|---|---|
| 어려우면 언제라도 찾아 와. | You can depend on me in a pinch.<br>• in a pinch 어려울 때는, 난처한 때는<br>• depend on~ ~을 의지하다 (= rely on, count on) |

## B 가엽게도 유감이야 #106

| | |
|---|---|
| 안됐구나. | That's too bad.<br>↳ "It's really too bad."라고도 한다. |
| 열심히 했는데 참 유감이야. | What a shame, after all that hard work. |
| 가엾어라. | Poor you.<br>= I feel sorry for you. |
| 참 안됐구나. | That's a real shame.<br>= That's too bad.<br>↳ "What a shame."이라고도 한다. |
| 그에게 동정심이 가. | I feel complete sympathy for him.<br>= My heart goes to him. |
| 틀림없이 힘들 거야. | It must be rough. |
| 자네 심정을 알겠어. | I can imagine how you feel.<br>= I sympathize with you. |
| 나는 자네 기분을 잘 알 수 있어. | I can read your feeling like a book. |
| 자네 기분은 알지만 어쩔 수 없어. | I know how you feel, but it's unavoidable.<br>• how you feel 어떻게 느끼고 있어<br>• unavoidable 피할 수 없는, 불가피한 |
| 그 나름대로의 이유가 있을 거야. | There may be a reason for that. |

## C 괜찮습니다 #106

| | |
|---|---|
| 괜찮아요. | It's OK.<br>= It's all right. = Don't worry. |
| 염려하지 마. | Don't worry about it. |
| 걱정할 것 없어. | There's nothing to worry about.<br>= It's nothing to worry about. |
| 너무 심각하게 생각지 마. | Don't take it so seriously.<br>= You mustn't torture yourself like that. » 「그렇게 자신 |

을 학대해서는 안된다」라는 표현.

쓸데없는 걱정이야.

You're such a worrywart.
• worrywart 늘 걱정하는 사람

너의 생각일 뿐이야.

It's all in your mind.
↳「모든 것은 마음속의 일이다」 원래의 의미가 변해서 「마음 탓이다」 「지나친 생각이다」.
↬ "Everybody hates me."—"**It's all in your mind.**" 「모두가 나를 싫어 해」「네 생각만 그렇지」

자네의 지나친 생각이야.

That's just your imagination.

대단한 문제가 아니야.

It's not a big deal.
= It's no problem.

## D 위로의 여러 가지 #107

이제는 끝난 일이야.

It's over and done with.
↳ 격려의 표현.

이제 잊어 버려[신경쓰지 마].

Forget it.
↳ 낙담하고 있는 상대를 격려하는 말.
↬ "I dropped the ball."—"**Forget it.**"—"I just choked up when they put the mike in my hand." 「실패했어」「이제 잊어」「마이크를 받고서 그만 흥분을 해 버렸어」

걱정해도 소용없어.

There's no point in worrying about it.
= There's no use worrying about it.

인생이 다 그런 거야.

That's the way it is.
= That's the way things go.

어쩔 도리가 없어.

What can you do about it?
= There's not much we can do.
= There's nothing we can do.

너의 잘못이 아니야.

I don't blame you.
= It's not your fault.
↬ "Sorry, I just lost it."—"**I don't blame you.** I'd have done the same." 「미안, 화가 치밀어서」「무리도 아니지, 나 역시 마찬가지였어」

사람이 정석대로 한다고만 생각해선 안 돼.

You can't expect people to go by the book.

당신만의 탓은 아니야.

It wasn't all your fault.

누구에게나 있는 일이지.

It happens to the best of us.
↳「우리들 중에서 잘 나가는 사람에게도 그것은 일어나는 일이야」「따

CASE 7

라서, 그렇게 낙심할 건 없어」라는 의미.
↳ "**It happens to the best of us.**"—"Thanks, it's nice of you to say that." 「누구에게나 있는 일이야」 「고마워, 그런 식으로 말해 주다니 친절하군」

누구라도 때로는 실패하는 일이 있다고.

Everyone makes mistakes now and then.
- now and then 가끔 (= sometimes = once in a while = on occasion)

살면서 배우는 거야.

You live and learn.
= You must live to gain some experience.
↳ 격려의 표현.

인생은 기복이 많은 법이야.

You have to expect a lot of ups and downs.
- ups and downs 기복, 행복과 실망 (= good and bad)

나이 때문일 거야.

Maybe it's his age.
= It comes with age. » come with~ ~에 따른 것이다
↳ "The boss has gotten much nicer recently."—"**Maybe it's his age.**" 「부장이 최근에 매우 친절해졌어」 「나이 탓일 거야」

자네 스트레스를 받고 있구먼.

You're letting the stress get to you.
- get to~ ~이 반응하다

좀 쉬는 게 어때?

Why don't you take a rest?
↳ 상냥한 위로의 말이 된다.

잠시 숨을 돌릴까?

Why don't you take a breath?
- take a breath 숨을 돌리다 (= catch a breath)

소문은 곧 사라진다고.

The talk will die down soon enough.

때가 되면 열도 식겠지.

Things simmer down in due course.
↳ things simmer down 「열이 식다」. simmer 대신에 cool, die, settle을 사용해도 좋다.
- in due course 자연히

나라면 그런 거 전혀 신경 쓰지 않아.

I wouldn't lose any sleep over it.

억지로 참지는 마.

Quit trying to put on a good face.
- put on a good face 태연한 체하다

## E 힘 내! #107

애태우지 마.

Don't worry yourself about it.
= Hang in there!

그렇게 걱정하지 마.

Don't let it get to you.
↳ 실패 등으로 낙심하고 있는 친구와 동료를 격려할 때에 도움이 되는

표현. get to는 「정신적인 타격을 가하는 일」을 의미. 예를 들면 "His attitude really gets to me.(그의 태도는 정말로 화가 치밀어요.)"처럼 사용할 수 있다.

낙심하지 마[그런 일로 기죽으면 안되지].

Don't let it get you down.

꿍하지 마.

Don't go tormenting yourself like that.

긍정적으로 생각해.

Look at the bright side.

자포자기 하지 마.

Don't give in to desperation.
= Don't go to pieces. » 좌절하지 마.
= Don't be too discouraged.
↳ 「절망에 지지 마」라는 표현.

곧 좋은 일이 생길 거야.

Your time will come.
= Your luck is bound to change. » be bound to~ 틀림없이 ~하다
↳ 직역하면 「너의 때가 곧 찾아 올 거야」라는 뜻.
↳ "I gave it all I had."—"Cheer up. **Your time will come.**" 「열심히 했어」 「힘을 내요, 곧 운이 찾아 올 테니까」

희망을 버리지 마.

You can't give up hope.

힘내!

Try to cheer up!
= Lift your spirits.

정신을 차려 다시 한 번 해 봐.

Pull yourself together and give it another try.
• pull oneself together 마음을 가라앉히다, 정신차리다 (= get hold of yourself)

빨리 회복되길 바래.

I hope you recover very soon.

조의를 표합니다.

I extend my deepest condolences.
= Please accept my sincere condolences.
= I offer my sincere sympathy.
↳ condolences대신에 sympathy를 써도 좋다.

불안해 할 것 없어.

There's no need to get worked up.

용기를 내.

Find the nerve!
= Muster the courage.
= Have the heart.

# 6 의문 · 불신

## A 왜 그래? 어떻게 생각합니까? #108

도대체 어찌 된 거야?

What gives?

= What's going on here?

↳ "They said they want to pay in cash."—"That's unusual. **What gives?**"—"I don't know." 「상대는 현금으로 지불하고 싶다고 말하고 있습니다」「이상하네, 어떻게 된 거야?」「모르겠습니다」

도대체 어떻게 된 일이야?

What is it with you, anyway?

무슨 일이 있었어?

Has something come up?

우리가 모르는 어떤 일이 일어났나?

I wonder if there's something going on that we don't know about.

= Is there something fishy going on behind the scenes?

↳ behind the scenes는 말하지 않아도 좋다.

모르겠어.

I can't figure it out.

- figure out 이해하다, 알다

이유가 있을 것 같아.

I wonder if there's some special reason.

뭘 그리 조마조마해 하지?

What are you so fidgety about?

- fidgety 안정되지 않은, 조마조마해 하는

뭘 그리 화내고 있어?

What's she pouting about?

- pout 입술을 내밀고 있다, 화를 내고 있다

왜 그리 화를 내는 거야?

What are you so furious about?

- be furious 화 내다 (= be upset = be mad)

뭐가 불만이야?

I wonder what your gripe is.

- gripe 불평불만

어째서 안 되는 거야?

Why not?

↳ "I can't approve something like this."—"**Why not?**" 「이런 건 인정할 수 없어」「어째서 안 되는 거지」

그 사람이 미쳤어.

He's out of his mind.

= He's crazy.

= He's nuts.

↳ 「머리가 이상한 게 아냐?」라고 할 때도 같은 표현을 쓴다.

## B 정말이야 #108

| | |
|---|---|
| 그럴 듯하게 들리는군. | It sounds reasonable enough. |
| 자네 말이 옳다면 좋겠어. | Hmm, I hope you're right.<br>↪ 상대방 말을 믿었지만 약간의 불안이 남는 경우의 표현. |
| 그런 일이 일어날 리 없지. | That's not going to happen. |
| 거짓말 같은 이야기야. | It sounds almost too good to be true.<br>↪ 원 뜻은 「정말이기에는 이야기가 너무 그럴 듯하다」에서 「거짓말 같다」 |
| 별로 믿지 않아. | I wouldn't put much stock in it.<br>• put stock in 신용하다<br>↪ "You think it's true?"—"**I wouldn't put much stock in it.**"<br>「정말로 사실이라고생각해?」「별로 믿지 않아」 |
| 시치미를 떼도 소용이 없어. | It's no use acting dumb. |
| 뻔한 거짓말이야. | That's a barefaced lie.<br>• barefaced 노골적인 |
| 뻔한 거짓말은 하지 마. | Don't tell such a transparent lie.<br>• transparent 투명한, 뻔히 보이는 |
| 허풍떨지 마. | You're such a big talker. |
| 어거지 같은 말하지 마. | Don't say things you don't really mean. |
| 위로하려고 해도 소용없어. | Don't say things just to console me.<br>= Stop saying things just to make me feel better. |
| 빈정대는 것처럼 들려. | It sounds sarcastic. |
| 비꼬지 마. | Cut the sarcasm. = Don't be so sarcastic. |
| 사람을 속이는 것도 어느 정도지. | Talk about appearances being deceptive.<br>• deceptive 사람을 속이는 것같은 |
| 저 녀석은 엉터리야. | He's a phony. • **phony** 가짜, 엉터리 |
| 그답지 않아. | That's not like him.<br>↪ 「~하다니 원」이라고 말하고 싶을 때는 〈It's not like him to + 동사〉. |
| 헛수고 하는 건 아니겠지? | Are you sure we're not beating a dead horse here?<br>• beat a dead horse 해도 소용없는 노력을 하다 |
| 헛수고는 하고 싶지 않아. | I don't want to go there for nothing. |

CASE 7

## More Expressions & Review

#109

 **Practical Dialogues** • 활용대화 •

1

A How are you today?

B Not so bad, How about you?

A Oh, so, so.

A 오늘 기분이 어떠니?

B 그다지 나쁘지는 않아 너는?

A 그저 그래.

2

A There's a student in my class who always bothers me with strange questions.

B Really? He'll be a pain in the neck.

A Yeah, I'm afraid to go to the class.

A 우리 학급에 항상 이상한 질문으로 나를 괴롭히는 학생이 있어.

B 정말? 그 학생이 눈에 가시같이 보이겠네.

A 그래, 그 수업에 들어가기가 두려워.

3

A I heard you got promoted yesterday.

B Yes, I got a promotion along with several co-workers.

A I envy you, and congratulations, anyway. You deserve it. You're working so hard.

A 어제 자네 승진했다고 들었는데.

B 그래, 몇 몇 동료직원들과 같이 승진했지.

A 자네가 부러워. 여하튼 축하해. 자네 그럴만한 자격이 있지. 열심히 일하잖아.

4

A Don't worry, everything will be all right.
B Thanks for your concern.

A 걱정마, 모든 것이 다 잘 될거야.
B 관심을 가져 주셔서 감사합니다.

5

A I'm awfully excited about a trip I'll take to Hawaii.
B Really? I envy you very much. Have a nice trip anyway.

A 하와이로 여행갈 걸 생각하면 참 흥분이 돼.
B 그래? 참 부럽구나. 여하튼 여행 잘 다녀와.

6

A I'm sick and tired of rain. It's been raining 5 days.
B As for me, I like rain, and rain makes me calm down and feel comfortable.

A 이 비 정말 정말 지겨워. 5일 동안 비가 내리고 있어.
B 나는 비가 좋아, 비가 오면 마음이 조용하고 편안해지거든.

7

A Why has Mr. Jung been so quiet and slow recently?
B I'm sure his worried about something personal.

A Mr. Jung이 왜 최근에 그렇게 말이 없고 행동이 느리지?
B 무엇인가 개인적인 일에 대해 걱정하고 있는 것이 확실합니다.

8

A Excuse me, I'm here for consultation. I'd like to invest in something.
B Please have a seat. I'll show you to an expert soon.

A 실례합니다. 상담 좀 하러 왔습니다. 투자를 좀 할까 해서요.
B 앉으십시오. 곧 전문가에게 안내해 드리죠.

## ❷ Key Expressions • 핵심표현 •

- You're always complaining.
  ≫ 당신은 늘 불평을 하는군요.

- You did a great job.
  ≫ 참 잘했어요.

- I appreciate your kindness.
  = Your kindness is appreciated.
  ≫ 당신의 환대에 감사합니다.

- What a surprise to meet you here!
  = Fancy meeting you here!
  ≫ 당신을 여기서 만나다니 뜻밖이군요!

- Don't give in to grief.
  ≫ 슬픔을 이겨내야 해요.

- I envy you.
  ≫ 당신이 부럽군요.

- Cheer up! Everything will be okay.
  ≫ 힘내세요. 모든 것이 좋아질 겁니다.

- You'd better watch your mouth [tongue].
  ≫ 당신 말 조심해야 되겠습니다.

- Over my dead body!
  ≫ 내 눈에 흙이 들어가기 전에는 어림도 없어!

- I'm really sick and tired of working overtime.
  ≫ 늦게까지 잔업하는 데 이제 질력이 나.

- I'm really worried about getting a job after graduation.
  ≫ 졸업 후 취업문제가 정말 걱정이 돼.

- I doubt that we'll win the contract.
  ≫ 우리가 그 계약을 성사시킬지가 의문스러워.
- Thanks for your concern.
  ≫ 관심[염려]을 가져 주셔서 감사합니다.
- I feel good today.
  ≫ 오늘 기분이 좋아.
- The man sympathized with her grief.
  ≫ 그 남자는 그녀의 슬픔을 동정했다.
- His speech thrilled the whole audience in the auditorium.
  ≫ 그의 연설은 강당에 모인 전 청중들을 감동시켰다.
- Her voice thrilled with joy.
  ≫ 그녀의 목소리는 기쁨에 떨렸다.
- I regret to say we lost the contract.
  ≫ 그 계약을 따내지 못해서 유감스럽군요.
- I feel regret for the mistakes I made.
  ≫ 제가 한 실수가 후회스럽군요.
- It makes me so sad.
  ≫ 그것 때문에 너무 슬프군요.

Any country that has sexual censorship will eventually have political censorship.

*성에 대한 검열제도를 갖고 있는 국가는 최종적으로 정치에 관한 검열제도도 갖게 될 것이다.*

*... Kenneth Tynan*

When a dog bites a man that is not news, but when a man bites a dog that is news.

*개가 사람을 물면 뉴스가 되지 않지만 사람이 개를 물면 뉴스가 된다.*

*... Charles A. Dana*

# CASE 8 전화 필수표현

# 1 전화 걸기 · 전화 받기

## A 여보세요 #111

| | |
|---|---|
| 전화가 울리고 있네요. | The phone's ringing. |
| 전화를 받아줄래? | Can you pick it up?<br>= Could you answer it for me?<br>↪ pick up은 여러 가지 의미를 갖지만 분명히 전화라는 상황을 알면 pick it up이 좋다. |
| 단축 다이얼은 몇 번이었지? | What's their abbreviated dialing number?<br>↪ abbreviated 「약어의」란 의미이고 shortened를 사용해도 좋다. |
| 예, 테크사입니다. | Hello, this is TEC Company. |
| 용건을 말씀해 주세요. | May I help you? |
| 용건이 무엇이죠? | Is there anything I can do for you?<br>= What can I do for you? |

## B 어느 분이십니까? #111

| | |
|---|---|
| 여보세요, 삼성무역의 Mr.Lee입니다. | Hello. This is Lee from Samsung Trading. |
| 터너씨 댁입니까? | Is this the Turner residence?<br>↪ **"Is this the Turner residence?"**— "Yes, it is." 「터너씨 댁입니까?」「예, 그렇습니다」(residence는 「거주지」란 의미) |
| 전화 거신 분 누구시죠? | Who's calling, please?<br>= May I ask who's calling?<br>↪ "Ia Mr. Kim in?"—**"Who's calling, please?"** 「김씨 계십니까?」「전화 거신 분 누구십니까?」 |

## C 김씨를 부탁합니다 #111

| | |
|---|---|
| 김선생님 계십니까? | Is Mr Kim in?<br>= Is Mr. Kim there? |
| 김씨 좀 바꿔 주십시오. | I'd like to speak to Mr Kim.<br>= Can I talk to Mr Kim? |

| | |
|---|---|
| 김씨에게 연결해 주시겠습니까? | Please connect me with Mr. Kim.<br>= Can you put me through to Mr Kim? |
| 내선 번호 123번으로 연결해 주실 수 있을까요? | Could you connect me to extension 123?<br>= Extension 123, please. |
| 내선 123번의 김씨를 부탁합니다. | I would like to talk to Mr. Kim on extension 123. |
| 김씨에게 연결해 주세요. | I would like to get through to Mr. Kim. |
| 예, 전데요(전화 바꿨습니다). | Yes, this is he.<br>= It's me. » 「나라고」「나야」라고 친한 사이에 사용되고 있다<br>= Speaking. (뒤를 올려 발음한다)<br>↪ 여성의 경우에는 "This is she."가 된다.<br>↪» "May I speak to Mr. Kim?"—"**Yes, this is he.**" 「김씨를 부탁합니다」「예, 접니다」 |

CASE 8

# 2 전화를 연결하다 · 바꾸다

## A 기다려 주십시오, 연결하겠습니다 #112

| | |
|---|---|
| 잠시만 기다려 주십시오. | Just a moment, please.<br>= Hold on a second, please.<br>= Would you like to wait?<br>= Hold on a minute, please. |
| 잠깐 기다려 주십시오. | Hold the line, please.<br>↪ "May I speak to Mr. Kim?"—"**Hold the line, please.** I'll get him right away." 「김씨 좀 부탁합니다」「잠깐 기다려 주십시오. 곧 바꿔 드리겠습니다」 |
| 전화를 바꾸겠습니다. | I'll put him on the line. |
| 연결해 드리죠. | I'll put you through.<br>= I'll get him right away. |
| 담당자에게 연결해 드리겠습니다. | I'll connect you with the person in charge. |

## B 전화 왔어요 #112

| | |
|---|---|
| 피터슨씨, 전화 왔어요. | Mr. Peterson, there's a call for you.<br>↪ "**Mr. Peterson, there's a call for you.**"—"Who is it?" 「피터슨씨 전화입니다」「누구지?」 |
| 3번 전화입니다. | There's a call for you on line 3. |
| 사장님으로부터 전화가 3번에 연결되었습니다. | The boss is on line 3. |
| 뉴욕의 스미스씨로부터 전화입니다. | You have a telephone call from a Mr. Smith from New York.<br>↪ Mr. Smith에 a가 붙어 있는 것은 「스미스라는 사람」이라는 의미. |
| 친구에게서 전화가 왔습니다. | You've got a call from a friend. |
| 여자 친구로부터 온 전화입니다. | It's your girlfriend on the line. |

## C 전화를 받다 #112

전화를 기다리고 있었습니다.

I was expecting your call.

한 시간 후에 다시 걸겠습니다.

I'll call you back in an hour.

- call~ back (전화를) 다시 걸다, 즉시 되걸다 (= get back to~)

↳ "You sound busy."—"Things're pretty hectic right now. **I'll call you back in an hour.**" 「바쁜 모양이군」「지금 약간 분주하니까 한 시간 후에 다시 걸겠어」

전화거는 데가 어디지?

Where are you calling from?

잠깐 기다려, 누군가 온 모양이야.

Wait a sec. I have to answer the door.

↳ 친구와의 통화 중에 현관의 벨이 울렸을 때에 하는 말이다. sec은 second의 생략으로 slang이다. 일 관계로 사용하면 실례가 되므로 주의.

# 3 찾는 사람과 통화할 수 없다

## A 통화 중입니다 #113

| | |
|---|---|
| 다른 전화를 받고 있습니다. | He's on another line. |
| 미안합니다만, 김씨는 지금 다른 전화를 받고 있습니다. | I'm sorry, but Mr. Kim is on another line right now. |
| 미안합니다. 지금 통화 중입니다. | I'm sorry. The line is busy.<br>= The line is engaged. |
| 괜찮습니다, 기다리지요. | That's all right. I don't mind waiting. |

## B 자리를 떴습니다 #113

| | |
|---|---|
| 미안합니다만, 지금 자리에 없군요. | I'm sorry, he's not at his desk.<br>= I'm afraid he's not here right now.<br>= He's not available. |
| 미안합니다만, 지금 전화를 받으실 수 없습니다. | I'm sorry, he's not able to come to the phone right now. |
| 미안합니다만, 지금 손님과 이야기하고 계십니다. | I'm sorry, but he has someone with him right now. |
| 미안합니다만, 김씨는 지금 회의 중입니다. | I'm sorry, but Mr. Kim is in conference now. |
| 광고부서는 지금 회의 중입니다. | The advertising department is meeting now. |

## C 외출 중입니다 #113

| | |
|---|---|
| 미안합니다만, 그분은 지금 외출 중입니다. | I'm sorry, but he's out right now. |
| 그분은 외근 중입니다. | He is out on business. |
| 점심 식사하러 나갔습니다. | I'm afraid he's out to lunch. |
| 몇 시에 돌아옵니까? | What time will he be back?<br>↳ What time을 When으로 대치할 수도 있다.<br>↳ "**What time will he be back?**"—"He'll be back around 6 o'clock." 「몇 시에 돌아오십니까?」「6시경에 돌아옵니다」 |

| | |
|---|---|
| 그녀는 약 10분 후에 돌아옵니다. | She'll be back in about 10 minutes. |
| 그는 오후에 돌아옵니다. | He'll be back in the afternoon. |
| 그녀에게 전화드리라고 할까요? | Shall I have her call you back? |
| 그가 돌아오는 대로 전화드리도록 하죠. | I'll have him call you as soon as he comes back. |

## D 오늘은 돌아오지 않습니다 #113

| | |
|---|---|
| 오늘 회사로 돌아오지 않습니다. | He won't be back in the office today.<br>= He won't be coming to the office today.<br>↪ 밖에서 바로 퇴근한다는 뜻. |
| 그분 퇴근했습니다. | I'm afraid he's left for the day.<br>↪ "**I'm afraid he's left for the day.**"—"I'll call again tomorrow." 「그 분 퇴근했습니다」「내일 다시 한 번 전화하지요」 |
| 그와 연락이 됩니까? | Can you contact him? |
| 어디로 걸면 그와 연락이 됩니까? | Where can I reach him?<br>↪ "**Where can I reach him?**"—"You can reach him at 1234-5678 from 2 to 4." 「어디로 걸면 그와 연락을 할 수 있습니까?」「2시에서 4시까지는 1234-5678번으로 연락하면 됩니다」 |

## E 출장 중입니다, 쉬고 있습니다, 퇴사 했습니다 #113

| | |
|---|---|
| 그분은 출장 중입니다. | I'm afraid he's on a business trip.<br>• on a business trip 출장 중 |
| 그분은 1주 동안 출장을 떠났습니다. | He's away on business for a week. |
| 그녀는 휴가 중입니다. | She's on vacation. |
| 그녀는 오늘은 회사에 출근하지 않습니다. | She won't be in today. |
| 그는 이미 당사를 그만두었습니다. | I'm afraid he's no longer with this firm. |
| 다른 사람이라도 바꿔드릴까요? | Would you like to talk to someone else?<br>↪ someone else대신에 'someone in his department.(같은 부서의 다른 사람)' 등의 표현도 사용한다. |
| Ms.Lee가 당신의 질문에 답할 것입니다. | Ms. Lee can help you. |

CASE 8

# 4 메시지를 전하다 · 받다

## A 전언이 있습니까? #114

전할 말씀이 있으십니까?

**Can I take a message?**

↳ 상대가 말을 시작하기 전에 사용하는 표현. take대신에 have도 사용한다.

↳ "**Can I take a message?**"—"Please tell him I'll call again later." 「전할 말이 있습니까?」「나중에 다시 건다고 전해 주십시오」

메시지를 남기시겠습니까?

**Would you like to leave a message?**

↳ 정중한 표현.

메시지를 전해 주실 수 있습니까?

**May I leave a message?**

= Could I ask you to take a message?

메시지를 남기고 싶은데요.

**I'd like to leave a message.**

↳ "**I'd like to leave a message.**"—"Just a moment, please. OK, go ahead." 「전언을 부탁하고 싶습니다만」「좀 기다려 주십시오. 말씀하십시오.」 » Go ahead는 메모 등을 준비하는 동안에 기다리게 하고, 「자」라고 촉구할 때의 말투.

## B 전언의 여러 가지 #114

그녀에게 전화를 해달란다고 전해 주십시오.

**Can you ask her to call me back?**

전화했었다고 전해 주세요.

**Please tell him I called.**

스미스씨에게 안부 전해 주십시오.

**Please give my regards to Mr. Smith.**

- give (best) regards to~ ~에게 안부 전하다
  ( = say hello to~ = remember me to~ )

당신으로부터 전화가 왔다고 전하겠습니다.

**I'll tell him you called.**

그분에게 확인하고 난 후 즉시 다시 연락 드리겠습니다.

**I'll check with him and get back to you on it.**

- check with ~에 맞추다
- get back to ~ on it 그것에 대해서 ~에 다시 연락하다

## C 다시 한 번 부탁드리겠습니다 #114

다시 한 번 말씀해 주시지 않겠습니까?

**I beg your pardon?**

| | |
|---|---|
| | = I'm sorry, but would you mind repeating that?<br>= Pardon? |
| 좀 더 천천히 말씀해 주시겠습니까? | Would you speak more slowly, please? |
| 좀 더 크게 말씀해 주시겠습니까? | Would you speak a little louder, please?<br>= Would you speak up, please? |
| 다시 한 번 성함을 말씀해 주실까요? | May I have your name again, please? |
| 성함 철자를 불러주십시오. | Would you spell your name, please?<br>↳ "**Would you spell your name, please?**"—"That's H as in Hungary, A as in America, W as in Washington,..." 「성함의 철자를 부탁합니다 」「헝가리의 H, 아메리카의 A, 워싱톤의 W...」<br>» 철자를 정확하게 말하는데는 A as apple과 K as in Korea처럼 누구나 알고 있는 단어와 나라·도시의 이름을 사용하면 좋다. X와 Z은 나라, 도시 이름이 없으므로 X-ray와 Zebra 등을 사용한다. |
| 전화번호를 알 수 있을까요? | May I have your number? |
| 그쪽의 전화번호를 말씀해 주십시오. | May I have your number, please?<br>↳ "**May I have your number, please?**"—"Our number is 1234-5678." 「전화번호를 부탁합니다」「1234-5678입니다.」 |

## D 전언을 전하다, 전언에 답하다 #114

| | |
|---|---|
| 메세지나 전화 왔었어? | Any messages or phone calls?<br>↳ 외출에서 돌아왔을 때에 사용한다. |
| 이씨가 안부전해 달라고 하십니다. | Mr. Lee sends you his regards. |
| 내 메세지 받았어? | Did I get my message across to you?<br>↳ 「내가 하고 싶은 말 잘 알고 있지?」라는 의미로 사용하는 일도 있다. |
| 전화가 늦어져서 미안합니다. | I'm sorry I didn't return your call earlier. |
| 하루종일 밖에 있었죠. | I was out all day. |
| 목소리 들으니 반갑다. | It's good to hear your voice. |

CASE 8

# 5 전화 트러블

## A 잘못 걸린 전화 #115

잘못 거셨는데요.

I'm afraid you have the wrong number.

↳ "**I'm afraid you have the wrong number.**"—"Oh, I'm very sorry. I must have made a mistake." 「번호를 착각한 모양입니다」「미안합니다. 실수했군요」

몇 번으로 걸었습니까?

What number are you dialing?

그런 이름의 사람은 여기 없습니다.

There's no one here by that name.

↳ "May I speak to Mr. Lee."—"**There's no one here by that name.**" 「이씨 계십니까?」「그런 이름 가진 사람 없는데요」

## B 트러블 여러 가지 #115

전화가 멀게 들리는 군요.

You sound very far away.

↳ 반대로 「아주 가깝게 들린다」는 "You sound really close."라고 말한다.

미안합니다만, 잘 들리지 않군요.

I'm sorry, I can't hear you very well.

↳ "**I'm sorry, I can't hear you very well.**"—"Can you hear me now?" 「미안합니다, 잘 안 들리는데요」「들립니까?」

혼선이 된 모양입니다.

I think the lines are crossed.

제 전화기에 잡음이 들리는군요.

There's noise on my line.

다시 걸어 주시겠습니까?

Could you dial again?

↳ "Hello... hello. We seem to have a bad connection."—"**Could you dial again?**" 「여보세요, 여보세요, 연결상태가 안 좋은 모양입니다」「다시 걸어 주시겠습니까?」

저희 직원 중에 영어를 하는 사람과 바꾸겠습니다.

One of our English-speaking staff members will come to the phone.

스미스씨를 대신해서 전화 드리는 겁니다.

I'm calling on behalf of Mr. Smith.

# 6 부재전화

## A 부재전화의 메시지 #116

1234-5678번으로 전화를 거셨습니다.
지금 전화를 받을 수 없으므로
신호음 다음에 당신의 이름, 전화번호,
메시지를 남겨 주십시오.

You have reached 1234-5678.
I am unable to come to the phone right now, but please leave your name, number and message after the tone.

당사의 영업시간은 월요일부터 금요일
오전 9시부터 오후 5시 까지입니다.
신호음 다음에 이름, 전화번호,
메시지를 남겨 주십시오. 고맙습니다.

Our office hours are 9 to 5, Monday through Friday. Please leave your name, number and message after the tone.
Thank you.

- work hours 근무시간(회사, 공장 등)
- business hour 영업시간(가게 등)

전화주셔서 감사합니다.
당사는 크리스마스 휴가로 인해
12월 28일 까지 쉬고 있습니다.
긴급시에는 1234-5678로
연락을 주십시오. 메리크리스마스.

Thank you for calling.
The office will be closed for the Christmas holidays till December 28th.
In case of emergency, please call 1234-5678. Merry Christmas.

CASE 8

## B 부재전화에 녹음하기 #116

안녕하십니까? Mr.Lee입니다.
휴가가 끝나는 대로 다시 전화하겠습니다.
메리 크리스마스.

Hello, I'm Lee.
I'll give you a call after the holidays.
Merry Christmas.

- give ~ a call[ring] ~에게 전화걸다(= make a phone call to~)

Mr. Brown입니다.
스케쥴 변경이 있으므로 긴급히 통화를
했으면 합니다.
가능한 빨리 편한 시간에 연락주십시오.
저의 전화번호는 1234-5678입니다.

This is Mr.Brown.
I must talk to you urgently as there has been a change in our schedule.
Please contact me at your earliest convenience.
My number is 1234-5678.

## More Expressions & Review

#117

### 1 Practical Dialogues • 활용대화 •

1

A Can you please give me a wake-up call tomorrow morning at 6?
B Sure thing! What time do you want me to wake you up?
A I have to leave here at 6 in the morning, because I have an early meeting at 7.

A 내일 아침 여섯 시에 모닝콜을 해 주시겠습니까?
B 물론이죠! 몇 시에 깨워 드릴까요?
A 일곱 시에 일찍 회의가 있기 때문에 여섯 시에 이곳을 떠나야만 됩니다.

2

A May I speak to the man in charge of the department?
B Yes, but he's on another phone. Will you hold or call back later?
A Then, please just tell him Mr. Thomas called.

A 그 부서 책임자 좀 바꿔 주시겠습니까?
B 예, 그런데 지금 다른 전화를 받고 계십니다. 기다리시겠습니까, 아니면 나중에 다시 거시겠습니까?
A 그러면 Thomas에게 전화 왔다고만 이야기 해 주십시오.

3

A Hello, can I please speak to the sales manager?
B I'm sorry, but he's not in right now. He just stepped out for lunch.
A Then I'll call again in one or two hours.

A 여보세요, 판매부장님 좀 바꿔 주실까요?
B 미안합니다만, 지금 계시지 않습니다. 방금 점심 식사 차 밖에 나가셨습니다.
A 그러면 한 두 시간 후에 다시 전화드리죠.

4

A I'd like to speak to the executive director, please.

B I'm sorry, but he's away on vacation. He's not going to be back until next week. Would you leave me a message?

A 전무님 계십니까? 좀 바꿔주실 수 있습니까?

B 미안합니다만 휴가 차 멀리 떠났는데요. 다음 주에 돌아오실 겁니다. 메시지 남기시겠습니까?

5

A Is Mr. Kim there?

B Let's see, he was here just a few minutes ago. Oh, he is coming through the door. Hold on a minute, please.

C Hello, speaking!

A Mr. Kim 있습니까? 좀 바꿔주세요.

B 몇 분 전에 여기 있었는데. 오, 지금 오고 있군요. 잠깐만 기다리세요

C 여보세요, Mr. Kim입니다.

6

A Is Mr. John in?

B I'm sorry, but John is not at home now. Please leave your message after this sound, and I'll get back to you soon.

A I want to discuss some business matters over dinner. Please give me a call.

A John 있습니까?

B 미안합니다만, John은 지금 집에 없습니다. 이 소리가 난 후 메시지를 남겨 주십시오, 그러면 곧 전화 드리겠습니다.

A 저녁식사를 하면서 몇 가지 사업 문제에 대해서 논의하고 싶군요. 전화 주십시오.

## ② Key Expressions • 핵심표현 •

- Who's calling, please?
  ≫ 전화 거신 분 누구십니까?
- There's a phone call for you, manager.
  ≫ 부장님, 전화 왔습니다.
- Hold on a minute, please.
  ≫ 잠깐만 기다리십시오.
- This is Tom speaking.
  ≫ 탐인데요.
- There's a call for you on line two.
  ≫ 2번 전화기로 전화 왔습니다.
- How can I make an international call?
  ≫ 국제전화를 걸려면 어떻게 해야 됩니까?
- He's on another phone.
  ≫ 그는 다른 전화를 받고 있습니다.
- I'm sorry, but there's no one here by that name.
  ≫ 미안하지만 그런 사람 여기 없습니다.
- I'll direct your call to the man in charge.
  ≫ 담당(책임)자를 연결해 드리겠습니다.
- Would you leave me a message?
  = Would you care to leave a message?
  = May[Can] I take a message?
  ≫ 전할 말씀을 남기시겠습니까?
- The director called about the contract case.
  ≫ 이사님한테서 그 계약 건으로 전화가 왔습니다
- I'd like to make a collect call, please.
  ≫ 수신자 부담 전화로 걸까 합니다.

Will you hold or call back later?

≫ 기다리겠습니까, 아니면 나중에 다시 거시겠습니까?

Just tell him Mr. Davis called.

≫ 데이비스씨에게 전화왔다고 전해주십시오.

I'm sorry, but you've got the wrong number.

≫ 미안합니다만, 전화 잘못 거셨습니다.

What's this regarding?

≫ 전화거신 용건이 무엇이죠?

I'm sorry, but he's not here at the moment.

≫ 미안합니다만, 그는 지금 여기 없는데요.

Could you speak a little louder, please?

≫ 조금 더 크게 말씀해 주시겠습니까?

## Column 3 숫자 읽는 법, 쓰는 법

- **일반적인 읽는 법**

숫자의 콤마 있는 곳에서 기준으로 읽는다. 100과 10의 자리 사이에 and를 넣는 것은 보편적인 방식이다.

34,567 thirty-four thousand, five hundred (and) sixty-seven

- **특별하게 읽는 숫자**

| | | |
|---|---|---|
| 연 호 | 2000 | two thousand |
| | 2001 | two thousand and one |
| | 1999 | nineteen ninety-nine |
| | 1908 | nineteen (o) eight |
| 방번호 | Room 101 | room one o one(o는 '오우' 또는 'zero' 라고도 읽는다) |
| | Room 1015 | room ten fifteen |
| 항공기번호 | TWA 428 | TWA four twenty-eight |
| 거리번호 | 2307 Main Street | one twenty-three zero seven Main Street |
| 제품번호 | Item 8205 | item eighty- two oh five |
| 금 액 | $ 328 | Three hundred (and) twenty-eight dollars |

- **0을 읽는 법**

| | | |
|---|---|---|
| (1) zero | 307 | three zero seven |
| (2) o | 708 | seven oh eight |
| (3) and | 408 | four hundred and eight |
| (4) hundred | 1700 | seventeen hundred |

- **100과 1,000을 말하는 법** : 「1」을 강조하거나 분명하게 전하고 싶을 때에는 a가 아니라 one을 사용한다.

100 a hundred / one hundred

1,000 a thousand / one thousand

- **잘못 듣기 쉬운 숫자의 확인 법**

A : I need thirty pieces.

B : Sorry. Did you say 'one three'(13) or 'three zero'(30)?

A : Oh, I said 'three o'(30)

- **분수와 소수 읽는 법**

| | | |
|---|---|---|
| 분 수 | 1/2 | a half / one-half |
| | 2/3 | two-thirds |
| | 1/4 | one-fourth / a quarter / one quarter |
| | 33/5 | three and three-fifths |
| | 25/37 | twenty-five over thirty-seven / twenty-five thirty-sevenths |
| 소 수 | 0.1 | zero(혹은 o) point one / point one / one-tenth |
| | 0.01 | o(혹은 zero) point o (혹은 zero)one |
| | | point o (혹은 zero) one / one hundredth |
| | 0.26 | point two six / point twenty-six |
| | | twenty-six hundredths |
| | 7.982 | seven point nine eight two |

- **전화번호와 크레딧카드 번호를 읽는 법**

일반적인 읽는 법

03-3263-3326

↳ zero(혹은 o ) three(간격) three two six three(간격) three three two six

연호식의 읽는 방법

207-450-1961

↳ two o(혹은 zero) seven(간격) four fifty(간격) nineteen sixty-one

- **한국의 주소를 적는 법**

187-10, Bukahyun-Dong, Seodaemun-Gu, Seoul, Korea 120-193

- **년 월 일**

September 10, 2001

읽기 September(the)tenth two thousand (and) one

Sunday, September 10, 2001

읽기 Sunday September(the) tenth two thousand (and) one

9/10 2001

읽기 September tenth two thousand (and) one

*영국에서는 10(th)September 2001 (읽기 the tenth of September two thousand and one)

- **시각 읽는 법**

| | |
|---|---|
| 2:00 | two o'clock / two |
| 2:05 | two oh five(이 때는 two zero five라고 말하지는 않는다) |
| 2:10 | two ten |
| 2:15 | two fifteen / (a) quarter past(혹은 after) two |
| 2:30 | two thirty / half past(혹은 after) two |
| 2:45 | two forty-five / (a) quarter to (혹은 before나 of) three |
| 2:53 | two fifty-three |

- **자주 사용하는 수의 표현**

| | |
|---|---|
| 시속 70마일 | 70 miles per hour |
| 섭씨 영하 15도 | fifteen degrees below zero Celsius |
| 섭씨 27도 | twenty-seven degrees Celsius |
| 화씨 60도 | sixty degrees Fahrenheit |
| 70평방 미터 | seventy square meters |
| B4판 | B four size |
| 5채널 | Channel five. |

GOAL

There are many paths to the top of the mountain, but the view is always the same.

*산 정상으로 오르는 길은 많지만 전망은 늘 똑같다.*
*... China*

Failure makes people bitter and cruel. Success improves the character of the man.

*실패는 사람을 지독하고 잔인하게 만든다. 성공은 그 사람의 성격을 개선한다.*
*... William Somerset Maugham*

# CASE 9 사교 · 파티 · 대화

# 1 음식 · 음료수를 권하다

## A 음식을 권하다 #119

마음껏 드세요.

Help yourself to whatever you like.

↳ 커피를 낼 때 "Help yourself, please." 하며 「커피에 뭐든 넣어 드세요」의 뜻.

자유롭게 마음껏 드십시오.

Please feel free to help yourself.

체면 차리지 말고 드세요.

Let's not stand on needless formalities.

= Please don't stand on ceremony. » stand on ceremony 형식을 취하다

신경쓰지 마십시오.

Please don't bother

= Don't go to any trouble.

↳ 염려나 신경쓰지 말고 마음껏 들라는 뜻.

여기 있습니다.

Here you are.

↳ 상대에게 돈이나 물건을 넘겨줄 때 하는 말. You 대신 They나 "Here it is."라고 써도 된다. 단, "Here we are!"는 「다 왔다」라는 의미이므로 주의.

입에 맞으면 좋겠군요.

I hope you like it.

요리를 잘 하시는군요.

You sure are a good cook.

- cook 요리사, 요리하다
- cooker 요리 기구

더 드실래요?

How about another helping?

- a helping (음식 · 음료수의) 한 잔, 한 접시, 일인분

↳ **"How about another helping?"**— "No, thanks. I'm getting full." 「더 드시겠습니까?」 「괜찮습니다. 충분히 먹었습니다」

먹을 게 아직 남았어?

Is there still some food around?

자네를 위해서 약간 남겨 두었네.

We saved some for you.

어서 먹어라.

Dig in.

↳ 아이나 손아랫 사람에게 쓰는 말.

## B 음료수를 권하다 #119

음료수 좀 갖다 주세요.

I'd like something to drink.

무슨 음료수로 하시겠습니까?

What would you like to drink?

뭘 만들어 드릴까요?

What shall I fix for you?

↳ 이때 fix는 「음료와 먹을 것을 만들다」라는 뜻(= make, cook).

간단한 음료라도 어떻습니까?

How about a soft drink?

커피는 드시겠습니까?

Would you care for some coffee?

↳ care for는 의문문에서만 like(좋아하다)의 뜻으로 권유를 나타낼 때 쓰인다. 부정문과 평서문에서는 「신경쓰다, 걱정하다」의 의미.

포트에 커피가 남아 있으니 원하시면 드세요.

There's some coffee left in the pot if you like?

커피에는 무엇을 넣습니까?

What do you take in your coffee?

= How would you like your coffee?

↳ **"What do you take in your coffee?"**— "I'll take mine black, please." 「커피에 무엇을 넣습니까?」 「블랙으로 마시겠습니다」

» 크림만이라면 "Just cream, please."로 표현한다.

소문에 듣기로는 상당히 마신다면서.

I hear you're quite a drinker.

↳ 술을 적당히 마시며 분위기를 즐기는 사람들 'social drinker'라 한다

↳ **"I hear you're quite a drinker."**—"No. I like to drink all right, but I can't really hold that much." 「자네 상당히 마신다면서」 「아니, 좋아하긴 하지만, 그렇게 많이 마시지 못합니다」

한 잔 더 어떻습니까?

Would you like another drink?

↳ **"Would you like another drink?"**—"No, thanks. I think I've had enough." 「한 잔 더 어떻습니까?」 「괜찮습니다. 이미 상당히 취기가 돌았습니다」

• another drink 한 잔 더 (= a refill)

더 따를까요?

Shall I fill up your cup?

## C 상대방이 음료수를 권했을 경우 #119

블라디 메리를 주십시오.

I'll have a Bloody Mary.

스카치는 적게 해 주십시오.

Go easy on the scotch.

• go easy on~ ~을 삼가하다 (다른 의미로는 「적당히 마시다」)

↳ "What can I get you to drink?"—"Oh, I'll have a scotch and soda. And **go easy on the scotch**."—"...Here you are." 「무엇을 마시겠습니까?」 「스카치에 탄산음료를 탄 것으로 주시고 스카치는 약간만 넣어 주세요」 「...자, 여기」

| | |
|---|---|
| 가능하면 찬 것이 좋겠는데. | If possible, I'd like something cold. |
| 진한 커피 한잔 주시겠습니까? | May I have a cup of strong coffee? |
| 커피를 연하게 타 주시겠습니까? | Would you make my coffee weak, please? |
| 커피를 직접 끓여 주시니 영광이네요. | I didn't mean for you to make my coffee.<br>• not mean for A to B A에게 B를 시킬 생각은 없다 |
| 콜라로 할게요. | I've acquired a taste for Coca-Cola. |
| (커피를) 달게 해줘요. | I'd like it sweetened. |
| 괜찮습니다. | No thanks. |
| 술은 못합니다. | I don't drink. |
| 너무 많이 마신 것 같습니다. | I think I've had one too many.<br>= No, thank you. I'm feeling good already.<br>↪ 「한 잔 더」라고 권해져 거절할 때 사용할 수 있는 표현. one은 「(한 잔의 술)」의 의미.<br>↪ "Can I freshen up your drink?"—"No, **I think I've had one too many** as it is. I think I'd better be going." 「술 더 하시겠습니까?」 「아니오, 이미 이렇게 술이 취해서 슬슬 가는 것이 좋겠습니다」 » had better be going 헤어지는 편이 좋습니다 |

## D 건배! #119

| | |
|---|---|
| 오늘밤 주인공을 위해 건배! | Here's to tonight's guest of honor!<br>• guest of honor 주빈, 주인공 |
| 에밀리의 전도를 축하하는 의미에서 건배! | Let's drink to Emily's future. |
| 그런 의미에서 한 잔 합시다. | Let's drink to that! |
| 원 샷! (한 번에 쭉!) | Bottoms up! |
| 얼음 넣은 위스키 한 잔 주세요. | Give me a whisky on the rocks. |
| 건배! | Let's toast!<br>↪ 구운 빵을 와인 잔에 넣어 건배를 한 데서 toast가 「건배, 건배하다」의 의미가 됨. |

# 2 가볍게 하는 말

## A 말을 걸 때 #120

| | |
|---|---|
| 오래간만이야. | It's been a long time.<br>= It's been in ages. = Long time no see.<br>= I haven't seen you for a long time. |
| 이게 몇 년 만이지요? | How many years has it been since we last met?<br>↳ **"How many years has it been since we last met?"**—"It must be something like 10 years." 「몇년 만이지요?」「그럭저럭 10년이 되는군요」 |
| 참 세상은 좁군요. | It's a small world, isn't it? |
| 우리 서로 만난 적이 있지요? | I believe we've met before. |
| 어딘가서 그를 만난 것 같습니다. | I have the feeling I've met him someplace. |
| 그의 이름이 혀끝에서 뱅뱅 돌며 생각이 나지 않아. | His name is on the tip of my tongue. |
| 이 곳이 어떻습니까? | How do you like it here? |
| 이 마을이 점점 좋아집니다. | This town has gradually grown on me. |
| 얼마동안 시카고에 있었지? | How long have you been in Chicago?<br>↳ **"How long have you been in Chicago?"**—"I've been in Chicago for about two years." 「시카고에서는 얼마나 있었지?」「시카고에는 2년 정도 있었지」 |
| 언제까지 머물거니? | How long will you be staying?<br>↳ **"How long will you be staying?"**—"I'll be going back to Japan at the end of March." 「언제까지 머무를 작정이지?」「3월 말에 일본에 돌아갈 거야」 |
| 이 파티를 거창하게 합시다. | Let's liven up this party.<br>↳ liven up은 「활기를 띠게하다」의 의미. |
| 상당히 좋은 집에 사시는군요. | This is some place you have. |
| 일부러 오시게 해서 죄송합니다. | We really appreciate your taking the trouble to come and see us. |

CASE 9

↳ **"We really appreciate your taking the trouble to come and see us."**—"Don't mention it. I wanted to see you." 「일부러 와 주셔서 황송합니다」「아닙니다. 여러분을 뵙고 싶었습니다」

오늘은 딱딱한 이야기는 빼고 합시다.

Let's skip all the serious talk today.

- the serious talk 딱딱한 이야기, 근심거리

만나서 반가워,

Good to see you.

꽤 오랜만에 만나는 거지.

It's been ages since we've met.

이게 누구야!

Look who's here!

## B 그만 일어서겠습니다 #120

형식적으로 참가했을 뿐입니다.

We participated only for the sake of relations.

결혼기념일을 구실로 해서 곧 빠져 나올 작정입니다.

I intend to use my anniversary as an excuse to skip out early.

- excuse 구실, 변명

↳ "Are you going to make it to the reception tomorrow?"—**"I'll show my face, but I intend to use my anniversary as an excuse to skip out early."** 「내일 접견에 나갈 수 있어?」「얼굴만은 내밀지. 하지만, 결혼 기념일을 구실로 곧 빠져 나올 작정이야」

» make it to ~에 어떻게든 출석하다

» show one face 얼굴을 내밀다

» skip out early 일찍 나오다

비행기시간 때문에 일어서야 겠습니다.

I'll need to duck out early to make my plane.

- make one's plane 비행기 시간에 맞추다

화장실이 어디죠?

Where's the bathroom?

# 3 취미에 대해서

## A 취미는 무엇입니까? #121

| | |
|---|---|
| 취미가 뭡니까? | What're your hobbies?<br>= What's your favorite thing?<br>↳ Do you have any special hobbies? 특별한 취미라도 있습니까? |
| 한가한 때는 무얼 합니까? | What do you do in your free time?<br>• free time 여가시간 (= leisure time = spare time) |
| 쉬는 날에는 어떻게 보냅니까? | How do you spend your days off? |

## B 음악과 춤을 좋아합니다 #121

| | |
|---|---|
| 한가하면 CD를 듣습니다. | I listen to CDs whenever I have free time. |
| 클래식 콘서트에 한 달에 한 번씩 갑니다. | I go to a classical music concert once a month. |
| 바로크 음악을 들으면 마음이 편해집니다. | Baroque music is very soothing.<br>• soothing 기분을 안정시키다, 안심시키다 |
| 비틀즈 음악은 좋군요. | I'm really into the Beatles.<br>• be into ~을 좋아하다, ~에 열심이다 (= be hooked on) |
| 바이올린을 켤 줄 안다면서요. | You play the violin?<br>↳ "**You play the violin?**"—"No, I just used to fool around on it a bit." 「바이올린을 할 수 있다면서?」「아니, 그냥 장난친 적이 있을 뿐 입니다」 |
| 취미로 약간 하는 정도입니다. | It's hardly more than just a hobby. |
| 음치입니다. | I have a tin ear.<br>= I'm tone-deaf.<br>= I really can't sing.<br>= I'm a terrible singer.<br>↳「양철의 귀를 갖고 있다」「음치다」<br>↳ "OK, now it's your turn."—"Oh, come on now. **I have a tin ear.**"「좋아, 이제 네 차례야」「이봐, 그만 해. 음치라니까」 |
| 라틴음악에 맞추어 춤추는 걸 아주 좋아합니다. | I really like to dance to Latin music. |

CASE 9

| | |
|---|---|
| 춤은 서툽니다. | I have two left feet.<br>↳ have two left feet 「양 다리 모두 왼발」 즉, 「춤이 서툴다」. |

## C 영화·텔레비전 등에 관해서 #121

| | |
|---|---|
| 그 영화는 실망스러웠어. | That movie was a real disappointment. |
| 그 영화를 권하고 싶어. | I'd recommend it.<br>↳ 책과 영화와 요리 등 사람들에게 권하는 경우에 사용하는 표현. 레스토랑 등에서 'What do you recommend?(오늘의 요리가 뭐죠?)' 라는 표현으로도 쓰인다. |
| 마음이 포근해지는 이야기야. | It's a heartwarming story.<br>↳ "Have you already seen that movie?"—"Yes. **It's heartwarming story.**" 「그 영화 벌써 봤어?」 「그래, 마음이 포근해지는 이야기였어」 |
| 그것은 재미있고 유익했어. | I found it both interesting and informative. |
| 어떤 TV 프로그램를 좋아합니까? | Which television shows do you like? |
| 그 게임 폭발적인 인기군. | The new game has caught on like wildfire.<br>↳ 「들판에 불이 순식간에 퍼지다」와 같이 유행하다. |

## D 수집에 관해서 #121

| | |
|---|---|
| 우표를 모으는 게 취미입니다. | My hobby is collecting stamps. |
| 그림 엽서를 모으는 게 취미입니다. | I'm interested in collecting picture post-cards.<br>• be interested in ~에 흥미가 있다, 좋아하다 |
| 골동품 수집을 좋아합니다. | I enjoy collecting antiques. |

## E 취미·여러 가지 #121

| | |
|---|---|
| 자가 채소밭을 만드셨다면서요. | I hear you've planted a vegetable garden.<br>↳ "**I hear you've planted a vegetable garden.**"—"Yes. I find gardening very relaxing." 「자가 채소밭을 만들었다면서요?」 「예, 흙을 매만지면 마음이 안정되지요」 |
| 정원을 가꾸는 게 취미입니다. | I like to putter around the garden.<br>= I enjoy puttering around the garden.<br>• putter 한가롭게 일을 하다, 빈들빈들 대다 |
| 카메라를 만지는 게 유일한 낙이죠. | Photography is my only pleasure. |

| | |
|---|---|
| 골프가 프로급이라던데요. | I hear you play golf like a professional.<br>↳ **"I hear you play like a professional."**—"Well, not really."<br>「골프가 프로급 이라면서요」「아니, 아니 그정도는」<br>» play golf 골프를 하다 |
| 취미는 독서입니다. | I like to read. |
| 여행하는 걸 대단히 좋아합니다. | I really like to travel. |
| 제 취미는 낚시입니다. | My hobby is fishing. |
| 먹는 게 낙입니다. | I love to eat. |
| 싼 물건을 쇼핑하는 것이 취미입니다. | My hobby is shopping for bargains.<br>↳ shop for는「사다」이고 영어의 bargain은 (싸게) 산 물건. |
| 좋은 취미를 가지셨네요. | You certainly have good taste. |
| 유행에 민감하군. | You're into trendy things.<br>= You're always into fads.<br>↳ 유행하는 것에 말려들다<br>• fad 유행하는 것, 일시적 유행 |
| 아무런 취미도 없습니다. | I don't have any hobbies at all. |
| 특별한 취미는 없습니다. | I don't have any particular hobby. |

CASE 9

# 4 건강 · 스포츠에 관해서

## A 골프에 관해 #122

골프에 열중하고 있습니다.

I'm into golf.

- be into~ 빠져있다 (= absorb in)

좋아하는 골프가 있죠.

I have my golf.

↳ "What'll you do when you retire?"—"Oh, **I have my golf.** And maybe I'll start a business of my own." 「퇴직하면 어떻게 할거야?」「그래, 좋아하는 골프는 있고, 거기다 장사라도 할 겁니다.」

소문에 의하면 골프를 매우 잘한다면서요?

Word has it you're a great golfer.

- Word has it 소문에 의하면~

그의 골프 솜씨는 상당합니다.

He's quite a golfer, you know.

겨우 핸디가 15로 줄었습니다.

I've gotten my handicap down to a 15.

그것은 골프 기술의 결정판이야.

It's the last word in club technology.

↳ the last word 「더 이상 말참견할 여지가 없는 것」이라는 것으로 「최량의 것」「최신의 것」이라는 의미를 갖는다.

## B 야구에 관해 #122

야구 중계를 자주 봅니다.

I often watch live baseball games.

- 이 때 live는 콘서트의 「라이브」와 마찬가지로 「녹화가 아닌」「생의, 생중계의」.

스포츠 실황중계를 좋아합니다.

I like live sports broadcasts.

보는 것도 하는 것도 다 좋아합니다.

I like to play and watch.

오늘 시합이 어땠지?

How was the game today?

메츠는 7대 3으로 양키스를 물리쳤다.

The Mets beat the Yankees 7 to 3.

↳ 상대방을 이기는 것에는 beat을, 경기에서 이기는 것은 win을 사용한다.

저는 Yankees의 열광적인 팬입니다.

I'm a big fan of the Yankees.

## C 테니스를 합니다 #122

테니스 클럽에 가입했습니다.

I belong to a tennis club.

- belong to ~에 속하다 (= be the member of)

나이에 불구하고 테니스를 시작했습니다.

I may be getting too old for it, but I've taken up tennis.

- take up ~을 시작하다 (= begin)

테니스는 그의 상대가 안 됩니다.

I'm no match for him in tennis.
= I'm not nearly as good a tennis player as he is.

## D 조깅 · 기타 #122

매일 아침 조깅을 하고 있습니다.

I jog every morning.

조깅이라도 시작하세요.

Why don't you take up jogging?

수영 교실에 다니고 있습니다.

I'm taking swimming lessons.

요트하는 것이 삶의 보람입니다.

Sailing is my big thing.
↪ one's big thing은 「사는 보람」. big은 생략할 수 있다.

스키를 무척 좋아합니다.

I can't wait to go skiing.

- can't wait to ~ 몹시 ~하고 싶어 못견디다

스포츠에는 소질이 없습니다.

I'm a total klutz at sports.

- a klutz 재주가 없는 사람

CASE 9

## E 몸 상태에 관해서 #122

몸은 이제 괜찮습니까?

Have you completely recovered?
↪ **"Have you completely recovered?"**—"Yes, thanks to you, I'm fine now." 「몸의 상태는 이제 괜찮습니까?」「예, 덕분에 아주 좋아졌습니다」

건강한 편입니까?.

Are you in good shape?

- be in good[great] shape 체격이 좋은, 건강이 좋은

하루도 아픈 적이 없습니다.

I've never been ill a day in my life.

상태가 좋습니다.

I'm doing well.
= I'm fine.
= I'm feeling fine.
↪ be doing well은 몸의 상태뿐이 아니라 일과 사생활 등 여러 면에서의 호조를 나타내는 경우에는 쓴다.

| | |
|---|---|
| 건강이 좋다. | I'm in good shape.<br>= I'm in the pick. |
| 몸 상태가 좋지 않습니다. | I'm not feeling very well.<br>= I'm in poor shape.<br>= I'm under the weather.<br>= I'm feeling pretty rough.<br>↳「요즘」이라는 느낌을 포함한 어법. |
| 몸이 약해졌습니다. | I'm not in shape.<br>= I'm out of shape. |
| 최근에는 운동 부족입니다. | I haven't been getting enough exercise lately. |
| 고혈압입니다. | I have high blood pressure.<br>• high blood pressure 고혈압 (= hypertension) |
| 저혈압입니다. | I have low blood pressure.<br>• low blood pressure 저혈압 (= hypotension) |
| 당뇨가 있습니다. | I'm a diabetic.<br>• diabetic 당뇨병의; 당뇨병 환자<br>*cf.* diabetes 당뇨병 chicken pox 수두<br>STD(Sexually Transmitted Disease) 성병<br>bronchitis 기관지염<br>phlegm 가래 cut 벤 상처 |
| 쉽게 피로해 집니다. | I get tired easily. |
| 감기와 독감이 유행이다. | Colds and flus are going around recently. |

## F 식욕·체중·다이어트 #122

| | |
|---|---|
| 식욕이 좋습니다. | I have a good appetite. |
| 식욕이 왕성합니다. | I have a hearty appetite.<br>↳ hearty 「마음으로부터의」 외에 「(식욕이) 왕성한」이라는 의미가 있다. |
| 저는 쉽게 살이 찌는 경향이 있습니다. | I tend to put on weight easily.<br>• tend to~ ~하는 경향이 있다 |
| 살이 쪘습니다. | I'm getting overweight.<br>= I've put on weight.<br>= I've gained weight. |
| 최근에 마른 것 같구나. | You look like you've lost weight lately.<br>= You've lost weight recently, haven't you? |

• lost weight 체중이 줄다

| | |
|---|---|
| 다이어트하고 있습니다. | I'm on a diet.<br>↳ diet는 원래 「식이요법」의 뜻. |
| 배가 나온 게 고민이야. | My biggest problem is my beer belly. |
| 지나친 비만에 신경 쓰고 있습니다. | I watch my weight.<br>• watch one's weight 체중을 조절하다 |
| 지나친 비만은 병의 근원이야. | Being overweight can lead to health problems.<br>• obesity 비만(증)<br>• obese people 비만한 사람 |
| 요새 체중 조절을 하고 있어. | I'm controlling my weight. |

## G 건강의 비결은? #123

| | |
|---|---|
| 건강이 제일입니다. | Nothing can take the place of good health.<br>• take the place of ~을 대신하다 (= replace A with B) |
| 건강 비결이 무엇입니까? | What's your secret for staying healthy? |
| 적당한 양의 식사를 하고 있습니다. | I always stop eating before I feel full. |
| 지나치게 마시고 먹지 않도록 하고 있습니다. | I never eat or drink to excess.<br>• to excess 과도하게 |
| 염분 섭취량을 조절하고 있습니다. | I watch my salt intake.<br>• intake 섭취 |
| 담배를 끊어야 합니다. | You should quit smoking. |
| 건강을 위해서 담배를 끊었습니다. | I gave up smoking for my health. |
| 항상 수면을 충분히 취하고 있습니다. | I always get enough sleep. |
| 정기적인 건강진단을 받고 있습니까? | Do you get regular physical check ups? |
| 6개월마다 치아검진을 받고 있습니다. | I get a dental check up every six months. |
| 검진을 매년 받고 있습니다. | I get checked once a year. |
| 저 의사에게는 가지 마. | You shouldn't go to that doctor. |

CASE 9

## H 스트레스에 관해서 #123

| | |
|---|---|
| 스트레스가 쌓입니다. | Stress really builds up.<br>↪ 이 때 build up은 「늘어나다」「증가하다」<br>↪ "**Stress really builds up.**"—"Don't let it build up. Let it off."<br>「스트레스가 쌓이는군」「쌓이지 않도록 풀어버려」 |
| 스트레스가 쌓이고 있습니다. | I'm all stressed out. |
| 스트레스가 쌓이고 있군요. | I guess the stress is getting to me. |
| 스트레스를 받지않도록 조심하고 있습니다. | I avoid letting stress build up. |
| 돈을 왕창 써서 스트레스를 해소하고 있습니다. | I go on a spending spree to relieve stress.<br>↪ spending spree 돈을 왕창 쓰기 |
| 필요없는 걱정은 않습니다. | I avoid needless worry. |

# 5 근황 · 사람의 소문

## A 서로의 근황 등 #124

| | |
|---|---|
| 자네 조금도 변하지 않았어. | You haven't changed a bit.<br>↪ "**You haven't changed a bit.**"—"You either–still as young as ever." 「자네 전혀 변하지 않았어」「자네도 여전히 젊군」 |
| 여전합니다. | Same old story.<br>↪ "How's it going these days?"—"You know–**same old story.**" 「어때, 요즘?」「여전해」 |
| 요즈음 좋지 않아. | I'm not doing so well these days.<br>↪ 몸이 안 좋은 상태에서 금전문제까지의 경우에 사용할 수 있다. |
| 가난뱅이 쉴 날 없다. | No rest for the weary.<br>= The poor never know a moment's rest.<br>• the weary 지친 사람 |
| 시간이 정말 빠르게 지나가는 군요. | Time certainly flies.<br>= Time is like an arrow. |
| 그 때가 좋았지. | Those were the days.<br>↪ the days는 the good old days를 말한다. |
| 사업은 잘 되갑니까? | Is everything going well with your business? |
| 그럭저럭 해가고 있지. | I'm getting by.<br>↪ "How's your work going?"—"Well, **I'm getting by.**" 「사업은 어떻습니까?」「그럭저럭 하고 있습니다」 |
| 회사가 그렇게 좋지 않습니다. | Our company isn't doing so well.<br>↪ "The economy isn't doing so well."라고 말하는 것처럼 경제전체의 경기에도 쓰인다. |
| 금리를 갚는 것만으로도 죽을 지경입니다. | Just the interest payments are killing us. |
| 모든 건 융자를 잘 해내는가 여부에 달려있습니다. | Everything hinges on our being able to swing a loan.<br>• hinge on~ ~차지다, ~에 달려 있다<br>• swing a loan 융자를 내다 |
| 나는 이제 거기에서 고참이야. | I'm an old-timer there now. |

## B 전근·전직·퇴직·실업 등 #124

전근하게 되었습니다.

I'm being transferred.

혼자 부임합니다.

I'll be going it alone.

↳ go it alone 「단신 부임하다」 외에 「힘든 일을 혼자서 성취하다」라는 의미도 있다.

승진했다면서요?

I hear you've been promoted.

↳ be promoted(= get promoted = get a promotion to~) 「승진하다」. promote는 「~을 승진시키다」라는 타동사이므로 수동태로 써야 한다.

자네 이직했다면서?

You changed jobs?

↳ **"You changed jobs?"**—"Yeah, but I'm still in finance." 「자네 이직했지?」 「그래, 하지만 여전히 금융계 일이야.」

최근에 직업을 바꾸었습니다.

I recently changed jobs.

곧 은퇴하려고 합니다.

I'm thinking of retiring soon.

↳ **"I'm thinking of retiring soon."**—"Will your son be taking year place." 「곧 은퇴하려 해」 「아드님이 뒤를 이으시나요?」

작년에 조기 퇴직을 선택했어.

I opted for early retirement last year.

= I took early retirement last year.

↳ 정식으로 쓰면 voluntary early retirement로 「자발적으로 조기에 퇴직하는 일」 » opt for ~을 선택하다

↳ **"I opted for early retirement last year."**—"No kidding? I thought you'd die on the job." 「작년에 조기퇴직을 선택했어요」 「정말? 당신 그 일에 목숨을 걸고 있는 줄 알았는데」

» would die on the job 일에 목숨을 걸다, 일에 빠져 있다

내년에 정년 퇴임합니다.

I'm retiring next year.

이번 11월로 정년이 됩니다.

I'll reach retirement next November.

그는 지금까지 꽤 오랫동안 실직 중이다.

He's been pounding the pavement for a long time now.

= He's been out of work for months now.

↳ pound the pavement는 직역하면 「(발로) 보도를 두들기다」, 즉 실직후의 상황을 「일을 찾아서 돌아다니다」라고 표현한 것.

↳ "I hear he's between jobs."—"Oh, **he's been pounding the pavement for a long time now.** Nothing suitable's come along."—"I wonder how he makes ends meet." 「그는 쉬고 있다며?」 「그래, 이미 상당히 오랫동안 놀고 있어. 좋은 일자리를 만나지 못하고 있지」 「어떻게 생활하고 있을까?」

» come along 나타나다

» make ends meet 수지가 맞는 범위 안에서 해 나가다, 수입 내에서 해 나가다

| | |
|---|---|
| 새로운 일을 찾고 있어. | I'm hunting for a new job. |

## C 사람의 소문 #124

| | |
|---|---|
| 브라운씨의 근황은 어떻습니까? | How's Mr. Brown doing?<br>• How's~ doing? ~은 건강합니까? |
| 그는 지금 작은 하드웨어 회사에서 일하고 있어요. | He's with a small hardware outfit now.<br>= He works for a small hardware outfit now.<br>» outfit 회화에서 자주 사용하는 말로 「회사」<br>• be with a(an)~ outfit ~의 회사에서 일하다<br>(= work for = work at = work with) |
| 존스씨가 그만 두었다고 알고 있습니다. | I understand Mr. Jones is no longer with you.<br>↳ I understand 「~라고 알고 있다」. be no longer with 「이미~와 같이 있지 않음」, 즉 「같이 일하고 있지 않음」. |
| 그의 사직은 놀라운 일이었지? | His resignation came as a surprise, didn't it?<br>↳ a surprise 「놀라운 일[사건]」. 추상명사 surprise 앞에 관사 a를 붙이면, 보통명사가 되어 「놀라운 일[사건]」이 된다. |
| 그가 차기 사장이 된다니 믿기 어렵군. | It's hard to believe he's going to be the next president of the company. |
| 그의 말에 의하면 자신은 인생에서 전성기를 맞고 있다고 해. | According to him he's having the time of his life.<br>↳ the time of one's life는 「힘이 있을 때」 「전성기」라는 의미와 「자신의 인생에서 제일 좋은 시절」이라는 의미의 양쪽을 포함하는 표현. |
| 그가 권고사직 당한 것을 알고 있었어? | Did you know he has eased out?<br>• be eased out 권고사직 당하다 |
| 그는 2년 전에 이혼했습니다. | He got divorced two years ago.<br>• get divorced 이혼하다<br>*cf.* get married 결혼하다<br>↳ divorce는 타동사이므로 「~와 이혼하다」라 할 때 전치사 with를 붙이지 않도록 한다. *e.g.*, He *divorced* his wife. |
| 그가 이번에 재혼할 것으로 알고 있습니다. | I understand he's getting remarried. |
| 임페리얼호텔에서 늘 그와 만납니다. | I run into him at the Imperial Hotel all the time.<br>↳ all the time 「늘, 언제나」의 뜻으로 대개의 경우 문장 끝에 쓰인다.<br>• run into~ ~를 우연히 만나다<br>(= run across, happen to meet, meet across, come into) |

CASE 9

| | |
|---|---|
| 그와는 가끔 전철에서 만납니다. | I see him on the train once in a while.<br>• once in a while 가끔 (= Sometimes = occasionally) |
| 그는 적어도 얼굴을 내밀겠다고 말했습니다. | He said he'd at least show his face.<br>• show one's face 얼굴을 내밀다, 출석하다<br>• at least 적어도 |

## D 돈 이야기·삶의 이야기 #125

| | |
|---|---|
| 우리는 맞벌이 가정이죠. | We're a double-income family.<br>• double-income 맞벌이의 (= two-paycheck) |
| 그녀는 가족을 먹여 살리고 있어. | She brings the bacon for the family. |
| 지금의 돈벌이로 그럭저럭 잘 살고 있어. | I get along on what I make now just fine. |
| 그것만으로는 해 나갈 수 없어. | It's not really enough to get along on.<br>• be not enough to ~해 가기에는 충분하지 않다<br>• get along on~ ~으로 살아가다 |
| 하루살이나 마찬가지야. | I'm practically living from hand to mouth.<br>↪ live from hand to mouth 「손에 들어온 모든 게 곧바로 입으로 들어가 버리는 것 같은 저축할 여유가 없는 생활을 하고 있다」. 자신의 생의 궁핍을 과장해서 농담으로 이야기하는 경우와 겸손해서 말하는 경우로 사용되고 있다. |
| 동병상련이군요. | We're in the same boat.<br>↪ 원래의 뜻은 「같은 배를 타고 있다」 즉, 「같은 운명에 있고, 같은 고통을 맛보고 있다」 「어려운 처지에 있다」. |
| 유사시를 위해서 약간은 저축해 두었습니다. | I have a little saved for a rainy day.<br>= I have a little put away for a rainy day.<br>↪ 「비 내리는 날을 대비해서」에서 「유사시를 위해서」의 뜻. 금전적으로 긴급 시에만 사용한다.<br>• for a rainy day 만일을 위해, 유사시에 대비하기 위해 |

## E 자동차 이야기·집 이야기 #125

| | |
|---|---|
| 자동차를 다시 바꾼다면서? | I hear you traded in your car. |
| 시보레차를 포드차로 바꿨어. | I traded in my Chevy for a new Ford.<br>• trade in A for B A와 B를 바꾸다 |
| 이번 차는 어때? | How do you like your new car?<br>↪ 마음에 드는지 어떤지(사용감은 어떤가)를 물어 볼 경우에 사용. |
| 집을 새롭게 짓고 있다면서요? | Is it true that you're going to build a new home? |

마음먹고 집을 샀습니다.

I finally took the plunge and bought a house.

↪ take the plunge 죽기아니면 살기의 심정. 즉 「모험삼아 해 보다」「위험한 곳에 뛰어들다」의 뜻.

잔액을 메우기 위해서 은행 융자를 받았어.

We took out a loan to cover the balance.

- take out a loan 융자를 받다 (= get a loan)
- the balance 잔액

곧 이사 할 생각입니다.

We're moving soon.

- move 이사하다 (= transfer)

혼자 삽니다.

I'm on my own.

## F 가족 이야기 #125

가족은 편안하십니까?

How's the family?

처와 사이가 안 좋습니다.

My wife and I are not getting along very well.

나 임신했어.

I'm pregnant.

예정일은 언제입니까?

When is it due?

↪ "When is it due?"는 지불기일과 승차물의 도착시간 등 여러 가지 날짜와 시간의 질문에 사용할 수 있다.

↬ "Truth is, we're going to have a baby!"— "Congratulations! **When is it due?**" 「실은 우리들에게 아기가 생겨!」「축하해. 예정일은 언제지?」

그 아기는 눈에 넣어도 아프지 않아.

The baby's the apple of my eye.

그는 지금 장난이 한창인 나이야.

He's at the height of his mischief-making.

- mischief 장난

그는 자랑스런 아들이야.

He's truly a son to be proud of.

자네 딸도 결혼할 나이가 되었지?

Your daughter's about marrying age, isn't she?

그녀는 고민 많은 시기죠.

She's at a difficult age.

어머니와 똑같습니다.

She looks just like her mother.

= She's just like her mother.

- look like ~와 닮다 (= resemble)

작년에 결혼하고 집을 나갔습니다.

She moved out last year when she got married.

CASE 9

그녀는 남편을 꼼짝 못하게 하고 있어.

She wears the pants in the family.

↪ wear the pants in the family「가정에서 주도권을 잡다」라는 의미. 남성에게도 쓸 수 있다. 즉, 아내에게 남편이 쥐여 산다는 뜻.

나보다 세살 적은 동생이 있습니다.

I have a brother three years younger than me.

일본에 두고 온 부모님이 걱정입니다.

I'm worried about my parents back in Japan.

아버지는 아직 일하십니까?

Is your father still working?

저의 할머니는 아주 건강하십니다.

My grandmother is the picture of health.

- the picture of~ 그림에 그린 것 같은~

할아버지는 90세지만 매우 건강하십니다.

My grandfather is 90 years old and very healthy.

- healthy 건강한, 몸 상태가 좋은

## G 세상 이야기·경기 이야기 #125

경기가 나쁘군요.

The economy isn't doing so well.

물가가 올랐죠?

Prices have risen recently, haven't they?

이곳의 물가는 터무니없이 올랐습니다.

The prices here are out of sight.

- out of sight 터무니없는

동경의 집세는 너무 비싸요.

Rent in Tokyo is crazy.

선거는 의외의 결과이었습니다.

The results of the election were quite a surprise.

- a surprise 놀라운 것[사건]

오늘 신문은 온통 그것 일색이군요.

It was all over the papers today.

↪ be all over the papers 신문에 크게 나와 있다

한국은 학력이 말해주는 세상이군요.

In Korea your academic background counts for a lot.

- count for~ ~라고 생각하다, ~로 간주하다

## 1 Practical Dialogues • 활용대화 •

1

A It's not much, but help yourself to as much as you like.
B Thank you. The food smells delicious.
A What would you like to drink, juice or coke?
B A glass of coke would be fine.

A 변변치 않습니다만, 마음껏 드십시오.
B 고맙습니다. 맛있겠군요.
A 음료수는 주스와 콜라 중 어느 것을 갖다 드릴까요?
B 콜라 한 잔 주십시오.

2

A Do you have any particular hobby?
B I like reading and seeing movies. What about you?
A I like travelling every chance I get.

A 특별한 취미가 있습니까?
B 저는 독서와 영화구경을 좋아하죠. 당신은 어때요?
A 저는 기회가 생길 때마다 여행하는 것을 좋아합니다.

3

A How's your business going these days?
B In fact, it's been in the red for one year.
A Sorry to hear that. I hope the economy would pick up soon.

A 요즈음 당신의 사업이 어때요?
B 사실, 일년 동안 적자였습니다.
A 안됐군요. 경기가 곧 회복되면 좋겠군요.

4

A What do you usually do to stay in shape?
B I work out at a gym every other day.
A I do rope-jumping and sometimes take a walk.

A 건강을 유지하기 위해서 보통 무엇을 합니까?
B 저는 매일 체육관에서 운동을 하죠.
A 제 경우는 줄넘기를 하고 가끔은 산책을 합니다.

5

A How's the weather today? It looks like rain soon.
B Yeah, the weatherman says it'll be rainy this afternoon, but clear by this evening.
A I'd better take an umbrella in case it rains.

A 오늘 날씨 어때? 곧 비가 올 것 같애.
B 그래, 일기 예보자의 말에 의하면 오늘 오후에는 비가 오다가 저녁쯤 개인다고 해.
A 비가 올 경우를 대비해서 우산을 가지고 가는 것이 좋겠어.

6

A Do you have any particular sport you like?
B I prefer tennis. What's your favorite sport?
A I sometimes go bowling and climbing.

A 특별히 좋아하는 운동이 있습니까?
B 저는 테니스를 다른 운동보다 좋아합니다. 당신이 가장 좋아하는 운동은 무엇입니까?
A 저는 가끔 볼링과 등산을 합니다.

## ② Key Expressions • 핵심표현 •

- How have you been?
  ≫ 어떻게 지냈니?

- How's your business going?
  ≫ 사업 잘 되고 있어?

- I heard he went bankrupt a few months ago.
  ≫ 그의 사업이 몇 달전에 파산했다고 들었어.

- Do you play any sports?
  ≫ 하시는 운동이 있습니까?

- How often do you work out?
  ≫ 운동을 얼마나 자주 하니?

- What do you do to stay in shape?
  ≫ 건강 유지를 위해서 무엇을 하니?

- Do you have any particular hobby?
  ≫ 특별한 취미라도 있니?

- Would you care for something to drink?
  ≫ 마실 것 좀 드릴까요?

- I usually play tennis and sometimes golf.
  ≫ 보통은 테니스를 치고 가끔 골프를 치러 가.

- Is there any particular thing you need?
  ≫ 특별히 필요한 것 있습니까?

- What do you do in your leisure time?
  ≫ 여가시간에 무엇을 합니까?

- Let's make a toast to our friendship.
  ≫ 우리의 우정을 위해서 건배!

- Toast!
  = Cheers!
  = Bottoms up!
  ≫ 건배!

# Column 4

## 인사 카드의 한 마디

| | |
|---|---|
| • **크리스마스 · 신년** | |
| 행운을 빌며 | Merry Christmas! / Merry Christmas and happy New Year! |
| 행운과 건강을 빕니다. | Season's Greetings! / Happy Holidays! |
| **기분을 담은 한 마디** | |
| 멋진 한해가 되시길 바랍니다. | Best of luck in the year to come. |
| | May you enjoy good health and much happiness in the coming year. |
| | Best wishes for a wonderful New Year. |
| 이 카드가 크리스마스가 되기 전에 도착했으면 좋겠습니다. | I hope this card reaches you in time for Christmas. |
| 선물도 따로 보냈습니다. 마음에 드셨으면 좋겠어요. | A present from me is also on its way. I hope you will like it. |
| 그간 격조했습니다. / 안녕하십니까? | I'm sorry I haven't written you./ How have you been? |
| 하시는 모든 일이 잘 되시길 바랍니다. | Hope things are going all right with you.<br>↳「여러분」이라는 기분을 나타내고 싶은 때에는 모든 예문에서 you를 you and your family라고 하면 된다. |
| 이쪽은(여기는) 괜찮습니다(좋습니다). | We're all fine. |
| 여전합니다. | We've had a rather uneventful year. |
| 여러분들에게 안부 전해 주십시오. | Give my best to your family. |
| 크리스마스카드 감사합니다. | It was so nice hear from you at Christmas. |
| • **생 일** | Happy Birthday! |
| | I hope you have a very happy birthday. |
| | Best wishes for a happy birthday. |
| **마음을 담은 한 마디** | |
| 행운을 빕니다. | I hope your birthday brings you much happiness. |
| 당신 같은 친구가 있어 행복합니다. | I'm really lucky to have a friend like you. |
| 생일을 함께 보낼 수 있으면 좋겠어. | I sure wish we could be together on your birthday. |
| 함께 축하를 할 수 없어 유감입니다. | I'm sorry to be late in sending you this card. |
| 보낸 선물 마음에 드셨으면 좋겠습니다. | I hope you like the present I'm sending. |
| **격식을 차리는 관계에서** | |
| 생일을 진심으로 축하드립니다. | Sincerest congratulations on your birthday. |
| 생일의 축하를 드림과 동시에 건강을 기원합니다. | Wishing you congratulations and good health on your birthday. |
| • **결 혼** | Congratulations on your wedding. |
| 결혼 축하합니다. | Best wishes on your wedding. |
| **마음을 담은 한 마디** | |
| 두 사람의 멋진 출발을 축하합니다. | I hope this is the beginning of a wonderful life together. |
| 즐거운 가정을 꾸미도록. | Best wishes for many years of happiness for the two of you. |
| | Best wishes for a joyful home together. |
| 어울리는 부부군요. | The two of you make a perfect couple. |
| 멋진 분을 부인으로 맞으셨군요. | You certainly have found yourself a wonderful wife. |
| 그는 좋은 남편이 될 것입니다. | I'm sure he will make a wonderful husband. |

결혼식에 참석할 수 없어 유감입니다. 두 사람의 행복을 빕니다.축하의 결혼 선물을 보냈습니다. 마음에 드셨으면 좋겠습니다.
I'm sorry not to be with you on your wedding day. May you both enjoy much happiness in your life together. Your wedding gift is on its way. I hope you like it.

**격식을 차리는 관계에서**

결혼을 진심으로 축하 드립니다.
Sincerest congratulations on your wedding.

제 남편과 저는 두분의 결혼을 축하드립니다.
My husband and I take opportunity to wish both of you congratulations on your recent marriage.

### • 탄 생

따님 얻으신 것 [득남]을 축하합니다.
Congratulations on the birth of your daughter[son].

아기 탄생을 축하합니다.
Congratulations on the new baby.

**마음을 담은 한 마디**

건강한 성장을 빌겠습니다.
Hoping your new son grows up healthy and strong.

어머니를 닮은 멋진 여성이 되도록.
I hope she grows up to be a wonderful woman just like her mother.

아기와 새 아빠 · 엄마를 만날 날을 기다리고 있습니다.
I'm looking forward to seeing the new baby, as well as the new parents.

엄마가 된 느낌이 어때요?
How does it feel to be mother?

희망하신 것처럼 여자아이네요.
I know you had been hoping for a girl.

정말로 귀여운 이름이군요.
What a charming name you have given her!

아기를 위해서 선물을 보냈습니다.
We are sending a present to welcome the little newcomer.

축하합니다. 당신의 손자는 행운아이군요.
Congratulations! Your new grandson is a lucky boy.

### • 졸업·입학

졸업 축하드립니다.
Congratulations on your graduation.
Best wishes and congratulations on your graduation.

**마음을 담은 한 마디**

성공을 기원하네.
Best wishes for every success in life.

앞으로 행운을 기원하네.
Best wishes for good luck in your new career.

잘 해냈군.
I admire your hard work.

서울대학 입학을 축하해.
Congratulations on your admission to Seoul University.

**격식을 차리는 관계에서**

졸업을 축하드립니다.
Sincerest congratulations on your graduation.

자제분의 졸업을 축하드립니다.
With sincerest congratulations on your son's graduation.

### • 기타

진심으로 결혼 기념일을 축하합니다.
Best wishes and love to you on your anniversary.

발렌타인날에 당신을 생각하고 있습니다.
I'll be thinking of you especially on Valentine's Day.

이제 이 기분은 숨길 수 없군요. 사랑하고 있습니다.
I can't keep it a secret any longer–I love you.

편안히 쉬십시요.
Please take the time to give yourself a good rest.

빨리 좋아지시도록 빌고 있습니다.
With every good wish for your swift recovery.

어머님을 여위시어 얼마나 힘드십니까?
I can only imagine how much you will miss your mother.

대단히 아까운 분이십니다.
He will be missed by many.

FOOD

There is no love sincerer than the love of food.

음식에 대한 사랑보다 더 진지한 사랑은 없다.
... *George Bernard Shaw*

Eat not to dullness; drink not to elevation.

둔하도록 먹지 말고, 취하도록 마시지 말라.
... *Benjamin Franklin*

# CASE 10 외출

## 1 예약 · 좌석 · 티켓

### A 차편을 예약하다 #128

| | |
|---|---|
| 비행기 일등석을 타고 멋지게 여행하는 게 어때? | Why not go in style and travel first class?<br>↪ in style「멋지게」「세련된 방법으로」「스마트하게」. 이 때 first class는 부사구. |
| 비행기 예약은 제가 하겠습니다. | I'll make the flight arrangements myself. |
| 10시 부산행에 남아 있는 좌석이 있습니까? | Are there any seats left on the 10 o'clock flight to Busan? |
| 왕복 여행입니까, 편도입니까? | Round trip or one-way? |
| 어느 편도 빈 게 없습니다. | All the flights are full. |
| 일반석밖에 없습니다. | Only unreserved seats are available. |
| 다른 편은 예약이 찼습니다. | All the other flights were booked solid.<br>• be booked solid 예약이 다 차다<br>(= be booked full = be fully booked = be booked up) |
| 대기자 명단에 올려주십시오. | I'm on the waiting list. |
| 빈자리를 기다려 보는 수밖에 없습니다. | We'll just have to try going standby.<br>↪ standby는「빈자리가 있는 경우에 한해서 탑승할 수 있는 것」이 경우는 부사. |
| 표를 구할 수 있었어? | Were you able to get a ticket? |

### B 호텔을 예약하다 #128

| | |
|---|---|
| 호텔방 하나 예약 할 수 있습니까? | Could you book a hotel room for me?<br>↪ book 대신 reserve를 사용해도 된다.<br>• book a hotel room 호텔방을 예약하다<br>*cf.* book a table 테이블 하나 예약하다<br>book a flight to London 런던행 비행기표를 예약하다<br>book a train ticket 기차표를 예약하다 |
| 12월 24일 예약을 부탁합니다. | I'd like to make a reservation for December 24th.<br>• make a reservation 예약하다 (= book = reserve) |

| | |
|---|---|
| 일요일까지지요? | That's through Sunday, right?<br>↪ "Could you book a hotel for me?"— "Sure. **That's through Sunday, right?**" 「호텔을 잡아 주지 않겠습니까?」「예, 일요일까지죠?」 |
| 공교롭게도 호텔이 꽉찼습니다. | As things would have it, the hotel was full.<br>= Unfortunately, there were no rooms.<br>• as things would have it 공교롭게, 운이 나쁘게도 |
| 예약 취소 수수료는 10%입니다. | There is a 10-percent cancellation charge. |
| 예약한 한입니다. | My name is Han. I have a reservation.<br>• have a reservation 예약이 되어 있다<br>*cf.* have an appointment 약속이 되어 있다<br>have a cold 감기에 걸려 있다 |

## C 레스토랑을 예약하다 #128

| | |
|---|---|
| 좋은 곳을 잡아두겠습니다. | I'll check out some likely places.<br>• likely 적당한, 좋을 것 같은 |
| 6인용 테이블을 예약하고 싶습니다. | I would like to reserve a table for six. |
| 내일 밤에 4인용 자리를 예약하고 싶습니다. | I'd like to make reservations for four for tomorrow night. |
| 창가쪽 자리를 예약하고 싶습니다. | I would like to reserve a table near the window. |
| 항구가 보이는 자리를 예약하고 싶습니다. | I would like to reserve a table with a view of the harbor. |
| 틀림없이 민수라는 이름으로 예약했습니다. | There should be a reservation for Minsoo.<br>↪ 호텔에 체크인할 때도 사용할 수 있다. |
| 2인용 테이블 예약할 수 있습니까? | Do you have a table for two? |
| 흡연석으로 하시겠습니까? 금연석으로 하시겠습니까? | Would you like smoking or nonsmoking? |
| 좀더 조용한 자리가 좋겠습니다. | I'd like a quieter table if possible.<br>↪ 직역하면, 「가능하면 좀 더 조용한 자리를 달라」는 뜻. |

## D 스포츠 시합·영화 등 #128

| | |
|---|---|
| 오늘 시합 표 2장 주십시오. | I'd like two tickets for today's game. |
| 초대권이 2장 있습니다. | I have a couple of complimentary tickets. |

- complimentary 무료의
  *cf.* complimentary dinner 무료 저녁식사
  complimentary copies(책의) 증정본

남은 좌석이 있습니까?

Are there any seats available?

지금 무엇을 상영[상연]하고 있지?

What's playing now?

어디서 상영하고 있습니까?

Where is it showing?

언제까지 상영합니까?

How long will it be showing?

그 영화의 상영시간은 어느 정도 입니까?

How long is this movie?

다음회 상영시간은 몇 시 입니까?

What time is the next showing?

그 공연 지금 상연 중이야?

Is that show playing now?

쇼는 몇 시에 시작합니까?

What time does the show start?

쇼는 몇 시에 끝납니까?

What time will the show be over?

만일의 경우를 위해서 확인서를 꼭 보관해.

Be sure to keep the stub just in case.

↳ be sure to 명령문으로 「(반드시)~하시오」.

- just in case 확인하기 위해

제 자리인데요.

I think that's my seat.

↳ 앞에 "Excuse me."를 붙혀서 말하면 보다 정중한 표현.

## D 의사·미용실 등 #128

오늘 오후 2시 반으로 예약을 하고 싶군요.

I'd like to make an appointment for 2:30 this afternoon.

예약은 하지 않았는데 해 줄 수 있습니까?

I don't have an appointment, but could you fit me in?

↳ 이 때 appointment는 「약속」의 뜻이 아니라 「예약」의 뜻.

- fit ~ in (형편 또는 시간에) ~을 맞추다

# 2 먹다 · 마시다

## A 뭘 먹지? 어디서 먹을까? #129

뭐 좀 드시겠습니까?
Would you care for something to eat?

가볍게 먹자.
Let's have a light meal.

특별히 좋아하는 요리 있습니까?
Is there any special dish that you like?
= What's your favorite food?

가리지 않고 다 먹습니다.
I don't have any strong likes or dislikes.

초밥을 좋아합니다.
Sushi is my favorite dish.

생선회를 가장 싫어합니다.
Raw fish is my least favorite food.

단 것을 좋아합니다.
I have a sweet tooth.
• have a sweet tooth 단 것을 좋아하다

단 것을 몹시 좋아해.
I have a weakness for sweets.

햄버거는 질렸다.
I'm sick of hamburgers.

이곳에 들어가 보자.
Let's try this place.
↪ "**Let's try this place.**"—"But it looks awfully pricey." 「여기로 할까」「하지만 비쌀 것 같애」

저 가게가 좋겠어.
That store is just the place.
↪ 강하게 자신을 갖고 권하는 경우 등에 is just the...로 강조의 표현을 사용한다. 「저 회사는 자네에게 딱 맞는다」라고 할 경우에는 "That company is just the place for you."

저 가게는 상당히 잘 됩니다.
That restaurant has caught on in a big way.

호텔 바가 아직 영업을 하고 있을 것 같은데.
I think the hotel bar is still serving.
↪ be still serving (가게가) 아직 영업하고 있다

이곳은 사람 출입이 너무 많습니다.
There's too much foot traffic here.
↪ foot traffic 사람들이 들락거리는 일

그들은 가게문을 닫았습니다.
They closed down.
= They went out of business.
• close down 가게를 닫다, 폐업하다

CASE 10

| | |
|---|---|
| 이곳의 단골입니다. | I'm a regular here. = He's a familiar face here.<br>↳ a regular는 a regular customer를 생략한 것으로 「단골손님」. 레스토랑, 바, 다방 등의 「단골」에 대해서 사용하는 게 보통. |
| 이 가게에 오니 옛날 생각이 나는군요. | This place brings back memories.<br>• bring back memories 추억을 되살려 주다 |
| 이 가게는 보통 처음 보는 손님은 별로 환영하지 않습니다. | A walk-in normally isn't treated very well here.<br>• walk-in 그냥 예약없이 찾아오는 손님 |
| 정말로 자네는 아는 이가 많군. | You certainly get around.<br>↳ get around 「여기 저기에 출몰하다」 「아는 사람이 많다」. get around에는 「~을 회피하다」 「~을 설득하다」 등의 의미도 있으므로 문맥으로 판단하는 것이 필요하다. 강조할 때에는 certainly와 really를 사용한다. |
| 종로에는 우리 동네같이 자주 갑니다. | Jong-ro is my stomping ground.<br>↳ stomping ground 「정하고 가는 장소」. stomping대신에 stamping을 사용해도 좋다. stomp, stamp는 「발을 울리다」 「밟다」라는 의미. |
| 배가 고파 죽겠습니다. | I'm starving.<br>↳ "I'm starring to death."라 해도 같은 의미. |
| 식욕이 그다지 없어. | I don't have much appetite. |
| 무거운 음식은 좋아하지 않습니다. | I don't care for heavy foods.<br>• care for~ ~을 좋아하다 (= like) |
| 튀긴 음식은 못먹습니다. | I can't take fried foods. |

## B 주문하다 #129

| | |
|---|---|
| 오늘의 추천 요리는 무엇입니까? | What do you recommend today? |
| 가볍게 먹을 수 있는 게 있나요? | What do you have that's light? |
| 그것은 어떤 요리입니까? | What is that like? |
| 어느 정도 시간이 걸립니까? | How long will it take? |
| 결정할 수가 없어요. | I can't make up my mind.<br>• make up one's mind 결정하다 (= decide) |
| 스테이크는 중간쯤 익혀주십시오. | I'd like my steak medium.<br>↳ rare는 조금만 익힌 것, well-done은 바싹 익힌 것.<br>• I'd like ~ ~을 주십시오(가게, 식당, 백화점 등에서) |

| | |
|---|---|
| 마늘은 약간 넣어 주십시오. | Go easy on the garlic. |
| 디저트는 필요 없습니다. | I don't care for any dessert.<br>• care for 좋아하다, 원하다 |
| 주문한 것과 틀린데요. | This isn't what I ordered. |
| 오늘밤 와인은 삼가해. | Go easy on the wine tonight. |

## C 맛있군요 #129

| | |
|---|---|
| 이곳의 음식은 맛있군. | The food here is quite good. |
| 얼마든 먹을 수 있을 정도로 맛있어. | It's so good you just can't get enough of it. |
| 이게 진짜 맛이야. | This tastes like the real thing.<br>↪ thing대신에 stuff를 사용해도 좋다. |
| 보기는 나쁘지만 맛있습니다. | It may not look very appealing, but it's delicious. |
| 그 조리법은 극비입니다. | That recipe is a closely guarded secret.<br>• a closely guarded secret 엄중하게 지켜진 비밀<br>• recipe 조리[요리]법, 처방전, 방책 |

## D 식탁에서 #129

| | |
|---|---|
| 소금을 건네 줄래? | Can you hand me the salt?<br>= May I have some salt?<br>= Can you pass me the salt?<br>↪ 이것은 예사스러운 말투. 공손하게는 "Would you hand me the salt, please?" |
| 이 접시는 테이블에서 치워 주십시오. | Please clear this off the table. |
| 화장실은 어딥니까? | Where's the restroom? |
| 무뚝뚝한 종업원이군. | Talk about a sullen waitress!<br>↪ Talk about 「어째서 ~인 거야」라는 표현.<br>• sullen 무뚝뚝한, 실쭉한 |
| 슬슬 나갈까? | Shall we be going?<br>↪ "**Shall we be going?**"—"Ok. Let's split this, OK?" 「슬슬 나갈까?」「그래, 각자 지불하기로 해」 » Let's split this. 각자 지불하다 (= Let's go dutch.) |

CASE 10

## E 지불에 대해서 #130

계산서 주세요.

Bill, please. = Check, please.
= Please bring the check. » check는 주로 레스토랑과 바의 계산서로 사용한다. 그리고 「수표」의 뜻으로 흔히 사용된다.
• bill 계산(서)

얼마지요?

What are the damages?
↪ the damage(s)는 「비용」 「계산」을 약간 장난스럽게 하는 말. 단골 레스토랑과 바 등에서 계산을 물어볼 때 사용한다. 원래 damages의 뜻은 「피해금액」을 말한다.

각자 내실 겁니까?

Would you like separate checks?

지불은 같이해도 좋습니다.

You can bill us together.
↪ "Would you like separate checks?"—"No, **you can bill us together.**" 「계산은 각각 하실 겁니까?」 「아니오, 같이 해도 좋습니다」

저의 몫은 얼마입니까?

How much is mine?

각자 내기로 합시다.

Let's split the bill.

술값은 반반씩 냅시다.

Why don't we go halves on the drinks?
↪ go halves 「두 사람이 지불하다」 「절반을 내다」. 3인 이상의 경우는 사용하지 않는다.
• why don't we~ ~합시다 (= Let's~)

내 앞으로 달아 둬.

Put it on the tab. = Put it on my tab, please.
↪ 단골 주점 등에서 사용한다. tab은 음식점, 호텔 등의 「계산」 「비용」 「계산서」 「전표」 「청구서」를 말한다.

죄송합니다. 외상은 안됩니다.

Sorry, we don't accept IOUs.
↪ accept대신에 take를 사용해도 좋다. IOU는 「차용증」으로 "I owe you.(나는 당신에게 빚이 있다.)"의 발음을 알파벳으로 표현한 것.
*cf.* accept (=take) checks 수표를 받다
accept(=take) only cash 현금만 받다

## F 한턱 낼게 #130

한턱 내지.

I'll treat you.

내가 낼게.

This is on me. = This is my treat.
↪ be on 「~의 부담이다」 「~가 낸다」. This is on the house.는 「돈을 안 받고 주는 가게의 서비스」라는 의미.
↪ "Let me get this one."—"Oh, no. **This is on me.**" 「이번은 내가 낼게」 「아냐, 아냐, 내가 살게」 » get 지불하다

이번에는 내가 낼게.

This one's on me.

| | |
|---|---|
| 오늘은 내가 냅니다. | Today, it's my treat. |
| 오늘밤은 전부 내가 내겠어. | Everything is on me tonight. |
| 이번에는 술값을 내가 내지. | I'll pick up the tab for the drinks this time.<br>• pick up the tab for ~에 계산을 지불하다 |
| 당신 기분파이군요. | That's generous of you.<br>↳ 한턱내는 사람에 대해서 사용할 수 있는 말. |
| 그럼 이것으로 없었던 걸로 합시다. | Well, this makes us even-steven.<br>↳ steven은 even과의 음률상 쓰였으므로 특별한 의미는 없고, even 만으로도 의미는 바뀌지 않는다. |

## G 식사를 끝내고 #130

| | |
|---|---|
| 싸가지고 갈 수 있을까요? | May I have a doggy bag?<br>↳ a doggy bag이라고 해서 개에 국한하지는 않는다. 먹다 남은 음식을 싸려고 할 때 쓰는 말이다. |
| 그 식사는 대단했습니다. | That meal was really something.<br>↳ be really something 「대단한 것이다」. 정도의 크기에의 관심과 놀람을 강조·과장한 표현. 사태와 물건이 「우수하다」의 경우만이 아니고 사태가 「나쁜 방향으로 굉장하다」라는 것을 강조하는 경우에도 사용한다. |
| 그들은 포도주 한 병을 서비스로 제공했다. | They gave us a complimentary bottle of wine. |
| 바가지 썼다. | I got ripped off.<br>• get ripped off 털리다 |
| 이 술집을 바가지 씌우는 집이야. | This pub is a clip joint.<br>• clip joint 바가지를 씌우는 업소 |

## H 패스트푸드 #130

| | |
|---|---|
| 드시겠습니까? 가지고 가시겠습니까? | For here or to go?<br>↳ 패스트푸드점에서 빈번히 쓰이는 말.<br>↠ **"For here or to go?"**—"For here, please." 「드시겠습니까? 갖고 가시겠습니까?」「여기서 먹겠습니다」 |
| 갖고 갈 걸로 핫도그 하나 주세요. | I'd like a hot dog to go. |
| 햄버거에 무얼 넣을까요? | What would you like on your hamburger?<br>↠ **"What would you like on your hamburger?"**—"With everything." 「햄버거에 무얼 넣을까요?」「모두 넣어 주십시오」 |
| 케찹을 듬뿍 치고 겨자는 없이 부탁합니다. | With lots of ketchup and no mustard. |

CASE 10

# 3 쇼 핑

## A 가게에 가다, 가게에서 #131

| | |
|---|---|
| 현대에서 바겐세일을 하고 있습니다. | They're having a sale at Hyundai. |
| 제 것도 사 와요. | Buy me some, too.<br>↪ "I'm going to buy some ice cream."—"**Buy me some, too.**"<br>「아이스크림을 사 올게」「내 것도 사와」 |
| 저 가게는 값이 비싸다. | That store is expensive. |
| 하루종일 쇼핑객으로 붐비고 있습니다. | It's bustling with shoppers all day long.<br>= It's crowded with shoppers all day long.<br>*cf.* be bustling with~ ~으로 붐비다<br>all day long 하루종일 |
| 여성복 매장은 어딥니까? | Where can I find the ladies' wear?<br>• Men's Department 남성복 매장<br>• Ladies' Department 여성복 매장 |
| 수수한 무늬의 셔츠 있습니까? | Do you have a shirt with a plainer pattern? |
| 너무 야하지 않을까 모르겠어. | I wonder if it's too loud for me.<br>= I wonder if it's too flashy for me.<br>↪ 반대로 「수수하다」는 quite.<br>↪ "**I wonder if it's too loud for me.**"—"Why don't you try it on."<br>「나에게는 화려하지 않을까?」「입어 봐」 » try it on 입어 보다 |
| 더 작은 사이즈는 없습니까? | Would you have one in a smaller size? |
| 이 물건으로 다른 색깔은 있습니까? | Do you have this in any other colors? |
| 입어 보고 싶은데요. | I'd like to try this on. |
| 이 코트는 딱 어울립니다. | This coat fits perfectly.<br>• fit like a glove 잘 어울리다 |
| 디자인에는 별로 까다롭지 않습니다. | I'm not particular about the design.<br>↪ particular 취향이 까다롭다 (= fussy, picky, choosy) |
| 내구성이 있는 것을 주세요. | I want something durable. |
| 그것들은 오래 갑니다. | They last a long time. |

↳ last는 「오래 지탱하다」「계속되다」의 의미로 죽에서 생선식품까지 이 같은 표현이 사용된다.

작고 휴대하기에 편리합니다.

It's compact and really handy.

그것의 소재는 무엇입니까?

What kind of material is that?

이 테이블은 질감이 있군.

This table has a substantial feel to it.

↳ substantial feel은 「묵직한 감촉」의 의미가 변해서 「고급스런 질감」. 시각적으로 존재감이 있는 것을 나타내는 데는 feel대신 look을 사용하여 substantial look으로 하면 좋다.

이것은 정말로 진짜 입니다.

This is the real McCoy.

↳ 미국의 권투선수 McCoy를 광고에서 「진짜」로 선전한 것에서 유례.

이것은 유명상표의 시계입니다.

This watch is a leading make.

= This is a leading make of watch.

↳ a leading make로 「유명상표 제품」. make대신에 brand를 사용해도 좋지만 brand는 단독적으로는 「일류품」이라는 의미는 아니다.

담배로는 이것이 일류상표입니다.

It's a leading brand of cigarettes in the U.S.

그것은 결국 가짜로 드러났어.

It turned out to be a fake.

- turn out to be 결국~이었다
- a fake 가짜, 모조품

파리 디자인의 노골적인 모조품입니다.

It's a blatant copycat of a Paris design.

↳ copycat는 타인의 행동과 디자인 등을 흉내내는 사람, 모방하는 일. 좋은 의미로는 사용되지 않는다.

갖고 싶다고 생각하고 있었다.

I've been wanting this.

아이스크림은 배달해 줍니까?

Do you deliver ice cream?

↳ **"Do you deliver ice cream?"**—"Yes, if you buy a minimum of six." 「아이스크림 배달해 줍니까?」「예, 6개 이상 구입하시는 경우에 배달합니다」

그냥 구경하고 있을 뿐 입니다.

I'm just looking around.

지금은 살 계획이 없습니다.

I'm not planning to buy now.

마음에 드는 게 없었습니다.

I didn't quite find what I had in mind.

잠깐 생각할 시간을 주십시오.

Let me think about it a little more.

최저가격입니다.

It's a rock-bottom price.

= Nobody can beat our price.

## B 가격에 대한 이것 저것 #132

| | |
|---|---|
| 달러로 얼마입니까? | What's that in dollars? |
| 원화으로 얼마입니까? | What's that in Won? |
| 정가는 500달러입니다. | It lists for $500. |
| 너무 비싸군요. | It seems awfully expensive. |
| 꽤 비싼 가격이군요. | That's quite steep.<br>= That's quite high. = The price is quite outrageous. |
| 그럴 여유가 없군요. | I can't afford it. |
| 비싸서 도저히 살 수 없습니다. | That's way too steep for me.<br>= There's no way I could afford it.<br>↳way는 too를 더욱 강조하는 말. |
| 그 가격으로는 제 형편에 도저히 안 되겠습니다. | At that price, it's beyond my means.<br>↳means 「(금전적)지불능력」. beyond one's means는 「~의 능력이 미치는 범위 밖에서」 즉, 「그림의 떡」. 이 표현은 「그림의 떡」의 경우 밖에 사용하지 않는다. 금전이 외의 이유로 「그림의 떡」인 경우에는 out of one's class를 사용한다. |
| 할인해 주시지 않겠습니까? | Can you give me a discount?<br>= Can you give me a better price? |
| 1만원 이하라면 사겠는데. | If it were under ₩10,000, I would buy it.<br>↳under 엄밀히는 「미만」을 나타낸다. |
| 적당한 가격이군요. | It's affordable.<br>↳감당할 수 있다는 의미. |
| 이 근처에서는 그게 시세입니다. | That's the going rate around here.<br>• be the going rate 일반적이다, 시세이다 |
| 요즘에는 1000달러 같은 건 껌 값이야. | One thousand dollars is peanuts thesedays. |
| 이쪽 가게가 쌉니다. | This shop is cheaper. |
| 값이 싸군. | It's a bargain.<br>• bargain 사면 이익, 좋은 (금전적) 조건, 파는 것, 세일<br>• It's a steal 거져야 |
| 주문과 다른 품목이 도착했습니다. | I didn't receive the same merchandise I ordered. |
| 저에게 배달된 것이 손상되었습니다. | The merchandise I received was damaged. |

| | |
|---|---|
| 교환됩니까? | Would you please exchange it for me? |
| 새 걸로 바꾸어 주세요. | Please exchange it for a clean one. |
| 환불해 주었으면 합니다. | I'd like my money back.<br>= I'd like to return this.<br>= I'd like to get a refund on this. |

## C 구입물품을 자랑하다 #132

| | |
|---|---|
| 충동구입한 거야. | I bought this on impulse.<br>= I bought this on the spur of the moment.<br>• on impulse 충동으로<br>• impulse buying 충동구매 |
| 60% 할인해서 구입했다. | It was marked down 60 percent.<br>• be marked down 값이 할인되다 |
| 거의 공짜로 구입했다. | I got it for next to nothing.<br>= I bought this for almost nothing.<br>↳ "How much did it cost you?"—"**I got it for next to nothing.**"<br>「얼마 들었어?」「공짜나 마찬가지로 샀어」 |
| 벼룩시장에서 그것을 5달러에 샀습니다. | I picked it up at a flea market for $5.<br>• a flea market 벼룩시장, 자유시장 |
| 거저야! | It was a steal!<br>= That's a give-away price. = That's a bargain.<br>↳ 예상 밖에 싸게 입수한 「사서 득이 된 물건」에 대해서 말한다. |
| 뜻밖에 구한 진품이라고. | This was a real find.<br>= This was a real buy.<br>» a real buy 뜻밖에 구한 진품 |
| 시가의 40% 할인이라니 아주 싸게 샀어. | At 40 percent below market, this is a good buy.<br>• market(price) 시가<br>• a good buy 상당히 싸게 산 물건<br>*cf.* a buy 쇼핑한 물건 |
| 싼 게 비지떡이야. | Penny-wise and pound-foolish.<br>↳ 1페니를 아껴서 1파운드를 잃는다는 속담. |
| 정말 싸게 샀어. | I got it real cheap.<br>= It's a real good buy. |

# 4 여러 가지 서비스

## A 은행 계좌를 개설하다 #133

당신 차례입니다.

It's your turn.

↳ 자신의 차례인데 옆에서 세치기 하면 "Hey! It's my turn." 「내 차례야」라고 한다. "It's your turn to speak." 「자네가 말할 차례야」와 같은 사용법도 가능하다.

은행에 계좌를 개설하고 싶습니다.

I would like to open an account in your bank.

보통예금 계좌를 개설하고 싶습니다.

I'd like to open a savings account.

↳ 「당좌예금 계좌」는 a checking account로 된다.

- saving account 보통예금(저축 예금) 계좌

계좌를 해약하고 싶습니다.

I would like to close and withdraw my account.

신분증 있으십니까?

Do you have any identification?

생년월일을 기입해 주십시오.

Fill in your birth date.

↳ fill in은 이름 주소 등의 개개의 항목과 비교적 적은 항목의 것에 기입할 때 사용된다.

빠뜨리지 말고 기입해 주십시오.

Please fill this out.

↳ out 「철저하게」 「완전하게」. fill out는 「빠뜨리지 않고 기입하다」. 신청서 등과 같이 기입사항이 많은 것에 자주 사용된다.

개인적인 것이라고 판단되는 공란 그대로 두셔도 좋습니다.

Just leave blank anything you consider private.

- leave blank 공란인 채로 남겨 두다

반드시 두 사람 이상의 신원 보증인을 적어 주십시오.

Be sure to provide at least two character references.

- a character reference 신원보증인, 신원조회처

200달러 입금시켜 주세요.

I'd like to deposit $200.

100달러를 인출하고 싶습니다.

I'd like to withdraw $100.

잔고가 얼마입니까?

Could you tell me what my balance is?

## B 수표·환 등 #133

| | |
|---|---|
| 수표를 현금으로 바꾸고 싶은데요. | I'd like to cash this check. |
| 뒷면에 이서해 주십시오. | Please endorse it.<br>• endorse 이서하다, 승인하다 (= approve) |
| 여행자수표를 현금으로 바꿀 수 있습니까? | Do you cash traveler's checks?<br>= I'd like to cash a traveler's check. |
| 돈 좀 바꾸어 주시겠습니까? | Would you break this for me? |
| 이 달러 좀 바꾸어 주시겠습니까? | Would you please break this dollar bill for me?<br>↪ **"Would you please break this dollar bill for me?"**—"Sure." 「달러를 좀 바꾸어 주시겠습니까?」「좋습니다」 |
| 50달러를 10달러 지폐로 바꾸고 싶습니다. | I'd like this fifty broken into tens.<br>= I'd like to change this fifty into tens.<br>↪ into대신에 for라고 해도 좋다 tens는 ten-dollar의 뜻으로 복수형의 s를 빠뜨리지 않도록 주의할 것. |
| 10달러 짜리 지폐 4장과 1달러 짜리 지폐 10장으로 주십시오. | Please make it four tens and ten ones. |

## C 호텔에서 #133

| | |
|---|---|
| 1132호 열쇠 부탁합니다. | I'd like the key to room one-one-three two, please. |
| 룸서비스를 부탁합니다. | I'd like room service, please. |

## D 사진관·세탁소 등 #133

| | |
|---|---|
| 필름 현상과 인화를 부탁합니다. | I'd like this film developed and printed. |
| 언제까지 할 수 있습니까? | When can you have them done by?<br>= When will they be done?<br>= When will they be ready? |
| 어느 정도 걸립니까? | How long is it going to take?<br>↪ 음식을 주문한 후 「조금 시간을 주시겠습니까?」 라고 질문을 받았을 때 답하는 것이 이 표현.<br>↪ **"How long is it going to take?"**—"It's going to take 15 minutes." 「어느 정도 걸립니까?」「15분 정도 걸립니다」 |

CASE 10

내일 아침까지 끝낼 수 있습니까?

Can you have them done by tomorrow morning?

↳ "**Can you have them done by tomorrow morning.**"—"They'll be ready by 7 o'clock today." 「내일 아침까지 됩니까?」「오늘 7시까지는 끝납니다」

오늘 저녁까지 끝냈으면 합니다.

I'd really like to have these done by this evening.

영업시간은 몇 시부터 몇 시까지 입니까?

What are your hours?

- business hours 영업시간 (보통 hours만 쓰기도 한다)

이 비디오를 빌리고 싶은데요.

I would like to rent this video.

# 5 길 안내

## A 길을 묻다 #134

| | |
|---|---|
| 여기가 어딥니까? | Where am I?<br>= What is this place called? |
| 이 근처를 잘 아십니까? | Are you familiar with this area? |
| 어떻게 가면 되나요? | How can I get there? |
| 삼성 무역 회사는 어떻게 가면 됩니까? | Could you tell me how to get to Samsung Trading?<br>↪ **"Could you tell me how to get to Samsung Trading?"**—"Go out the A3 exit and it's the first building on the right." 「삼성 무역회사는 어떻게 가면 됩니까?」「A3의 출구로 나가서 오른쪽 첫 번째 빌딩입니다」 |
| 얼마나 멉니까? | How far is it from here? |
| 여기서 거기까지 가는 데 얼마 걸립니까? | How long does it take to get there from here? |
| 걸어 갈 수 있는 거리입니까? | Is it within walking distance?<br>• walking distance 매우 가까운 거리 |
| 어떻게 가면 가장 빠릅니까? | What's the fastest way to get there? |
| 거기까지 무엇으로 가는 게 가장 빠릅니까? | What's the best way to get there? |
| 버스로 거기에 갈 수 있습니까? | Can I get there by bus? |
| 어느 쪽이 더 빠릅니까? | Which way is shorter? |
| 이 길로 가면 역이 나옵니까? | Does this road go to the station?<br>↪ **"Does this road go to the station?"**—"Yes, you'll get there in about five minutes." 「이 길은 역으로 갑니까?」「예, 5분 정도면 도착합니다」 |

## B 바로 근처입니다·멉니다 #134

| | |
|---|---|
| 바로 근처입니다. | It's close by.<br>= It's a short distance from here. |

CASE 10

| | |
|---|---|
| 아주 가까운 곳입니다. | It's just a stone's throw away. |
| 조금 더 가면 됩니다. | It's just a little bit farther. |
| 아직 상당히 멉니다. | It's still pretty far. |
| 상당한 거리입니다. | It's a pretty good distance. |
| 1킬로 전방에 있습니다. | It's up ahead one kilometer. |
| 도보로 약 10분입니다. | It's about 10minutes on foot. |
| 걸어서도 10분이 안 걸립니다. | Even on foot, it's no more than 10 minutes. |
| 틀림없이 차로 20분 걸립니다. | It should take 20 minutes by car. |
| 약간 교통편이 나쁩니다. | It's a little out-of-the-way.<br>↪ out-of-the-way 「길에서 벗어났다」가 원래의 의미.<br>↪ "How do you like your new house?"—"From the space and surroundings standpoint, it's just great. But **it's a little out-of-the-way.**" 「새 집은 어떻습니까?」「공간과 환경은 좋지만, 교통편이 조금 나쁘군요」 » from~ standpoint ~의 관점에서 말하면 |
| 역까지 지름길을 알고 있습니다. | I know a shortcut to the station.<br>• shortcut 지름길 |
| 멀리 돌아가는 편이 빠릅니다. | It's faster to take the long way around. |
| 이 길로 가면 맞습니다. | This is the right way. |
| 여기가 아닌데요. | This isn't the right way. |
| 저도 그곳에 가는 참입니다. | I'm going there myself. |
| 제가 안내하지요. | Let me show you the way. |
| 틀림없이 찾을 겁니다. | You can't miss it. |

## C 길을 가르쳐 주다 #134

| | |
|---|---|
| 종로 3가역에서 대화행을 타고, 종점에서 내려 주십시오. | Board the train for Daehwa at Jongro-3-ga and get off at the end of the line. |
| 이 길 바로 아래에 있습니다. | It's straight down this street. |
| 이 길을 곧바로 5분쯤 가면 왼편에 있습니다. | Go straight down this road for about five minutes, and you'll see it on your left. |

| | |
|---|---|
| 이 앞으로 조금 가면 됩니다. | Turn to the right up here and go just a little farther. |
| 저 교차로에서 왼쪽으로 돌아가십시오. | Turn left at that intersection. |
| 막다른 곳에서 오른쪽으로 돌아 가십시오. | Go to the end of this street and turn right. |
| 갈림길에서 오른쪽으로 가면 바로 나옵니다. | It's just a little ways to the right up there where you see the fork in the road. |
| 바로 이 언덕입니다. | Just at the top of this hill. |
| 저 빌딩의 바로 옆입니다. | It's right next to that building. |
| 소방서쪽입니다. | It's just this side of the fire station. |
| 교회를 바로 지나치면 있습니다. | It's just past the church. |
| 왼쪽 5 번째 집입니다. | It's the fifth house on your left. |

## D 건물 안에서 #134

| | |
|---|---|
| 이 윗 층입니다. | It's one floor up. |
| 계단으로 올라가 주십시오. | Go up those stairs. |
| 오른쪽 마지막 방입니다. | It's the last room on the right. |
| 이 곳에 살지 않습니다. | I'm not from around here. |
| 저도 이곳이 처음입니다. | This is my first time here, too. |
| 이곳 지리를 잘 모르겠습니다. | I'm not familiar with this area.<br>↳ 앞에 "I'm sorry."를 붙여 말하면 정중한 표현. |
| 저는 방향 감각이 좋지 않습니다. | I have a poor sense of direction. |
| 근처 사람에게 물어보십시오. | Ask somebody in the neighborhood. |

CASE 10

# 6 차 · 택시 · 기타

## A 다녀오겠습니다 #135

오늘 안으로 다녀오겠습니다.
I'll be back on the same day.

마산에 당일로 다녀오겠습니다.
I'm going to Masan on a one-day trip.
• one-day trip 당일 여행

## B 정체되고 있습니다·비어 있습니다 #135

상당한 정체입니다.
This is quite a traffic jam.
↪ "**This is quite a traffic jam.**"—"It'll be pretty crowded even if we take a back road." 「상당히 막히는군요」「뒤로 빠져도 상당히 붐비겠지요」
• traffic jam 교통체증[정체] (= traffic congestion)

오늘은 정말로 교통이 복잡하군.
Traffic is very heavy today.

우회합시다.
Let's make a detour.
• make a detour 우회하다 (= take a detour = detour)

교통체증때문에 꼼짝 못했어.
I got caught in a traffic jam.

거북이 운전이 수마일 계속되고 있다.
Traffic was bumper-to-bumper for miles on end.
↪ bumper는 자동차의 범퍼, bumper-to-bumper는 「(앞 뒤 자동차의 범퍼가 달라붙을 만큼) 정체해 있다」라는 것.

이곳에 오는 데 한 시간이 걸렸다.
It took us the better part of an hour to get here.
• take someone the better part of~ (시간이) 거의 ~걸리다

길이 완전 비어 있었다.
The roads were empty.
↪ 텅빈 게 아니라도 empty를 쓴다.
↪ "You got here a lot earlier than I expected."—"That's because **the roads were empty.**" 「의외로 일찍 도착했군」「길이 비어 있었기 때문입니다」

## C 스피디·안전운전에 대해서 #135

마음껏 속도를 내라고.
Step on the gas.

| | |
|---|---|
| 조금 스피드를 줄이라고. | Why don't you slow down a bit?<br>• Why don't you~? ~하시죠, ~ 하는 것이 어때? |
| 이 근처에서 교통경찰이 종종 잠복해 단속하고 있다. | The police often set up speed traps in this area. |
| 잠복 단속이다! | Uh-oh, a speed trap! |
| 속도위반으로 붙잡혔다. | I got caught speeding.<br>= I was busted for speeding. » be busted for는 구어로「~의 죄로 체포되다」「~으로 붙잡히다」.<br>• speeding ticket 속도위반 딱지 |
| 꼭 조심스럽게 운전해. | Be sure to drive carefully.<br>• be sure to~ 반드시 ~ 하다 (= be certain to~) |
| 안전운전 할게. | I'll drive safely. |
| 음주운전은 안 돼. | I won't have you drinking and driving.<br>↳ *e.g.*, Don't *drink and drive.* (음주운전하지 마.)<br>*cf.* drunk driving 음주운전 |
| 졸음 운전하지마. | Don't fall asleep at the wheel.<br>↳ 직역하면「운전대를 잡고 졸지 마」란 뜻. |
| 내가 대신 운전 할까? | Want me to take the wheel?<br>• take the wheel 운전하다 |
| 무사고에 위반한 적이 없어. | I've never had an accident or gotten a ticket in my life. |
| 면허를 얼마 전에 취득했어. | I just got my license. |
| 내 운전면허증은 향후 1년간 유효합니다. | My driver's license is good for another year.<br>• driver's license 운전면허증 (= driving license)<br>↳» "When does your driver's license expire?"—"**It's good for another year.**"「자네의 운전 면허증은 언제 기한이 만기가 되지?」「앞으로 일년 유효해」 » expire (비자, 면허증, 계약 등의 기간이) 만료되다, 끝나다 |
| 일방통행 길이야. | It's a one-way street. |
| 우측 차선입니다. | It's a right-turn-only lane. |
| 이 도로는 유료야. | This is a toll road. |
| 집으로 가는 중이야. | We are heading home.<br>↳ be headed(for)home의 형태도 사용한다. |

CASE 10

## D 주유소에서 #135

| | |
|---|---|
| 이 근처에서 기름을 넣을까? | How about filling up our tank somewhere around here? |
| 주유소는 어딥니까? | Where can we fill up?<br>↳ 직역하면「기름을 어디서 넣을 수 있을까?」란 뜻. |
| 가득 넣어주십시오. | Please fill it up.<br>= Fill it up, please. |
| 반만 넣어주십시요. | Only half way. |
| 3,000원어치만 넣어 주십시오. | Can you give me ₩3,000 worth of gas? |
| 오일 교환 부탁합니다. | Would you change the oil, please?<br>• oil change 오일 교환 |
| 엔진의 시동이 걸리지 않습니다. | The engine won't start. |
| 배터리가 나갔습니다. | The battery is dead.<br>↳ "The engine won't start."—"**The battery may be dead.**"「엔진의 시동이 걸리지 않아」「아마 배터리가 다 됐을 거야」 |
| 가스가 비었습니다. | I ran out of gas. |

## E 택시를 타다 #135

| | |
|---|---|
| 택시는 어디서 탑니까? | Where can I get a taxi? |
| 콜택시를 불러주지 않겠습니까? | Can you call a cab for me?<br>↳ taxi대신에 구어로 cab이라고도 한다.<br>• taxi driver 택시 운전사(= cab driver) |
| 공항까지 가 주십시오. | Please take me to the airport.<br>• take ~ to~ ~를 ~에 데리고 가다 |
| 신호등 앞에서 세워 주세요. | Please stop just before that traffic light. |
| 여기서 내려 주십시오. | Let me out here. |
| 얼마입니까? | How much is the fare?<br>• taxi fare 택시 요금 |
| 만원이면 되겠습니까? | Will ₩10,000 do it?<br>= Will ₩10,000 be enough?<br>• do it 족하다, 시간에 맞추다<br>↳ "Could you lend me ₩10,000 so I can take a cab home?"— |

"Sure. **Will ₩10,000 do it?**" 「집까지 택시 값으로 만원 빌려주지 않겠어?」「좋아요, 만원이면 되겠습니까?」

카드를 사용할 수 있는 택시가 있어.

Some taxis take credit cards.

## F 렌트카를 타다 #135

렌트카는 어디서 빌릴 수 있습니까?

Where can I rent a car?

어떤 차를 빌릴 수 있습니까?

What cars are available?

소형차로 주십시오.

A small car will do.

↳ "What kind of car would you like?"—"**A small car will do.**" 「어떤 차가 좋겠습니까?」「소형차로 충분합니다」

하루 얼마입니까?

What is the daily rate?

↳ 렌트카의 요금을 묻는 경우 등에 자주 사용한다.

추가요금은 한 시간 당 5달러에 세금이 포함됩니다.

There is a $5 charge for each additional hour, plus tax.

## G 버스를 타다 #135

부산에 가기 위해 가장 편리한 정거장은 어딥니까?

What's the most convenient stop for Busan?

↳ "**What's the most convenient stop for Busan.**"—"Get off at the first stop." 「부산에 가기 위한 가장 편리한 정거장은 어디입니까?」「첫째 정거장에서 내리세요」

요금은 얼마입니까?

How much is the fare?

↳ "**How much is the fare?**"—"Eight dollars per person. I'll collect it later." 「요금은 얼마입니까?」「한 사람에 8달러입니다. 나중에 받겠습니다」

다음 정거장에서 내려 주십시오.

Please let me off at the next bus stop.

자, 도착했습니다.

Here we are.

버스를 잘못 탔습니다.

I got on the wrong bus.

CASE 10

# 7 열차 · 지하철

## A 열차를 타다 #136

| | |
|---|---|
| 몇 시 열차가 있습니까? | What departure time do you have?<br>• departure time 출발 시간 |
| 아침 첫 번째 신간선을 탑니다. | I'm taking the first bullet train out.<br>• bullet train 탄환 열차(일본의 초고속 열차) |
| 급행을 타면 시간내에 도착할 겁니다. | An express will get you there in time.<br>• in time 시간내에<br>*cf.* on time 정각에 |
| 파리로 가려면 브루셀에서 갈아타야 해. | You have to transfer in Brussels to go to Paris. |
| 이 시간대는 지하철을 사용하는 편이 한결 좋습니다. | At this time of day you're better off using the subway.<br>• be better off ~ing ~하는 게 낫다 (= had better + 동사원형) |
| 그 기차는 곧 출발할 겁니다. | The train'll be leaving in no time.<br>• in no time 곧 (= soon) |
| 기차를 놓쳤어. | I missed the train. |
| 내릴 역을 지나쳤어. | I missed my station.<br>= I missed my stop. |
| 전철 안은 콩나물시루였어. | The train was packed like sardines.<br>= The train was jam-packed.<br>= We were packed like sardines in the train.<br>↳ sardine는 「정어리」. 원래의 뜻은 「통조림의 정어리와 같이 가득 넣어져서」의 의미. like sardine가 없는 형도 쓰인다. |
| 편도는 얼마입니까? | What does a one-way ticket cost? |
| 6세 이하는 무료입니다. | For children 6 and under, it's free.<br>↳ "What's the fare for children?"—"**For children 6 and under, it's free.**" 「어린이의 운임은 얼마입니까?」 「6세 이하는 무료입니다」 |

## B 트러블 등 #136

전차는 이제 더 없습니다.

There are no more trains.
= We missed the last train.
↪「막차는 끊겼습니다)」라는 의미도 있다.

전철에 물건을 두고 내렸습니다.

I left something on the train.

역까지 마중 나올 수 있어?

Can you pick me up at the station?

CASE 10

## More Expressions & Review

#137

### 1 Practical Dialogues • 활용대화 •

**1**

A Can I make a reservation for the flight to Singapore tomorrow at 10 A,M?
B I'm sorry, but the flight is booked full.
A That's all right. I've got to call another airline for reservation.

A 내일 아침 10시 싱카폴행 비행기 좌석을 예약할 수 있을까요?
B 미안합니다만, 예약이 다 찼군요.
A 알겠습니다. 다른 항공 회사에 전화를 걸어봐야 되겠군요.

**2**

A Can I book a table this evening at 7?
B Yes, sir. How many are there in your party?
A There'll be 3. And I'd like a table with a good view over the city, if possible.

A 오늘 저녁 7시에 테이블 하나 예약할 수 있나요?
B 예, 일행이 몇 명입니까?
A 3명이 될 겁니다. 가능하면 도시전경이 내려다보이는 테이블이 좋겠군요.

**3**

A How would you like your coffee, ma'am?
B Is there any decaf?
A Yes, we have, but it is a little more expensive.

A 커피를 어떻게 해 드릴까요?
B 카페인이 없는 커피가 있습니까?
A 예, 있긴 합니다만 약간 비쌉니다.

**4**

A Could you stay a little longer for dinner?
B I'd love to, but I can't. I have a previous engagement.

A 조금 더 기다렸다가 저녁 먹고 가실 수 있습니까?
B 그래서는 좋겠습니다만 안 되겠군요. 선약이 있거든요.

5

A What's the weather like today?
B According to the weather forecast, it's going to rain late this afternoon.
A If so, we'll have to postpone our company picnic.

A 오늘 날씨가 어때?
B 일기 예보에 의하면 오늘 오후 늦게 비가 올 것이라고 해.
A 그렇다면 사내 야유회를 연기할 수밖에 없구만.

6

A It's awfully hot outside.
B My whole body is sticky with sweat.
A Yeah, it's sultry outside.
B Let's stay in turn on the air conditioner.

A 바깥이 아주 더워.
B 몸 전체가 땀으로 끈적끈적해.
A 그래, 바깥이 무더워.
B 에어컨 틀고 밖에 나가지 말자.

7

A Where are you going to leave for vacation?
B No place in particular. Any good place to go?
A How about going for a drive along the shore, then?

A 휴가를 언제 떠나실 것입니까?
B 특별히 갈 곳 없습니다. 좋은 곳이라도 있습니까?
A 그러면 해안가를 따라 드라이브 하는 것이 어때?

## ② Key Expressions • 핵심표현 •

- Can I book a flight to Los Angeles tomorrow morning at 7?
  ≫ 내일 아침 L.A. 행 비행기표를 예약할 수 있을까요?
- May I reserve a train ticket to Busan?
  ≫ 부산행 기차표 한 장 예약할 수 있을까요?
- I'd like two tickets, please.
  ≫ 표 두 장 주십시오.
- Can I make a reservation for a table?
  ≫ 테이블 하나 예약할 수 있을까요?
- Would you like something to drink?
  ≫ 마실 것 좀 드시겠습니까?
- How about trying at a new place over there?
  ≫ 저기 새로이 개업한 음식점에 가보는 것이 어때?
- It might rain soon.
  ≫ 곧 비가 올지도 몰라.
- What's the weather like today? = How's the weather today?
  ≫ 오늘 날씨 어때?
- What kind of weather do you like?
  ≫ 너는 어떤 날씨 좋아해?
- I feel under the weather today.
  ≫ 오늘 몸이 찌부둥하고 편치 않아.
- It's raining cats and dogs.
  ≫ 비가 억수같이 내리고 있어.
- I'm dog tired. = I'm dead tired.
  ≫ 참 피곤해.
- I'm nearly worn-out.
  ≫ 거의 기진맥진 상태야.
- I feel energetic.
  ≫ 힘이 넘치는 것 같애.
- I ache all over.
  ≫ 온 몸이 다 쑤셔.
- I have a splitting headache.
  ≫ 머리가 쪼개질 것 같애.
- I'm a little out of shape today.
  ≫ 오늘 몸이 좀 불편해.

- I've caught a flu(bad cold).
  ≫ 독감에 걸렸어.
- I feel like vomiting.
  ≫ 토할 것 같애.
- My stomach is very upset.
  ≫ 속이 아주 좋지 않아.
- Let's go see a movie tonight.
  ≫ 오늘 밤 영화 보러 가자.
- Who is the star in the movie?
  ≫ 그 영화의 주인공은 누구지?
- Which do you like better, a love story or a horror movie?
  ≫ 연애물과 공포영화 중 어느 것이 좋아?
- I'm looking for a tie.
  ≫ 넥타이 하나 살려고 하는데요.
- I'm just looking around. = I'm just window shopping. = I'm just browsing.
  ≫ 그냥 구경하고 있습니다.
- That suits you very well.
  ≫ 그것 참 잘 어울리는군요.
- Can I try it on over there?
  ≫ 저기 있는 것 입어 볼 수 있을까요?
- Would it be in cash or check?
  ≫ 현금입니까, 아니면 수표입니까?
- Where is the dressing room?
  ≫ 탈의실은 어디인가요?
- The fitting room is over there.
  ≫ 탈의실은 저기 있습니다.
- Can I get it gift-wrapped?
  ≫ 선물포장 됩니까?
- Wrap it up, please.
  ≫ 포장해 주십시오.
- It's a little pricy. Can you cut it down a bit?
  ≫ 약간 비싸군요. 가격을 좀 할인할 수 있습니까?
- That'll be 15 dollars.
  ≫ 합계 15달러입니다.

LIFE

A man not old, but mellow, like good wine.

*사람은 나이를 먹는 것이 아니라, 좋은 포도주처럼 익는 것이다.*

*... Stephen Phillips*

Nothing more dishonorable than an old man, heavy with years, who had no other evidence of having lived long except his age.

*오래 살았다는 것 밖에는 남긴 것이 없는 늙은이보다 더 불명예스러운 것은 없다.*

*...Seneca*

SUPPLEMENT

# 현장 오피스 Short Conversation 100

• 듣고 받아쓰기 연습 •

• 영작문 연습 •

**각 문항의 줄쳐진 부분마다 주어진 우리말에 알맞는 표현을 적어보자** (혹, 어렵다고 생각되면 MP3 음원을 여러 번 먼저 듣고 큰 소리로 따라 읽은 후, 받아 써도 좋은 방법이다. 한편 별지를 이용해 주어진 우리말에 맞는 영문을 적어보고 밑에 있는 스크립트와 비교해보면 짧은 영작문연습에도 많은 도움이 된다.)

#139

**1**

그는 매일 잔업을 해!

*A* ______________________________

그러면 틀림없이 꽤 피로하겠군.

*B* ______________________________

**2**

나는 가끔 야근을 해.

*A* ______________________________

너무 무리하지 마.

*B* ______________________________

**3**

어제 누가 아파서 결근한다고 전화했습니까?

*A* ______________________________

Mr. Kim이 독감에 걸렸다고 전화했습니다.

*B* ______________________________

**4**

David씨 좀 바꿔주십시오.

*A* ______________________________

미안합니다만, 퇴근하셨는데요.

*B* ______________________________

**5**

지금 점심먹으러 가는데 같이 안 갈래?

*A* ______________________________

일이 많이 밀려 있어.

*B* ______________________________

Answers >>

1 A He works overtime everyday.
B Then, he must be pretty tired.
*work overtime* 늦게까지 잔업을 하다

2 A I sometimes work nights.
B Don't work too hard.
*work nights* 야근을 하다

3 A Who called in sick yesterday?
B Mr. Kim called to say he's got a flu.
*call in sick* 아파서 못 간다고 전화하다
*get a flu = have a flu = catch a flu*
독감에 걸리다

4 A May I please speak to Mr. David?
B I'm sorry, but he's gone for the day.

5 A Would you join us for lunch now?
B Sorry, but I'm behind in my work.
*behind in one's work* 일이 밀려 있는

6
어제 승진했어.
**A** ____________________
축하해!
**B** ____________________

7
언제까지 이 보고서를 제출해야 하지?
**A** ____________________
서두르십시오. 마감날짜가 내일입니다.
**B** ____________________

8
지난 주에 누가 재고 조사했죠?
**A** ____________________
David씨가 했습니다.
**B** ____________________

9
왜 오늘 출근이 늦었지?
**A** ____________________
오늘 아침 교통 체증 때문에 도로에서 꼼짝 못했어.
**B** ____________________

10
당신 회사에는 복장 규칙이 있습니까?
**A** ____________________
아니오, 입고 싶은 옷은 무엇이든지 입을 수 있습니다.
**B** ____________________

Answers >>

**6** A I got promoted yesterday.
B Congratulations!
*get promoted to ~*
*= be promoted to ~*
*= get a promotion to ~* ~로 승진하다

**7** A Until when have I to submit this report?
B Please be in a hurry. The dead line is tomorrow.
*hand in = submit, bring in* 제출하다
*be in a hurry* 서둘다
*deadline* 마감시한(meet the ~ 마감시한을 맞추다)

**8** A Who checked the inventory last week?
B Mr. David did.

**9** A Why were you late for work today?
B I got caught in a traffic jam this morning.
*get caught in a traffic* 교통체증 때문에 발이 묶이다

**10** A Do you have a dress code in your company?
B No, we can wear any kind of clothing we like.
*dress code* 복장규칙

**11**

당신의 사무실은 몇 층에 있습니까?

*A* ______________________________

5층에 있습니다.

*B* ______________________________

**12**

보통 어떻게 출근 하십니까?

*A* ______________________________

보통 버스를 타고 출근하지만 가끔은 제 차를 몰고 갑니다.

*B* ______________________________

**13**

직장 생활이 어때?

*A* ______________________________

신입 사원치고는 꽤 좋은 편입니다.

*B* ______________________________

**14**

이 사무실의 책임자는 누구입니까?

*A* ______________________________

Johnson씨가 책임자입니다.

*B* ______________________________

**15**

고객으로부터 몇 권의 주문을 받았어.

*A* ______________________________

그러면 마감시한을 맞춰야 되겠어.

*B* ______________________________

Answers >>

**11** A What floor is your office on?
B It's on the fifth floor.

**12** A How do you usually get to work?
B I usually take a bus, sometimes I drive my car.

**13** A How are things going at work?
B Pretty good considering I'm a new employee.

**14** A Who's in charge at this office?
B Mr. Johnson is in charge.

**15** A I received a few orders from our client
B Then, we have to meet the deadline.

***receive orders = take orders*** 주문을 받다
***meet the deadline*** 마감시한을 지키다

**16**

인사과에서 근무하십니까?

**A** ________________

아니오, 경리과에서 근무합니다.

**B** ________________

**17**

제때에 공항에 도착할 수 있겠습니까?

**A** ________________

교통상황에 따라 달라지겠지만 최선을 다해 보죠.

**B** ________________

**18**

당신의 회사는 여기서 거리가 얼마나 됩니까?

**A** ________________

먼 거리죠. 2시간 이상 걸리거든요.

**B** ________________

**19**

몇 시에 직원회의를 시작하기로 되어있습니까?

**A** ________________

점심 먹고 난 직후입니다.

**B** ________________

**20**

자네 어제 자가용 몰고 출근했어?

**A** ________________

아니, 쉬는 날이었어.

**B** ________________

Answers >>

**16** A Do you work in Personnel?
B No, I'm in Accounting.
*Personnel Department* 인사과
*Accounting Department* 회계(경리)과 ··· 흔히 Department를 생략함에 주의한다

**17** A Can you make it to the airport on time?
B It depends on the traffic condition, but I'll do everything I can.
*make it to~* 시간에 맞추어 ~에 가다

**18** A How far is your office from here?
B It's quite a distance, it takes more than two hours.

**19** A What time is the staff meeting supposed to begin?
B Right after lunch.
*staff meeting* 직원회의
*board meeting = board of directors* 이사회

**20** A Did you drive in to work yesterday?
B No, it was my day off.
*drive in to work* 자가용을 몰고 출근하다
*one's day off* 쉬는 날

**21**

자네 본사에 팩스 언제 보냈어?

*A* ______________________________

보고서 작성을 끝낸 직후에 보냈습니다.

*B* ______________________________

**22**

디저트 좀 드시겠습니까?

*A* ______________________________

아니오, 다이어트중입니다.

*B* ______________________________

**23**

Tom을 안 지 얼마나 됩니까?

*A* ______________________________

오랜 세월이죠. 그를 안 지 15년 됩니다.

*B* ______________________________

**24**

직업이 무엇입니까?

*A* ______________________________

은행에서 근무합니다.

*B* ______________________________

**25**

한 부만 복사할 수 있을까요?

*A* ______________________________

미안합니다만, 복사기가 고장났군요.

*B* ______________________________

Answers >>

**21** A When did you send the fax to the head office?
B Shorty after I finished my report.
*send the fax to~* ~에게 팩스를 보내다
*send a resume to~* ~로 이력서를 보내다
*send a E-mail to~* ~에게 전자우편(E-mail)을 보내다

**22** A Would you like some dessert?
B No, I'm on a diet.

**23** A How long have you known Tom?
B It's a long time. I've known him since 15 years ago.

**24** A What do you do for a living?
B I work for a bank.
*What do you do for a living?*
*= What do you do?*
*= What's your occupation?* 당신 직업이 무엇입니까?
*work for~ = work at~ = work with~* ~에 근무하다

**25** A Can I just make one copy?
B Sorry, but the machine is broken.
*make copies*
*= make photocopies = photocopier*
*= copy copier = copy machine*
*= copying machine*
*= photocopy machine* 복사하다

**26**

오늘 특별한 일이라도 있습니까?

**A** ______________________________

예, 오후 2시에 직원회의가 있습니다.

**B** ______________________________

**27**

Mr. Kim 있습니까?

**A** ______________________________

미안합니다만, 몇 분 전에 점심식사차 밖에 나갔는데요.

**B** ______________________________

**28**

통근열차(전철)안에서 보통 무엇을 합니까?

**A** ______________________________

대개 영어 테잎을 듣습니다.

**B** ______________________________

**29**

오늘 아침에 John을 못 봤는데, 어디 있지?

**A** ______________________________

아파서 출근을 못한다고 전화가 왔습니다.

**B** ______________________________

**30**

경리(회계)과로 전화를 돌려주시겠습니까?

**A** ______________________________

예, 잠깐만 기다리십시오. 그 부서로 돌려 드리죠.

**B** ______________________________

Answers >>

**26** **A** Is there anything special today?
**B** Yes, there'll be a staff meeting at 2 p.m.
*staff meeting* 직원회의
*board = board meeting* 이사회

**27** **A** Is Mr. Kim in?
**B** Sorry, but he just stepped out for lunch a few minutes ago.
*step out* 밖에 나가다

**28** **A** What do you do on the commuting train?
**B** I usually listen to English cassette tapes.
*commuting train* 통근열차(전철에 해당함)

**29** **A** I didn't see John this morning, where is he?
**B** He called in sick.
*call in sick* 아파서 결근한다고 전화걸다

**30** **A** Could you transfer this call to the Accounting Department?
**B** Yes, just a minute. I'll put you through to the department.
*transfer* 전화를 돌려주다; 전근시키다
*Accounting Department*
*= Book-keeping Department* 경리과(회계과)
*Put~ through to~* ~를 ~에게로 연결시켜 주다

31

자네 실제 집에 가지고 가는 월급은 얼마나 되지?

**A** ______________________________

세금과 보험을 빼면 얼마되지 않아.

**B** ______________________________

32

당신 회사에서는 수당을 많이 줍니까?

**A** ______________________________

많지는 않지만 없는 것 보다는 좋죠.

**B** ______________________________

33

여기 자동차 부속품을 취급합니까?

**A** ______________________________

예, 하지만 다 떨어졌군요.

**B** ______________________________

34

3인용 테이블 하나 예약할 수 있을까요?

**A** ______________________________

미안합니다. 예약이 다 찼군요.

**B** ______________________________

35

일자리 구했습니까?

**A** ______________________________

아니오, 아직까지.

**B** ______________________________

Answers >>

**31** A What is your take-home pay?
B It's not much after taxes and insurances.
*take-home pay* 세금과 보험료를 제외한 봉급
*insurance* 보험 ···› 여기서는 medical(health) insurance 와 auto insurance (자동차 보험) 등을 말함

**32** A Do you have good allowances in your company?
B Well, it's not much, but I can't say it's nothing
*allowances* 수당

**33** A Do you carry auto spare parts here?
B Yes, it's out of stock now.
*carry* (물건, 물품 등을) 취급하다, 팔다
*auto spare parts* 자동차 부속품
*out of stock* 재고가 없는 (*opp.* in stock 재고가 남아 있는)

**34** A Can I reserve a table for three?
B Sorry, but it's all booked up.
*reserve = book = make a reservation* 예약하다
*all booked up* 예약이 끝난[다한]

**35** A Have you found a job yet?
B No, not yet.
*find a job = get a job*
*= look for a job = look for work* 직장을 구하다

**36**

오늘 날씨가 어때요?

*A* ______________________________

일기예보에 의하면 저녁 늦게 비가 올 것이라고 하더군요.

*B* ______________________________

**37**

일기예보자가 내일 날씨가 어떨 것이라고 하던가요?

*A* ______________________________

하루종일 비가 내릴 것이라고 했습니다.

*B* ______________________________

**38**

여기는 카드 받습니까?

*A* ______________________________

미안합니다만, 현금만 받습니다.

*B* ______________________________

**39**

다음 비행기편을 예약 할 수 있을까요?

*A* ______________________________

잠깐만 기다리세요. 확인해 볼게요.

*B* ______________________________

**40**

여기서 드실 겁니까? 가지고 가시겠습니까?

*A* ______________________________

가지고 갈 겁니다.

*B* ______________________________

Answers >>

**36** A What's the weather like today?
B The weatherman says it's going to rain late in the evening.
*What's the weather like today?*
*= How's the weather like?* 날씨가 어때?

**37** A What did the weatherman say about tomorrow's weather?
B He said it'll be rainy all day.
*weatherman* 일기예보자(남자)
*weatherwoman* 일기예보자(여자)
*wheatherpeople* 일기예보자들(복수형태)

**38** A Do you take cards here?
B I'm sorry, but we only take cash.
*take cards* 카드를 받다
*only take cash* 현금만 받다

**39** A Could you book me on the next available flight?
B Wait a minute. I'll check.
*book = reserve* 예약하다

**40** A Do you want this for here or to go?
B Make it to go, please.
*For here or to go* 여기서 드실 겁니까? 가지고 가시겠습니까?
*make it to go, please.* 가지고 가게 해 주세요

**41**

비서를 구한다는 광고를 보고 전화드리는 겁니다만.

*A* ______________________________

미안합니다만, 벌써 그 자리는 충원되었습니다.

*B* ______________________________

**42**

잠시 동안 쉬는 것이 어때? 너무 열심히 했어.

*A* ______________________________

그래, 커피 마시면서 좀 쉬자.

*B* ______________________________

**43**

손님, 주문하실까요?

*A* ______________________________

먼저 메뉴를 볼 수 있을까요?

*B* ______________________________

**44**

얼마나 자주 운동하십니까?

*A* ______________________________

체육관에서 한 주에 한 두 번씩 하지요.

*B* ______________________________

**45**

하는 일 어때?

*A* ______________________________

더 할말없이 만족해.

*B* ______________________________

Answers >>

**41** A I'm calling about an ad for a secretary?
B Sorry, but it's already been filled.
*call about an ad for~* ~을 구한다는 광고를 보고 전화 걸다
*be filled* (자리가) 채워지다

**42** A Why don't you take a break for a while? We worked too hard.
B Yeah, let's take a coffee break.
*Why don't you~?* ~하는 것이 어때?
*take a break* 휴식시간을 갖다

**43** A May I take your order, sir?
B Can I see the menu, first?
*take one's order = take order* 주문받다

**44** A How often do you work out?
B Once or twice a week at the gym.
*work out* 운동하다(=take an exercise)

**45** A How do you like your job?
B Couldn't be better, I guess.
*couldn't be better* 참 좋다

**46**

기업 합병에 관한 서류를 어디다 두었지?

*A* ______________________________

아마도 서류보관 캐비넷 속에 있을 겁니다.

*B* ______________________________

**47**

속달로 보내드릴까요?

*A* ______________________________

아니오, 익일우편으로 해 주세요.

*B* ______________________________

**48**

지금 몇 시죠?

*A* ______________________________

미안합니다만, 제 시계가 고장이 났군요.

*B* ______________________________

**49**

봄과 가을 중에서 어떤 계절을 더 좋아합니까?

*A* ______________________________

봄이 더 좋습니다.

*B* ______________________________

**50**

어떻게 감사해야 할 지 모르겠군요.

*A* ______________________________

천만에요.

*B* ______________________________

Answers >>

**46** A Where did you put the files on the merger?
B Maybe in the filing cabinet.
*merger* 기업합병(merge 기업 간에 합병하다)
*filing cabinet* 서류보관 캐비넷

**47** A Would you like to send it by express mail?
B No, overnight mail, please.
*by express mail* 속달로
*overnight mail* 익일 우편(하루만에 배달됨)

**48** A Do you have the time?
B Sorry, my watch is out of order.
*Do you have the time?* 지금 몇 시 입니까?
(=What time do you have?)
*out of order* (기계,시계,컴퓨터 등이) 고장인
(=not working properly)

**49** A Do you prefer spring or fall?
B I like fall better.
*prefer* ~을 더 좋아하다(=like better)
*prefer A to B* B보다 A를 더좋아하다
*prefer~ing* (or to + 동사원형) 하기를 더 좋아하다

**50** A How can I ever thank you?
B You're quite welcome.
*You're welcome*
*= You're quite welcome* (quite는 강조의 부사)
*= Don't mention it.*

**51**

라디오 볼륨을 좀 낮춰 주시겠습니까?

**A** ______________________________

그러면 끄는 편이 낫겠군요.

**B** ______________________________

**52**

수표를 현금으로 바꿀 수 있습니까?

**A** ______________________________

예, 이 은행 계좌를 가지고 계십니까?

**B** ______________________________

**53**

당신 지금 뭐하고 있습니까?

**A** ______________________________

컴퓨터 작업하고 있잖아요.

**B** ______________________________

**54**

휴가 계획 있습니까?

**A** ______________________________

아니오, 아직까지 정하지 못했습니다.

**B** ______________________________

**55**

이 자켓이 잘 어울립니까?

**A** ______________________________

예, 잘 어울립니다.

**B** ______________________________

Answers >>

**51** A Could you please turn down radio a little?
B Then I'd better switch it off.
*turn down* 볼륨을 낮추다(=volume down)
*switch~ off* 끄다

**52** A Can I cash a check here?
B Yes, do you have an account at this bank?
*cash a check* 수표를 현금으로 바꾸다
*account* 계좌, 거래처

**53** A What are doing now?
B You see I'm working on a computer.
*work on a computer* 컴퓨터작업하다
*work on thesis* 논문을 쓰다
*on a machine* 기계를 고치다

**54** A Do you have any plans for your vacation?
B Not really, I haven't decided it yet.
*Not ~ yet* 아직까지 ~하지 못하다

**55** A Do I look all right in this jacket?
B Yes, it suits you fine.
*look all right* 잘 어울리다(=suit ~ fine)
*it suits you fine*
*= It matches you well*
*= It is very becoming to you.* 당신에게 잘 어울리는군요

56
왜 그렇게 기분이 안 좋아 보입니까?

**A** ______________________________

모두 승진했는데, 저는 그 선발과정에서 빠졌거든요.

**B** ______________________________

57
조만간에 감원조치가 있을거야.

**A** ______________________________

나도 그렇게 들었어.

**B** ______________________________

58
내일 언제 퇴근 합니까?

**A** ______________________________

평상시처럼 6시죠. 좋은 계획이라도 있습니까?

**B** ______________________________

59
내일 아침 모닝콜 해 줄래요?

**A** ______________________________

물론이죠, 몇 시에 깨워드릴까요?

**B** ______________________________

60
정시에 출근합니까?

**A** ______________________________

가끔은 약간 늦기는 하지만 보통 정시에 출근하는 편입니다.

**B** ______________________________

Answers >>

**56** **A** Why do you look so upset?
**B** Everyone was promoted. I was passed over in this selection process.
*look upset* 화나 보이다
*be promoted = get promoted*
*= get promotion to~* 승진되다
*be passed over* 빠지다, 누락되다

**57** **A** There'll be a staff reduction sooner or later.
**B** I heard it, too.
*staff reduction* 감원 *sooner or later* 조만간에

**58** **A** When are you getting off work tomorrow?
**B** At 6 as usual. Do you have any good plan?
*get off work* 퇴근하다(=leave work go for the day)
*as usual = as always* 늘상 그런 것처럼, 여느때 처럼

**59** **A** Could you please give me a wake-up call tomorrow morning?
**B** Sure, what time do you want me to wake you up?
*give~ a wake-up call* ~에게 모닝콜을 걸어주다
*give~ a call = give a ring = make a call to~*
~에게 전화를 걸다

**60** **A** Do you beat the clock to work?
**B** Sometimes I'm a little late, but I usually come to work on time.
*beat the clock to work* 정시에 출근하다
*come to work = get to work, go to work* 출근하다

**61**

회사까지 가는 데 얼마나 걸리겠습니까?

**A** ______________________________

거기에 도착하는 데 30분밖에 걸리지 않습니다.

**B** ______________________________

**62**

아직까지도 이 기차의 침대칸을 얻을 수 있겠습니까?

**A** ______________________________

예, 뒷편 30차량에 한 자리가 비어 있군요.

**B** ______________________________

**63**

보통 주말을 어떻게 보내십니까?

**A** ______________________________

보통은 여행을 가지만 가끔은 집에서 책을 읽거나 TV를 봅니다.

**B** ______________________________

**64**

빨간 불이 왔는데도 차를 몰았군요.

**A** ______________________________

미안합니다만 경찰관님, 차가 오는 것을 보지 못했습니다.

**B** ______________________________

**65**

운전면허증과 차량등록증 좀 보여 주시죠.

**A** ______________________________

여기 있습니다.

**B** ______________________________

Answers >>

**61** A How long will it take to get to your company?
B It'll take only 30 minutes to get there.
*get there* 거기에 도착하다 (=reach there)

**62** A Can I still get a sleeping compartment on this train?
B Yes, there's only one available back in car 30.
*sleeping compartment* (기차의)침대칸 (침대차)
*compartment* 기차의 칸이나 버스 등의 짐 없는 칸

**63** A How do you usually spend your weekends?
B Oh, I usually take a trip but sometimes I read or watch TV at home.
*take a trip = go on a trip* 여행을 가다

**64** A You went through the red light.
B Oh, I'm sorry officer. I didn't even see cars.
*go thorough the red light* 빨간 불을 보고도 달리다

**65** A I'll have to see driver's license and registration, sir.
B Here you are.
*driver's license* 운전 면허증 (=driving license)
*registration* 차량등록증 (~card, 등록, 등기)

**66**

언제 휴가 떠날려고 그래?

**A** ______________________________

아마 그럴 수 없을 것 같아. 일이 많이 밀려 있거든

**B** ______________________________

**67**

어디에서 먹고 싶니?

**A** ______________________________

프랑스 레스토랑으로 가자.

**B** ______________________________

**68**

너 지난 주에 어디 있었니?

**A** ______________________________

멀리 휴가 떠났었지.

**B** ______________________________

**69**

예금하고 싶군요.

**A** ______________________________

예, 이 은행에 계좌를 가지고 계십니까?

**B** ______________________________

**70**

수리공에게 전화했니?

**A** ______________________________

예, 30분 후에 올 겁니다.

**B** ______________________________

Answers >>

**66** A When are you going to take a leave?
B Maybe I can't. I'm way behind in my work.
*take a leave = take a vacation = go on a leave = go on a vacation* 휴가를 갖다, 휴가를 떠나다
*way behind in one's work* 일이 많이 밀려있는(way는 강조의 부사)

**67** A Where would you like to eat?
B Let's go to a French restaurant.

**68** A Where were you last week?
B I was away on vacation.
*be away on vacation* 멀리 휴가 떠나다

**69** A I'd like to make a deposit.
B Yes, do you have an account at this bank?
*make a deposit* 저금[예금]하다 (*opp.* withdraw 은행에서 돈을 인출하다
*on account* 저금 계좌, 거래처

**70** A Have you called the repairman?
B Yes, he'll be here in 30 minutes.
*repairman* 수리공

**71**

여기에 차를 주차할 곳이 있습니까?

*A* ________________________________

예, 저기 지하 주차장이 있습니다.

*B* ________________________________

**72**

줄서서 기다려야 하니?

*A* ________________________________

그래, 아마도 한 시간 이상.

*B* ________________________________

**73**

펜 하나 빌릴 수 있을까?

*A* ________________________________

내 책상 위에 있는 것 써.

*B* ________________________________

**74**

몇 부 복사해 드릴까요?

*A* ________________________________

각각 두 부씩 해 주세요.

*B* ________________________________

**75**

룸써비스 가능합니까?

*A* ________________________________

예, 손님. 무엇이 필요하시죠?

*B* ________________________________

수건과 비누 좀 올려 보내 주시겠습니까?

*A* ________________________________

Answers >>

**71** A Is there any parking here?
B Yes, there's an underground parking garage over there.
*parking* 주차장(=parking lot)
*parking garage* (지붕이 있는 종류의)주차장

**72** A Should we wait in line?
B Yes, maybe over an hour.
*wait in line* 줄서서 기다리다
*stand in line = get in line* 줄서다
*over* (숫자 앞에서는)~ 이상은(=more than)

**73** A Do you have a pen I could borrow?
B You may use it on my desk.

**74** A How many copies do you want me to make?
B Two copies each
*copies = photocopies* 복사(본)
*make copies = copy* 복사하다

**75** A Do you have a room service?
B Yes, sir. What do you need?
A Could you please bring up a towel and a soap?
*room service* (호텔의)룸 써비스
*bring up* 올려 보내다

**76**

병원에서 언제 퇴원하니?

**A** ______________________________

아마도 이 삼 주 후가 될 것이야.

**B** ______________________________

**77**

이것 환불 받을 수 있습니까?

**A** ______________________________

미안합니다만, 세일 품목은 환불이 불가능합니다.

**B** ______________________________

**78**

일이 끝난 후 커피 한 잔 하는 것이 어때?

**A** ______________________________

그것 참 좋은 생각이다.

**B** ______________________________

**79**

어떤 직업을 구할 거니?

**A** ______________________________

나는 비서직이 좋아.

**B** ______________________________

**80**

몇 시입니까?

**A** ______________________________

미안합니다만 시계가 없군요.

**B** ______________________________

Answers >>

**76** A When will you be out of hospital?
B Maybe in two or three weeks.
*be out of hospital* 병원에서 퇴원하다
*be in the hospital = go into the hospital* 입원하다

**77** A Can I get a refund on this?
B I'm sorry, but sale items are not refundable.
*get a refund* 환불받다
*refund = give~ a refund* ~에게 환불해 주다
*refundable* 환불받을 수 있는

**78** A What do you say to a cup of coffee after work?
B Oh, that's a good idea.
*What do you say to~? = What about ~ing*(또는 명사) *= How about ~ing*(또는 명사) ~하는 것이 어때?

**79** A What kind of job are you looking for?
B I like secretarial jobs.
*look for a job= find a job = find work* 직업을 구하다

**80** A What time do you have?
B I'm sorry, but I don't have a watch.
*What time do you have? = What time is it? = Do you have the time?= What's the time?*

**81**

영어를 잘 구사하십니까?

*A* ______________________________

아니오, 간단한 대화정도만 주고받을 수 있습니다.

*B* ______________________________

**82**

계산서 갖다 주시겠습니까?

*A* ______________________________

예, 즉시 갖다 드리죠.

*B* ______________________________

**83**

이 근처에 우체국이 있습니까?

*A* ______________________________

여기서 두 블럭 더 가셔야 됩니다.

*B* ______________________________

**84**

신혼여행으로 어디로 갈려고 합니까?

*A* ______________________________

3주 동안 유럽으로 갑니다.

*B* ______________________________

**85**

스테이크를 어떻게 요리해 드릴까요?

*A* ______________________________

완전히 요리해 주십시오.

*B* ______________________________

Answers >>

**81** A Do you have good command of English?
B No, I just can carry on simple conversation.
*have a good command of English*
영어를 잘 구사하다
*carry on simple conversation*
간단한 대화를 주고받다

**82** A May I have the check, please?
B Yes, right away.
*check* 계산서
*right away = immediately* 지금 당장

**83** A Is there a post office around here?
B You'll have to go two blocks more.

**84** A Where will you go on your honeymoon?
B We'll go to Europe for 3 weeks.
*go on a honeymoon* 신혼여행가다
*go on a trip* 여행가다
*go on a leave(vacation)* 휴가 떠나다

**85** A How would you like your steak?
B Well-done, please.
*Well-done, please.* 완전히 익혀주십시오.
*medium, please.* 중간쯤 익혀주십시오.
*Rare, please.* 설 익혀 주십시오.

**86**

사업이 어떻게 되어 가고 있어?

*A* ______________________________

겨우 수지를 맞출 정도야.

*B* ______________________________

**87**

여기서 담배 피워도 됩니까?

*A* ______________________________

미안합니다만 여기서는 안 됩니다. 흡연지역은 저기에 있습니다.

*B* ______________________________

**88**

신고할 것 있습니까?

*A* ______________________________

없습니다. 작은 여행용 가방 하나 뿐인 걸요.

*B* ______________________________

**89**

신문에 난 광고를 보고 전화 드리는 데요, 어떻게 해야 합니까?

*A* ______________________________

이번 주말까지 이력서를 보내 주십시오.

*B* ______________________________

**90**

타이어가 펑크 났습니다. 이 근처에 카센터가 있습니까?

*A* ______________________________

몇 마일 떨어진 곳에 주유소가 있습니다.

*B* ______________________________

Answers >>

**86** A How's your business going?
B We're barely making our ends meet.
*barely* 겨우~하다
*make ends meet* 수지를 맞추다

**87** A Would you mind my smoking here?
B I'm sorry, you can't smoke here. The smoking section is over there.
*smoking section* 흡연구역(=smoking area)

**88** A Do you have anything to declare?
B Nothing, I have only one small suitcase.
*declare* 신고하다, 선언하다

**89** A I'm calling about an ad in the newspaper, what should I do first?
B Please send your resume by the end of this week.
*call about an ad for~* ~를 구한다는 광고를 보고 전화걸다

**90** A I have a flat tire. Is there any garage around here?
B There's a gas station a few miles away.
*have a flat tire* 타이어가 펑크나다
*garage* 차 정비소
*gas station* 주유소(=service station)

**91**

당신 회사의 근무시간이 어떻게 됩니까?

*A* ______________________________

9시부터 5시까지 입니다.

*B* ______________________________

**92**

2번 라인에 전화가 왔습니다.

*A* ______________________________

고맙습니다. 즉시 받을게요.

*B* ______________________________

**93**

그 계약서 서명 준비가 되어 있습니까?

*A* ______________________________

예, 책상 위에 있습니다.

*B* ______________________________

**94**

실례합니다만 이 자리 임자 있습니까?

*A* ______________________________

아니오, 비어 있습니다. 앉으십시오.

*B* ______________________________

**95**

한 번 입어봐도 될까요?

*A* ______________________________

예, 저기에 탈의실이 있습니다.

*B* ______________________________

Answers >>

**91** A What are your office hours?
B From 9 to 5.
***office hours*** 회사의 근무시간(*cf.* work hours 업무시간, store hours 가게의 영업시간)

**92** A There's a call for you on line 2
B Thanks. I'll get it right away.
***get*** 전화를 받다

**93** A Are you ready to sign the contract?
B Yes, it's on your desk.
***sign the contract*** 계약서에 서명하다
***draw up the contract*** 계약서를 작성하다
***win the contract*** 계약을 따내다

**94** A Excuse me, is this seat taken?
B No, it's not, sit down, please.
***taken*** 예약된, 임자가 있는 (=reserved, occupied)

**95** A May I try it on?
B Yes, the dressing room is over there.
***try~on*** (옷, 신발, 기계 등을 사기 전에) 한 번 입어[신어, 시험해] 보다
***dressing room*** 탈의실 (=fitting room, dress room)

**96**

커피와 용지가 거의 떨어졌어.

**A** ______________________________

제가 어제 주문했습니다.

**B** ______________________________

**97**

도와 드릴까요, 손님?

**A** ______________________________

예, 제 양복과 어울리는 넥타이 하나 살려고 하는데요.

**B** ______________________________

**98**

본사에 몇 번이나 가보셨습니까?

**A** ______________________________

두 번 내지 세 번쯤 가보았지.

**B** ______________________________

**99**

그 발표 어땠어?

**A** ______________________________

나로서는 전혀 이해할 수 없었어.

**B** ______________________________

**100**

주문품이 도착하려면 얼마나 더 걸립니까?

**A** ______________________________

지금부터 1~2일만 있으면 도착할 것입니다.

**B** ______________________________

Answers >>

**96** A We're almost out of coffee and paper.
B I call in an order yesterday.
***out of~*** ~가 떨어진
***call in an order = make an order***
***= place an order = put in an order*** 주문하다

**97** A May I help you, sir?
B Yes, I'm looking for a tie that suits my suit.
***look for a tie*** 넥타이 하나 살려고 하다
***suit*** 어울리다(=match, be becoming to~)

**98** A How often have you been to the headquarters?
B Two, or three times, I guess.
***How often have you been to~?*** ~에 몇 번이나 가보셨습니까?
***headquarters*** 본사, 본점(=main office, head office)
***branch*** 지사(branch office)

**99** A How did you like the presentation?
B I didn't quite figure it out?
***How did you like~*** ~은 어떠했습니까? (의견이나 좋고 싫음을 묻는 질문)
***presentation*** 발표(make a presentation 발표하다)
***figure~out*** 이해하다(=make~out,comprehend, follow, understand)

**100** A How much longer until the orders arrive?
B They'll arrive one or two days from now.
***How much longer until~*** ~하려면 얼마나 더 걸립니까?